SIGNETS

BELLES LETTRES

Collection dirigée
par
Laure de Chantal

T0122765

FLORA

DANS LA MÊME COLLECTION

FLORA

Les fleurs dans l'Antiquité

Précédé d'un entretien
avec Alain Baraton

Textes réunis et présentés
par
Delphine Lauritzen

LES BELLES LETTRES

2017

*© 2017, Société d'édition Les Belles Lettres
95, boulevard Raspail 75006 Paris*

*www.lesbelleslettres.com
Retrouvez Les Belles Lettres
sur Facebook et Twitter*

*ISBN: 978-2-251-44664-6
ISSN: 0003-181X*

ENTRETIEN AVEC ALAIN BARATON

Alain Baraton est Jardinier en chef du Domaine national de Trianon et du Grand parc du château de Versailles, responsable du Domaine national de Marly-le-Roi. Il a écrit de nombreux ouvrages sur la nature, les jardins et l'amour. Il tient aussi des chroniques tant à la télévision qu'à la radio.

Delphine Lauritzen. – *Vous êtes connu du grand public comme « le Jardinier de Versailles », qui est aussi le titre de l'un de vos ouvrages (paru en 2006). Quel est le lien entre les fleurs de ce lieu et l'Antiquité grecque et romaine ?*

Alain Baraton. – Louis XIV ne peut parcourir le monde, aussi entend-il que le monde tout entier soit à Versailles. Il envoie des hommes partout où cela est possible pour ramener des végétaux rares, et en particulier sur le pourtour méditerranéen. Homme de son temps, il est naturellement baigné de culture classique : si la devise en latin du roi Soleil, *Nec pluribus impar* (« Au-dessus de presque tous »), est bien connue, plus rares sont les personnes qui savent que Trianon s'appelle alors « le palais de Flore ». Il ne manque pas d'y faire planter des iris, des orangers, des raisins de Corinthe, toutes sortes de plantes à bulbes… Quand on ajoute que le monarque fait orner son parc de statues inspirées de la mythologie, on comprend aisément que les fleurs participent à cette mise en scène : le parc de Versailles, c'est le jardin des dieux.

LAURE DE CHANTAL. – Quelles sont les fleurs mythiques à Versailles ?

A. B. – Difficile de briller près du roi Soleil. Les seules fleurs mythiques sont peut-être celles des orangers, arbres préférés du roi, et les feuilles comme les acanthes, reproduites sur les bas-reliefs et les boiseries, qu'il apprécie également.

L. C. – Il y a un tableau très célèbre de Marie-Antoinette tenant une rose : pouvez-vous nous raconter son histoire ?

A. B. – Je ne suis hélas pas spécialiste de la peinture, mais ce tableau offre l'occasion de souligner qu'il est l'œuvre de Madame Vigée Le Brun, une des premières femmes peintres amie de Marie-Antoinette : il est très rare à cette époque qu'une femme soit reconnue comme une grande artiste. Et, même aujourd'hui, il a fallu attendre 2015 pour qu'une exposition lui soit consacrée. Et quel talent pourtant ! Il y a une chose qui me plaît particulièrement : la représentation la plus flatteuse de la reine, celle que tous les visiteurs emportent avec eux dans leurs souvenirs lorsqu'ils quittent Versailles, est l'image d'une femme en train de confectionner un bouquet. Elle correspond sans doute au désir le plus cher et le plus authentique de la reine : mener une vie retirée et champêtre dans les jardins de Trianon et du Hameau.

L. C. – Marie-Antoinette adorait les fleurs : quelles fleurs a-t-elle voulu dans son jardin ? Sont-elles exotiques ou existaient-elles dans l'Antiquité ?

A. B. – Le chevalier Bertin est un intime de la famille royale. Il est l'un des rares à être autorisé à se promener seul dans les jardins. Il est admiratif et écrira en 1780 ce poème qui, s'il n'est pas d'une beauté à couper le

souffle, est riche de renseignements et répond en partie
à votre question :

> La persicaire rembrunie
> En grappes suspendant ses fleurs,
> Le tulipier de Virginie
> Étalant dans les airs les plus riches couleurs,
> Le catalpa de l'Inde, orgueilleux de son ombre,
> L'érable précieux et le mélèze sombre,
> Qui nourrit les tendres douleurs ?
> De cent buissons fleuris chaque route bordée
> Conduit obliquement à des bosquets nouveaux,
> L'écorce où pend la cire et l'arbre de Judée,
> Le cèdre même y croît au milieu des ormeaux ;
> Le cytise fragile y boit une onde pure,
> Et le chêne étranger, sur des lits de verdure,
> Ploie en dais arrondi ses flexibles rameaux.

Vous voyez, à part devant le tulipier de Virginie et
peut-être le catalpa, Platon ou Aristote n'auraient pas
été dépaysés !

*L. C. – Qu'en est-il des autres rois et reines ? Et des jardi-
niers ? Quelle est la place et le rôle des fleurs dans les jardins
de Versailles et de Trianon ? Les fleurs ont-elles un traitement
spécifique ?*

A. B. – Pour faire simple, je vous dirais qu'il est de
bon ton pour ces deux lieux d'exhiber leur richesse :
tableaux, mobiliers, châteaux, carrosses, tapisseries… et
arbres et fleurs. Certaines fleurs à cette époque valent
une fortune, comme la tulipe au siècle précédent.

Vous me demandiez tout à l'heure qu'elles étaient les
fleurs mythiques : je vais vous raconter une histoire que
je trouve fantastique, celle de la tulipe. C'est Ghislain de
Busbecq, ambassadeur du Saint Empire romain auprès
du sultan Soliman le Magnifique qui découvre en Perse

cette fleur alors inconnue en Europe et qui envoie en 1554 des graines et des bulbes à Vienne. Il nomme la plante « tulipe » pour sa ressemblance avec la coiffe des populations locales : tulipe signifie tout simplement turban. Et celle-ci envahit les jardins d'Europe. Le succès est immense et l'engouement pour la tulipe incroyable. C'est même le délire et le début de ce que l'on appelle la tulipomania : la folie des tulipes, en grec, si je ne m'abuse. Dès 1634, le prix des oignons devient exorbitant. Une simple tulipe peut alors coûter jusqu'à plusieurs années de salaire d'un artisan. Une variété bat tous les records, la tulipe *Semper augustus*. Elle appartient à un amateur qui refuse de s'en défaire, et ce quelle que soit la somme proposée. Notre homme se voit offrir pour un seul bulbe douze années de salaire d'un charpentier. Son refus de vendre provoque une hystérie collective et une flambée des cours. L'offre est limitée et la demande explose. La fleur vaut de l'or. Un bulbe, un seul, s'échange contre douze moutons, quatre bœufs, huit porcs, quarante-neuf tonnes de seigle, vingt-quatre tonnes de blé ; deux barriques de vin, deux tonnes de beurre, quatre barriques de bière, et du fromage, des vêtements, des meubles et un bateau. Autre exemple : une brasserie hollandaise s'échange, avec ses réserves, son personnel et ses ustensiles, là encore contre un seul oignon.

Pourquoi une telle frénésie ? Les affairistes achètent des tulipes pour les reproduire et les revendre. Mais il arrive que les rongeurs et les champignons causent d'importants dégâts dans les plantations, et la richesse tant convoitée disparaît à tout jamais. Face aux dommages financiers constatés et aux risques d'extension de la crise dans tous les secteurs de l'économie, les autorités estiment qu'il devient urgent de mettre un terme à cette spéculation virtuelle. Un décret royal est finalement signé et la commercialisation alors réglementée. Tout rentre dans l'ordre.

Une autre fleur, évoquée dans ce livre, fait l'objet d'une même frénésie financière, la jacinthe.

L. C. – Revenons au présent : que se passe-t-il si un visiteur cueille une fleur ?

A. B. – Cela est rare et, si cela arrive, on fait les gros yeux. Moins si c'est un enfant pour sa maman ou un galant pour sa promise…

D. L. – Quand vous décidez de faire planter un parterre, êtes-vous sensible à ce que l'on pourrait appeler la « mythologie » de telle ou telle fleur ? Pensez-vous par exemple à la connotation psychologique de l'adjectif « narcissique », à l'étymologie d'anémone (qui s'envole « dans le vent ») ou à l'histoire qui dit que c'est du sang d'Aphrodite que les roses tiennent leur couleur rouge ?

A. B. – Seule une replantation historique nous intéresse à Versailles et, quand nous plantons, par exemple, des giroflées, nous recherchons celles qui pourraient être représentées sur les tableaux pour choisir les jaunes les plus ressemblants. Nous nous inspirons aussi des tableaux de Cotelle, un peintre qui représentait les jardins et les bosquets avec beaucoup de détails.

D. L. – Comme vous avez pu le constater à la lecture du présent ouvrage, les fleurs sont loin de se réduire aux légendes qu'elles ont pu inspirer. Quels autres aspects vous ont éventuellement surpris ou intéressé dans le regard que les Anciens portaient sur les fleurs ?

A. B. – L'aspect maléfique : l'idée que l'on utilise une fleur superbe pour se débarrasser d'un proche en fabriquant un poison me stupéfie ! Il est vrai que certaines fleurs peuvent rendre fou : souvenez-vous de la « tulipe noire » d'Alexandre Dumas !

D. L. – Quel est votre extrait préféré et pourquoi ?

A. B. – Le poème de Luxorius, *Anthologie latine*, 353. Cette manière d'évoquer un corps à la peau sombre !

D. L. – Quel est votre mythe préféré et pourquoi ?

A. B. – Daphné et le laurier-rose, car je ne peux m'empêcher, chaque fois que je vois cette plante, et c'est très souvent le cas, de penser aux malheureuses harcelées par des hommes qui se prennent pour des dieux et abusent de leur situation ! J'ai une vision très moderne de ce mythe.

D. L. – Ces histoires donnent un visage, un corps et une âme au végétal : qu'en pensez-vous ? Croyez-vous qu'il y ait plus que de l'organique dans une plante ?

A. B. – Bien sûr. Les plantes sont des êtres vivants qui respirent, transpirent, croissent et s'alimentent. Elles se dirigent vers la lumière bien que sans yeux, certaines comme la sensitive bougent au moindre contact. Les plantes ont peut-être même de la conscience, comme le lierre qui n'envahit que les arbres souffrants.

L. C. – Certains soignent leurs plantes en leur parlant ou en diffusant de la musique : qu'en pensez-vous ?

A. B. – Les serres où je travaille sont sonorisées. Les fleurs qui y poussent sont belles. J'aime l'idée qu'elles apprécient Chopin et Mozart.

D. L. – Quel est le rôle des fleurs dans votre vie quotidienne ?

A. B. – Elles colorent mes journées. C'est un besoin vital. Ovide le formule mieux que moi, lui qui prête à Flore ces mots : « Avant moi le monde n'avait pas de couleurs. »

D. L. – *Est-ce que vous en offrez ?*

A. B. – Oui, car je suis persuadé que c'est le plus beau et le plus noble des présents. On ne dit pas « je t'aime » ou « je vous désire » les mains dans les poches mais les bras chargés de roses rouges.

D. L. – *Le paradoxe, exprimé par plusieurs auteurs antiques, que la chose la plus fragile sur terre – une fleur – est aussi l'expression de la plus grande force qui soit, celle de la nature, trouve-t-il encore un écho dans notre monde moderne ?*

A. B. – Oh que oui ! Elle nous rappelle, si besoin en était, la brièveté de la vie sur terre et la fragilité du monde qui nous entoure. Et découvrir, en plein cœur de la cité, au milieu du bitume, en pleine terre ou en pot, une toute petite fleur atteste que la nature a bien plus de réserves que nous autres humains.

D. L. – *Sur le mode métaphorique, enfin, quel visage aurait pour vous Flora, la déesse des fleurs ?*

A. B. – Celui auquel je pense quand je ne vais pas bien !

CARTES

La Méditerranée antique (1 cm = 280 km)

© Les Belles Lettres

Le monde grec (1 cm = 98 km)

L'Italie antique (1 cm = 93 km)

© Les Belles Lettres

Turlupin, turlupine, je butine.
Où me poser ?
Sur le thym ou sur le serpolet ?
Pourquoi pas sur ce bleuet ?

Oh ! la prairie est toute fleurie
de pissenlits et d'ancolies.

Malin, maligne, je butine
Les fleurs qui croissent au bord de l'eau :

La menthe un peu poivrée,
Le trèfle, blanc ou rouge,
Et, si doux, si doux,
là-haut dans les arbres,
Les chatons des saules et des peupliers.

René Thuillier
Extraits de « Mutine, elle butine, l'abeille »

NOTA BENE

Les symboles suivants dans le texte indiquent :
- un nom de fleur ou de plante : rose* ;
- un nom propre : Aphrodite°.

Ils renvoient à la fin du volume :
- au glossaire des fleurs et des plantes citées ;
- au glossaire des noms propres cités.

Je remercie mon amie Amandine Brincat pour les illustrations contenues dans ce volume, librement inspirées du manuscrit de Dioscoride conservé à Vienne (Österreichische Nationalbibliothek, *Cod. Med. Gr.* 1, VIe siècle).

I

UN MATIN DE MAI FLEURI

Le crocus

LA DÉESSE DES FLEURS

Dans l'imaginaire des Anciens, la venue du printemps était représentée de manière anthropomorphique comme une belle jeune femme semant les fleurs sur son passage et laissant derrière elle un sillon embaumé, dans la douceur de l'air où pépiaient les oiseaux. Ce visage aimable de la Saison du printemps personnifiée nous est parvenu sur de nombreuses œuvres d'art de l'Antiquité, mosaïques ou peintures, vases, intailles ou marqueteries.

Outre la valeur esthétique d'une telle figure qui en fait un sujet prisé en termes de décoration, sa signification est bien plus profonde. C'est en effet la nature elle-même qui se donne à voir sous les traits de cette divinité, dans toute la puissance de son renouvellement cyclique sans lequel la vie est condamnée à disparaître. La charmante déesse des fleurs exerce un pouvoir cosmique. C'est en cela que la déesse de l'amour, Aphrodite ou Vénus, lui est associée comme divinité de la floraison, garante de la montée de sève qui vient revivifier tant la végétation – la fleur est la promesse du fruit – que les êtres animés, hommes et animaux, tous ensemble touchés par la frénésie de la force de vie.

Déjà, les légendes affleurent : c'est le sang de la rose qui empourpre les prairies, fleur emblématique de la déesse, gage de son lien indéfectible à Adonis, mais aussi celui d'Hyacinthe, de Narcisse, de Crocus avec leur fleur éponyme ou encore d'Attis dont naquit la violette.

HOMÈRE
VIIIe s. av. J.-C.

VIRGILE
Ier s. av. J.-C.

CLAUDIEN
Ve s. ap. J.-C.

Nonnos de Panopolis

Des quatre saisons, la plus importante est celle du printemps. Le poète égyptien la dépeint sous les traits d'une jeune femme enceinte apportant avec elle le renouveau de la végétation et la joie de vivre. Tous les sens sont mis en éveil pour accueillir la belle apparition, parmi le chant des oiseaux et les senteurs envoûtantes de la nature en fête.

UNE HIRONDELLE FAIT LE PRINTEMPS

Déjà en effet, annonçant Zéphyr° dont elle est grosse, Saison, tandis qu'éclosent les boutons des fleurs, enivre les vents de rosée ; et, de sa voix claire, la compagne des mortels, messagère du printemps, interrompt dès l'aube leur sommeil par ses gazouillis volubiles : l'hirondelle vient de reparaître ; et, dépouillant son enveloppe embaumée, la fleur rit de se baigner nue dans les ondées fécondantes du printemps.

Les Dionysiaques, III, 10-18

HOMÈRE
VIIIe s. av. J.-C.

VIRGILE
Ier s. av. J.-C.

CLAUDIEN
Ve s. ap. J.-C.

Lucrèce

Le philosophe épicurien ouvre son grand poème sur la nature du monde par une invocation à la déesse de l'amour conçue comme force de vie. Il la place aussi aux origines de Rome, les Énéades (descendants d'Énée, fils de Vénus et du mortel Anchise) pouvant se prévaloir de cette filiation divine. Sous les pas de la déesse naissent les fleurs, signe de son pouvoir fécondant.

VOICI VENIR VÉNUS

Mère des Énéades, plaisir des hommes et des dieux, Vénus° nourricière, toi par qui sous les signes errants du ciel, la mer porteuse de vaisseaux, les terres fertiles en moissons se peuplent de créatures, puisque c'est à toi que toute espèce vivante doit d'être conçue et de voir, une fois sortie des ténèbres, la lumière du soleil, devant toi, ô déesse, à ton approche s'enfuient les vents, se dissipent les nuages ; sous tes pas la terre industrieuse parsème les plus douces fleurs, les plaines des mers te sourient, et le ciel apaisé resplendit tout inondé de lumière.

De la nature, I, 1-10

HOMÈRE
VIIIᵉ s. av. J.-C.

VIRGILE
Iᵉʳ s. av. J.-C.

CLAUDIEN
Vᵉ s. ap. J.-C.

Jean de Gaza

La Saison du printemps était représentée sous les traits d'une belle jeune fille cueillant des fleurs sur une œuvre d'art de la fin de l'Antiquité. Cette composition complexe qui rassemblait une soixantaine d'allégories représentant le cosmos ornait le bain d'hiver de la Gaza byzantine. Un long poème nous en a conservé le souvenir.

LA BELLE PRINTANIÈRE

Se détachant des autres, je vois de mes yeux,

En sa fleur, gracieuse, celle à l'égale durée de jour,

La Printanière humectée de rosée, l'obligée d'Aphrodite°,

Qui dans les jardins des Grâces° où naît l'amour

Fauche la douce image d'une prairie rosée, retour de l'hirondelle,
Et pare sa beauté d'une guirlande de roses* parfumée ;

Elle en couronne ses boucles et à son cou si blanc

Rougeoie le tour d'un collier orné d'un fermoir ardent.

Et, le cœur en fête, la Saison radieuse du printemps

Dont le sein ploie sous les pétales zéphyréens

Module un doux chant, action de grâce pour Cythérée°.

Et sa chair est pétrie de beauté. Fait d'argent brillant,

Le disque qu'elle tient à la main, elle le remplit des corolles
de Cythérée.

Description du Tableau cosmique, 659-671

HOMÈRE
VIIIᵉ s. av. J.-C.

VIRGILE
Iᵉʳ s. av. J.-C.

CLAUDIEN
Vᵉ s. ap. J.-C.

Ovide

C'est en fait le poète latin qui crée le personnage de la déesse des fleurs en tant que telle. À partir d'une étymologie fantaisiste, il transforme la nymphe grecque Chloris (à rapprocher de l'adjectif chlôros, *« de couleur vert pâle »*) *en Flora, plus évocatrice du latin* flos, *« fleur », en raison de la prononciation du chi grec en* {f}. *Dans ses* Fastes, *qui détaillent le calendrier religieux romain, il indique que la fête des Floralia était célébrée à Rome du 28 avril au 3 mai. Il ose invoquer la déesse en personne : répondant à son appel, celle-ci lui révèle son histoire et l'importance de sa fonction. Pour les lettres inscrites sur les pétales de la fleur d'Hyacinthe, cf. p. 61-65.*

FLORA LA BELLE ROMAINE

À ma question la déesse répondit en ces termes – tandis qu'elle parlait, sa bouche exhalait un parfum de roses* printanières : « J'étais Chloris, moi qu'on appelle maintenant Flora : une lettre grecque de mon nom a été altérée par la prononciation latine. J'étais Chloris, nymphe de ces Champs Fortunés, où, dit-on, vivaient jadis les Bienheureux. Te dire quelle était ma beauté coûterait à ma modestie, mais c'est elle qui a valu à ma mère d'avoir un dieu pour gendre. C'était le printemps, je marchais au hasard ; Zéphyr° m'aperçut ; je m'éloignai, il me suivit ; je m'enfuis, il fut le plus fort. D'ailleurs Borée° avait donné à son frère toute licence en fait de rapt, lui qui avait osé ravir sa proie dans le palais d'Érechthée°. Cependant Zéphyr racheta sa violence en me donnant le nom d'épouse, et je n'ai nullement à me plaindre de mon mariage. Je jouis d'un éternel printemps : l'année est toujours radieuse, les arbres ont toujours des feuilles ; la terre, de gras pâturages. J'ai un jardin fertile parmi mes terres dotales : la brise le caresse, une source d'eau limpide l'arrose ; mon époux l'a rempli de nobles fleurs et il m'a dit : « Déesse, règne sur les fleurs. » Souvent j'ai voulu en classer et en compter les couleurs ; je n'ai pas pu : leur multitude était innombrable. Dès que les pétales ont secoué la rosée matinale et que les corolles multicolores se sont échauffées aux rayons du soleil, les Heures° se rassemblent ; elles ont retroussé leurs robes aux belles couleurs et recueillent mes dons dans leurs corbeilles légères ; aussitôt les Grâces° s'approchent, elles tressent des couronnes et des guirlandes pour en ceindre leurs chevelures célestes. C'est moi qui la première ai répandu parmi les peuples sans nombre des semences nouvelles : auparavant la terre avait une couleur uniforme. C'est moi qui la première ai fait une fleur avec le sang d'Hyacinthe° de Thérapné° ; sur les pétales sa plainte reste inscrite. Toi aussi, Narcisse°, tu as un nom dans les jardins bien entretenus, toi dont l'in-fortune fut d'être un autre sans être un autre. Pourquoi parler de Crocus° ou d'Attis° ou du fils de Cinyras° ? De leurs blessures, grâce à moi, sortit la beauté. »

Les Fastes, V, 193-228

MILLE ET UNE FLEURS

L'extraordinaire diversité des formes, des couleurs et des senteurs que peuvent revêtir les fleurs n'avait pas manqué de frapper les Anciens, qui en ont rendu compte sur des modes tout aussi variés. Symboliquement, la robe de Flora chatoie de mille couleurs comme les prairies au printemps se couvrent d'un tapis floral aux motifs bariolés. L'imagination débridée de la nature trouve dans la parure florale son expression la plus libre. L'homme y porte un regard scientifique ou poétique selon le génie qui lui est propre.

Dans les champs et les jardins fleurissent roses, narcisses, vaciets (jacinthes), lis et violettes, sans oublier toute la déclinaison des plantes et arbustes (vigne, mûrier, lierre) et des arbres en fleurs (amandier, pommier, poirier, prunier, grenadier, sapin ou olivier). L'éclat des fleurs, à l'infini, se reflète dans les nappes d'eau, se réfracte dans les couleurs de l'arc-en-ciel, résonne dans les chants d'oiseaux. Le plumage ocellé du paon, en particulier, appelle la comparaison avec un parterre de fleurs, sans que l'on ne sache plus qui de l'oiseau ou de la prairie se pavane le plus chamarré.

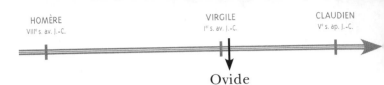

HOMÈRE
VIIIᵉ s. av. J.-C.

VIRGILE
Iᵉʳ s. av. J.-C.

CLAUDIEN
Vᵉ s. ap. J.-C.

Ovide

Le poète interroge ensuite la déesse sur la variété infinie des fleurs dont son vêtement chatoyant et son culte célébré par des illuminations sans nombre se font le reflet. Comme ailleurs dans ce poème, l'interprétation symbolique donne lieu à des développements très imaginatifs.

COULEURS ET LUMIÈRES

« Mais pourquoi, alors qu'on porte des vêtements blancs aux fêtes de Cérès°, Flora° se pare-t-elle d'une robe de mille couleurs ? Est-ce parce que la moisson blanchit quand les épis sont mûrs, tandis que les fleurs ont toutes les couleurs, toutes les beautés possibles ? » Elle fit « oui » de la tête et, comme elle inclinait sa chevelure, des fleurs tombèrent, ainsi que souvent sur les tables on fait pleuvoir des roses*.

Restaient les lumières, dont la raison m'échappait, lorsque la déesse dissipa mes doutes : « Si les illuminations ont paru convenir à nos jours de fête, c'est parce que les champs rayonnent de fleurs pourprées, ou bien parce que ni fleurs ni flammes ne sont de couleurs ternes, et que les unes et les autres attirent le regard par leur éclat, ou encore c'est parce que la licence nocturne convient à nos plaisirs. C'est la troisième raison qui est la bonne ».

Les Fastes, V, 355-368

HOMÈRE
VIIIe s. av. J.-C.

VIRGILE
Ier s. av. J.-C.

CLAUDIEN
Ve s. ap. J.-C.

Théophraste

Ce philosophe élève d'Aristote fit œuvre de botaniste en mettant l'accent sur la diversité des productions de la flore et en particulier des fleurs, qu'elles poussent au niveau du sol, sur les arbustes ou dans les arbres. On a ici une catégorisation en règle de chaque type de fleur.

TAXINOMIE

Pour le moment, contentons-nous de montrer qu'il existe sous maints aspects un grand nombre de différences concernant toutes les parties. Car les fleurs aussi forment les unes un duvet, comme celles de la vigne*, du mûrier* et du lierre*, les autres des pétales, comme celles de l'amandier*, du pommier*, du poirier*, du prunier*. Si certaines sont assez grandes, celle de l'olivier*, bien que pétalée, ne l'est pas. De même chez les plantes annuelles et herbacées, les fleurs forment soit des pétales, soit un duvet. Dans toutes les catégories, les unes sont bicolores, les autres concolores. Celles des arbres sont le plus souvent des fleurs blanches concolores. Seule, pour ainsi dire, la fleur du grenadier* est écarlate et celle de certains amandiers* tire sur l'incarnat. Chez aucune autre espèce domestique la fleur n'est éclatante ni bicolore ; si le cas se présente, c'est chez les espèces sauvages, par exemple le sapin*, dont la fleur est safranée, sans parler de celles qui, dit-on, au bord de la mer Extérieure ont la couleur des roses. Au contraire, chez les annuelles, c'est presque la majorité qui se présente sous cette forme : bicolore et à fleur double. Je dis « à fleur double » parce qu'elles ont une seconde fleur dans la fleur, en son centre, comme la rose*, le lis* et la violette*. Parfois aussi la fleur s'épanouit en une corolle d'une seule pièce qui présente uniquement le dessin de plusieurs pétales, comme celle du liseron* : il n'y a pas de divisions dans cette fleur pour détacher chaque pétale, ni à la base de celle du narcisse* qui se termine au contraire par des pièces saillantes anguleuses. À peu de chose près la fleur de l'olivier* est encore de ce type.

Recherches sur les plantes, I, 13, 1-2

HOMÈRE
VIIIᵉ s. av. J.-C.

VIRGILE
Iᵉʳ s. av. J.-C.

CLAUDIEN
Vᵉ s. ap. J.-C.

Claudien

*Dans une autre perspective, la variété étonnante des fleurs
a été rendue sur un mode plus poétique. Ingrédient essentiel du
mythe de Perséphone/Proserpine dont il sera question plus loin, la
prairie couverte de fleurs fait office de décor signifiant. En Sicile,
le mont Etna voit ainsi s'avancer vers ses pentes quatre déesses,
toutes filles de Jupiter (le Tonnant). L'« Oiseau au grand âge »
désigne le Phénix (sur les fleurs de son nid, cf. p. 162). Quant
au « chaudron assyrien », il s'agit d'une référence à la pourpre
issue du coquillage du* murex *dont on teignait les vêtements de
prix, spécialité de la ville de Tyr en Phénicie, au Liban actuel.*

PRIÈRE DE L'ETNA AU ZÉPHYR

L'Etna qui enfante les fleurs, d'une hauteur herbeuse,

Avait vu le groupe divin ; il appelle Zéphyr°

Assis au creux d'une vallée : « Ô père aimable du printemps,

Qui règnes toujours sur mes prés en t'y promenant à ta guise,

Dont l'haleine sans cesse humecte l'année de rosée,

Regarde la troupe des nymphes, la descendance altière du Tonnant

Qui daigne s'amuser à travers ma campagne.

À présent viens m'aider, je t'en prie ; à présent accepte de couvrir

De bourgeons toute branche, afin que le fertile Hybla°

Me porte envie et ne nie pas la défaite de ses jardins.

Toutes les senteurs de l'encens tiré des bois de Panchaïe°,

Tous les charmes lointains de l'Hydaspe° odorant,

Tout ce qu'au bout du monde assemble l'Oiseau au grand âge

Quand il cherche à recommencer le siècle de ses vœux,

Répands-les en mes veines. D'un souffle généreux viens réchauffer

Mes champs ; rends-moi digne d'être cueilli par ces pouces divins.

Et donne aux déesses l'envie de se parer de mes guirlandes ! »

Il avait dit. Le vent secoue ses ailes, humides d'un nouveau
Nectar, et il ensemence la glèbe d'une rosée féconde ;
Là où il vole, il est suivi d'un rouge printanier. Partout le sol
Se gonfle d'herbe ; la voûte du ciel s'éclaircit.
Il imprègne la rose* d'une splendeur de sang, le vaciet* de noir ;
Et d'un bleu délicat, il peint la violette*.
Quels baudriers des Parthes°, destinés à ceindre les rois,
Sont nuancés de tant de gemmes ? Quelles toisons
Sont si bien teintes par les riches écumes du chaudron assyrien ?
Elles ne sont pas telles, les ailes déployées par l'oiseau de Junon°,
Ni les mille couleurs de l'arc-en-ciel changeant
Quand il couronne l'averse commençante et que la ligne courbe
De son chemin aqueux verdoie entre les nues qu'il vient de séparer.
Le lieu par sa beauté surpasse encor les fleurs.

Le Rapt de Proserpine, II, 71-101

HOMÈRE
VIIIe s. av. J.-C.

VIRGILE
Ier s. av. J.-C.

CLAUDIEN
Ve s. ap. J.-C.

Achille Tatius

La diversité des fleurs est également célébrée dans la descrip-
tion de jardin qui suit, comme cadre idyllique propice à l'amour.
L'impression de variété se trouve démultipliée par le reflet de
l'eau des bassins ainsi que par la confusion poétique suggérée
entre les fleurs et les plumes des oiseaux.

PAVANE

Les fleurs, de couleurs variées, faisaient montre, tour
à tour, de leur beauté, et c'étaient la pourpre de la terre,
le narcisse* et la rose*. La rose et le narcisse avaient la
même forme de calice ; c'était la coupe de la plante. La
couleur des pétales qui se séparaient autour du calice
était à la fois de sang et de lait dans le bas du pétale de la
rose, et le narcisse était en son entier semblable au bas de
la rose. La violette* n'avait pas de calice, mais sa couleur
était semblable à celle dont resplendit le calme de la
mer. Au milieu des fleurs jaillissait une source ; un bassin
carré, creusé de main d'homme pour recevoir le courant,
l'entourait. L'eau était le miroir des fleurs, si bien que le
jardin semblait être double, l'un réel et l'autre son reflet.
Quant aux oiseaux, les uns, apprivoisés, picoraient dans
le bois, ceux que la nourriture des hommes avait domes-
tiqués, tandis que les autres, volant librement, s'ébat-
taient autour de la cime des arbres ; les uns chantaient
leurs chants d'oiseaux ; les autres s'enorgueillissaient de
la robe de leur plumage. Ceux qui chantaient étaient les
cigales et les hirondelles, les unes chantant la couche
d'Aurore°, les autres le festin de Térée°. Les oiseaux
apprivoisés étaient le paon, le cygne et le perroquet ; le
cygne trouvait sa nourriture près des sources, le perroquet était suspendu à un arbre, dans une volière, le paon
laissait traîner sa queue parmi les fleurs. Le spectacle
que donnaient les fleurs rivalisait de splendeur avec la

17

couleur du plumage des oiseaux : c'était une floraison de plumes. [...] Le hasard voulut qu'à ce moment l'oiseau déployât la beauté de ses plumes et montrât le spectacle de son plumage. « Ce n'est pas sans dessein, dis-je, que l'oiseau agit ainsi : il est amoureux. C'est lorsqu'il veut gagner son aimée qu'il se pavane ainsi. La vois-tu, elle, près du platane ? (je montrai du doigt une paonne), c'est pour elle, maintenant, qu'il exhibe la beauté de la prairie de son plumage. C'est la prairie du paon qui est la plus fleurie : la nature a même mis de l'or dans son plumage ; autour de cet or court un cercle de pourpre semblable : c'est un œil sur la plume. »

Le Roman de Leucippé et Clitophon, I, 15, 5-16, 3

LE MIRACLE DE LA FLORAISON

L'apparition spectaculaire, quasi miraculeuse, des fleurs à chaque printemps est vue comme un gage de leur caractère divin, révélateur de la toute-puissance de la nature qui s'exprime à travers ce qu'il y a sur terre de plus fragile et de plus essentiel à la fois : un délicat bourgeon, à la résistance à toute épreuve. Qu'il s'agisse d'Aphrodite, de Dionysos ou encore d'un enfant qui semble préfigurer le Christ, la floraison spontanée est la marque du passage d'une divinité. Mieux : l'exubérance de la végétation accompagnera l'avènement du retour de l'âge d'or sur terre.

L'accent est également mis sur les parfums à la fois subtils et puissants, pour ainsi dire paradisiaques, que dégagent les fleurs. La senteur envoûtante des aromates évoque l'Orient légendaire où croissent le cinname, le nard ou l'amome assyriens. Là encore, la rose domine : n'est-elle pas la fleur odoriférante par excellence ? Par ailleurs, la fleur d'Aphrodite est tout autant celle du christianisme, dans un rosaire qui égrène roses rouges et blancs lis alternés.

HOMÈRE
VIIIᵉ s. av. J.-C.

VIRGILE
Iᵉʳ s. av. J.-C.

CLAUDIEN
Vᵉ s. ap. J.-C.

Nonnos de Panopolis

La floraison spontanée est l'un des signes qui révèlent le passage d'une divinité, surtout lorsqu'il s'agit de Dionysos, dieu lié à la nature.

LE BAIN DE BACCHOS

Et le dieu, la tête levée et la poitrine gonflée, rame avec ses mains et fend le calme des flots d'or. Et, spontanément, les roses* jaillissent sur les rives sans vagues, les lis* poussent, les Saisons forment une guirlande sur les berges – c'est le bain de Bacchos ! – et, dans l'onde étincelante, les boucles dénouées de la chevelure brune du dieu s'empourprent.

Les Dionysiaques, X, 169-174

Sur la mer poussaient des plantes ; les sillons aquatiques des vagues crachaient des fleurs ; et la rose* fleurit et, à la surface, comme dans un jardin, les creux marins écumants s'empourpraient, et le lis* étincelait au milieu des vagues.

Les Dionysiaques, XLV, 153-157

HOMÈRE
VIII⁰ s. av. J.-C.

VIRGILE
I⁰ˢ s. av. J.-C.

CLAUDIEN
Vᵉ s. ap. J.-C.

Virgile

Dans son églogue (poème à sujet pastoral) dite « messia-nique » en raison de la lecture annonciatrice de la venue du Christ qui a pu en être faite, le poète dont les chants ont ravi l'empereur Auguste prédit l'arrivée sur la terre d'un enfant marquant le retour de l'âge d'or. Selon le « mythe des races » tel qu'il est exposé par Hésiode dans Les Travaux et les Jours, *à la race de fer qui est la nôtre succédera de nouveau la race d'or, laquelle prospérera parmi les volutes d'une végétation luxu-riante, dans l'épanouissement de la vie.*

IL EST NÉ LE DIVIN ENFANT

Muses de Sicile, élevons un peu le sujet de nos chants ; tous n'aiment pas les vergers et les humbles tamaris : si nous chantons les bois, que les bois soient dignes d'un consul.

Le voici venu, le dernier âge prédit par la prophétie de Cumes° ; la grande série des siècles recommence. Voici que revient aussi la Vierge°, que revient le règne de Saturne° ; voici qu'une nouvelle génération descend des hauteurs du ciel. Daigne seulement, chaste Lucine°, favo-riser la naissance de l'enfant qui verra, pour la première fois, disparaître la race de fer et se lever, sur le monde entier, la race d'or [...].

Cependant, comme premiers cadeaux, enfant, la terre, sans culture, te prodiguera les lierres* exubérants ainsi que le baccar*, et les colocasies* mariées à l'acanthe* riante. Spontanément, les chèvres ramèneront au logis leurs mamelles gonflées de lait, et les troupeaux ne redou-teront pas les grands lions ; spontanément, ton berceau foisonnera d'une séduisante floraison. Périra le serpent, et la perfide plante vénéneuse périra ; partout poussera l'amome* assyrien.

Bucoliques, IV, 1-25

HOMÈRE
VIIIe s. av. J.-C.

VIRGILE
Ier s. av. J.-C.

CLAUDIEN
Ve s. ap. J.-C.

Jean de Gaza

*Mariant les références païennes et chrétiennes, ce vibrant
hommage aux fleurs souligne le lien entre le paradis sur terre
qu'apporte le printemps et son modèle céleste, qu'il s'agisse dans
les Champs Élysées du jardin des Grâces où Aphrodite règne en
maîtresse ou du jardin d'Éden dont les fleurs préfigurent les
roses sanglantes des martyrs et leur pureté de lis.*

ROSES ET LIS

Et les roses* resplendissantes sortent de leur ronce
Dans la grâce au tendre pétale du bouton qui s'entr'ouvre
Alors que la prairie terrestre embaume la rose ;
Un tapis de verdure croît, dru et luxuriant,
Annonçant la rieuse Aphrodite° printanière.
Et les lis* délicats fleurissent dans une écume de pétales.

Description du Tableau cosmique, 390-395

UN PETIT COIN DE PARADIS ...

Grâce aux fleurs dont la nature les emplit à profusion – tapis moelleux de la prairie couverte d'une multitude de touches colorées, grappes de corolles tapissant les arbres en fleurs d'un bosquet secret ou même toit végétal formé des pampres entremêlés de la vigne florissante –, certains lieux semblent le paradis sur terre. La parure florale forme comme une tenture épaisse qui isole davantage encore l'endroit protégé. Le *locus amoenus* – étymologiquement un lieu situé « en dehors des murailles », c'est-à-dire au beau milieu de la nature – se présente ainsi comme un havre de paix qui échappe au bruit et à la fureur des activités humaines. Les dieux ont de telles demeures, et les hommes à leur tour n'ont de cesse de se créer un petit chez soi où ils pourront vivre cachés et heureux.

L'esprit, de plus, se libère en pleine nature et y donne toute sa mesure : les philosophes et les poètes ne s'y sont pas trompés, qui s'éloignent de la ville et de son confort artificiel pour la joie simple de deviser couchés sur l'herbe comme sur la plus molle et la plus parfumée des couches, dans la douceur de l'air, bercés par le murmure d'une source, le chant des cigales et des oiseaux. De tels endroits sont le séjour des nymphes ; il est normal que les Muses s'y rassemblent elles aussi pour faire don de l'inspiration aux mortels qui savent venir les retrouver en leur domaine.

HOMÈRE
VIIIᵉ s. av. J.-C.

VIRGILE
Iᵉʳ s. av. J.-C.

CLAUDIEN
Vᵉ s. ap. J.-C.

Homère

La grotte de Calypso, la déesse marine dont l'île mythique d'Ogygie se trouve aux confins du monde, est le modèle par excellence du lieu où il fait bon vivre. Pour Ulysse l'exilé cependant, rien n'est doux hors la pensée du retour et, tandis que mortels et dieux lui envient la faveur dont la nymphe l'entoure, lui reste sur le rivage et pleure, le visage tourné vers la mer.

L'ANTRE DE CALYPSO

Mais quand, au bout du monde, Hermès° aborda l'île, il sortit en marchant de la mer violette, prit terre et s'en alla vers la grande caverne, dont la nymphe bouclée avait fait sa demeure. [...] Au rebord de la voûte, une vigne* en sa force éployait ses rameaux, toute fleurie de grappes, et près l'une de l'autre, en ligne, quatre sources versaient leur onde claire, puis leurs eaux divergeaient à travers des prairies molles, où verdoyaient persil* et violettes*. Dès l'abord en ces lieux, il n'est pas d'Immortel qui n'aurait eu les yeux charmés, l'âme ravie.

Le dieu des rayons clairs restait à contempler. Mais, lorsque, dans son cœur, il eut tout admiré, il se hâta d'entrer dans la vaste caverne et, dès qu'il apparut aux yeux de Calypso°, vite il fut reconnu par la toute divine : jamais deux Immortels ne peuvent s'ignorer, quelque loin que l'un deux puisse habiter de l'autre.

Odyssée, V, 55-74

HOMÈRE
VIIIe s. av. J.-C.

VIRGILE
Ier s. av. J.-C.

CLAUDIEN
Ve s. ap. J.-C.

Aristophane

Il n'y a pas que les dieux qui apprécient les beaux endroits. Les mortels aussi aspirent à un lieu cher à leur cœur, aussi humble soit-il. Pour le paysan-conscrit que l'on envoie à la guerre, les rêves de paix sont indissociables de l'image idyllique de son lopin de terre.

HOME SWEET HOME

TRYGÉE. – Aussi moi-même à présent brûlé-je de retourner aux champs et de remuer avec mon hoyau ma petite pièce de terre, après un si long temps. (*Plus vite.*) Allons, rappelez-vous, hommes, l'ancienne vie que la déesse nous dispensait jadis, ces briques de figues sèches, et les figues fraîches, et les myrtes*, et le vin doux, et la bande de violettes* près du puits et les olives que nous regrettons tant.

La Paix, 569-579

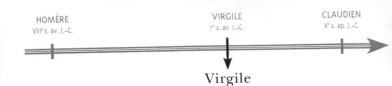

HOMÈRE
VIIIe s. av. J.-C.

VIRGILE
Ier s. av. J.-C.

CLAUDIEN
Ve s. ap. J.-C.

Virgile

L'équivalent latin du cultivateur dont il a été question dans le texte précédent aspire lui aussi au bonheur de posséder un petit terrain rien qu'à soi où l'on est protégé du monde extérieur et où la vie est douce parmi les merveilles de la nature.

LA DOUCEUR DES PÉNATES

Heureux vieillard, ici, au milieu des cours d'eau familiers et des sources sacrées, tu chercheras l'ombre et le frais. D'un côté, comme toujours, à la lisière du voisin, la haie, où les abeilles de l'Hybla° butinent la fleur du saule*, t'invitera souvent au sommeil par son léger bourdonnement ; de l'autre, au pied de la roche élevée, l'émondeur jettera sa chanson en plein vent ; ce qui n'empêchera pas cependant les ramiers, tes préférés, de roucouler, ni la tourterelle de gémir dans les airs, en haut de l'orme.

Bucoliques, I, 51-58

HOMÈRE
VIII° s. av. J.-C.

VIRGILE
I°' s. av. J.-C.

CLAUDIEN
V° s. ap. J.-C.

Platon

Socrate aimait vivre à l'extérieur. Quand il ne parle pas philosophie sur l'agora ou au Pirée, il va sans façon s'installer dans l'herbe, comme c'est le cas en compagnie du jeune Phèdre avec lequel il entend deviser du Beau, dans un cadre on ne peut plus approprié.

MONSIEUR LE PHILOSOPHE AUX CHAMPS

Socrate. – Ah ! Par Héra°, le bel endroit pour y faire halte ! Ce platane vraiment couvre autant d'espace qu'il est élevé. Et ce gattilier*, qu'il est grand et magnifiquement ombreux ! Dans le plein de sa floraison comme il est, l'endroit n'en peut être davantage embaumé ! Et encore, le charme sans pareil de cette source qui coule sous le platane, la fraîcheur de son eau : il suffit de mon pied pour me l'attester ! C'est à des nymphes, c'est à Achéloüs°, si j'en juge par ces figurines, par ces statues de dieux, qu'elle est sans doute consacrée. Et encore, s'il te plaît, le bon air qu'on a ici n'est-il pas enviable et prodigieusement plaisant ? Claire mélodie d'été, qui fait écho au chœur des cigales ! Mais le raffinement le plus exquis, c'est ce gazon, avec la douceur naturelle de sa pente qui permet, en s'y étendant, d'avoir la tête parfaitement à l'aise. Je le vois, un étranger ne peut avoir de meilleur guide que toi, mon cher Phèdre !

Phèdre, 230 B-C

Lucrèce

On confond souvent l'épicurisme – l'École du Jardin – avec un hédonisme débridé, idée popularisée par le mot fameux d'Horace (Épîtres I, 4) sur le pourceau se vautrant dans la fange. Aux antipodes de cette caricature, le philosophe Lucrèce prône le retour aux plaisirs simples de la nature pour mieux comprendre le sens de la vie.

LE JARDIN D'ÉPICURE

Ô misérables esprits des hommes, ô cœurs aveugles ! Dans quelles ténèbres et dans quels dangers s'écoule ce peu d'instants qu'est la vie ! Ne voyez-vous pas ce que crie la nature ? [...]. Ainsi pour le corps, nous le voyons, il est besoin de bien peu de chose. Tout ce qui peut supprimer la douleur est capable également de lui procurer maint plaisir exquis. Et dans cet état, la nature elle-même ne réclame rien de plus agréable : s'il n'y a point parmi nos demeures de statues dorées de jeunes gens, tenant dans leurs mains droites des flambeaux allumés pour éclairer des orgies nocturnes ; si notre maison n'est pas toute brillante d'argent, tout éclatante d'or ; si les cithares n'en font pas résonner les vastes salles lambrissées et dorées : il nous suffit du moins, étendus entre amis sur un tendre gazon, le long d'une eau courante, sous les branches d'un grand arbre, de pouvoir à peu de frais apaiser agréablement notre faim ; surtout quand le temps sourit et que la saison parsème de fleurs les herbes verdoyantes. Et les fièvres brûlantes ne quittent pas plus vite le corps, que l'on s'agite sur des tapis brodés, sur la pourpre écarlate, ou qu'il faille s'aliter sur une étoffe plébéienne.

De la nature, II, 1-33

HOMÈRE
VIIIe s. av. J.-C.

VIRGILE
Ier s. av. J.-C.

CLAUDIEN
Ve s. ap. J.-C.

Théocrite

Il n'y a pas qu'à l'exercice de la philosophie qu'un lieu plai-sant soit propice. Dans la poésie bucolique grecque, il n'est pas rare que le chevrier (Comatas) et berger (Lacon) se disputent pour savoir dans quel lieu ils tiendront leur concours de chant.

LA MENTHE EN FLEUR

Lacon. – Tu seras mieux pour chanter où je suis, assis sous cet olivier sauvage et sous ces arbres ; de l'eau fraîche tombe de ce côté goutte à goutte ; ici, il y a du gazon, et ce lit de feuilles que tu vois, et des sauterelles qui babillent. [...]

Comatas. – Je n'irai pas là-bas. Il y a de mon côté des chênes, il y a du souchet*, des abeilles qui bourdonnent bellement près des ruches ; il y a deux sources d'eau fraîche ; les oiseaux sur l'arbre gazouillent ; l'ombre n'est pas à comparer avec celle que tu as ; sans compter que le pin d'en haut lance des pommes.

Lacon. – Si tu viens, tu fouleras ici des peaux d'agneau et des toisons de laine, plus moelleuses que le sommeil ; tandis que tes peaux de bouc sentent plus mauvais que tu ne sens toi-même. Je dresserai en l'honneur des nymphes un grand cratère de lait blanc, et j'en dresserai aussi un autre de douce huile.

Comatas. – Mais, si c'est toi qui viens, tu fouleras ici de la tendre fougère et de la menthe* en fleur ; tu auras sous toi des peaux de chèvre, plus moelleuses cent fois que tes peaux d'agneau. Je dresserai en l'honneur de Pan huit tasses de lait, et huit jattes contenant des rayons pleins de miel.

Idylles, V, 31-59

HOMÈRE
VIIIe s. av. J.-C.

VIRGILE
Ier s. av. J.-C.

CLAUDIEN
Ve s. ap. J.-C.

Méléagre

Le jeune citadin a trouvé une solution pour donner à ses amours un parfum champêtre : la couronne qu'il tresse à sa belle avec le concours de l'anaphore promet l'irruption de la nature dans la ville. Il donne ainsi à peu de frais à son amante l'illusion bucolique qu'elle est une jeune bergère de roman ou, mieux encore, une nymphe des prairies toute couronnée de fleurs. Le paradis qu'est le locus amoenus devient ainsi intimement lié à la jeune fille. La variété des fleurs citées et leur arrangement en couronne fait par ailleurs écho à la métaphore de l'anthologie comme couronne poétique dont cet auteur est le plus illustre représentant, cf. p. 260-261.

PLUIE DE FLEURS

Je tresserai la giroflée* blanche, je tresserai avec les myrtes* le narcisse* délicat, je tresserai aussi les lis* riants, je tresserai encore le doux safran* ; et je tresserai l'hyacinthe* pourprée, je tresserai enfin la rose* chère aux amants, afin que, sur les tempes d'Héliodora aux boucles parfumées, ma couronne inonde sa belle chevelure d'une pluie de fleurs.

Anthologie grecque, V, 147

... MÊME AUX ENFERS

On pourrait croire les fleurs réservées aux prairies célestes et terrestres baignées de soleil. Or, même sous terre, les plaines des Enfers en sont couvertes. Homère a forgé l'imaginaire collectif de l'Au-delà en dépeignant comme séjour des ombres les champs infinis d'asphodèles. Cette plante vivace fleurissant en grappes blanches est associée au monde des morts, peut-être parce qu'elle possède une racine très développée qui plonge profondément dans la terre.

Ici-bas, l'élément aquatique est prédominant. Les fleuves des Enfers voient ainsi croître sur leurs rives essentiellement des plantes d'eau. Sur les bords de l'Achéron où le nocher Charon mène sa barque chargée d'âmes poussent en nombre les lotus, fleurs de mort et d'oubli, qui accompagnent une dernière fois les ombres le long de leur voyage sans retour. Quant au Léthé, ses berges sont couvertes de pavot, cette fleur symbolisant l'oubli dans lequel les âmes des justes doivent laisser tout souvenir de leur vie passée et de leur séjour dans l'Île des Bienheureux, de même que celles des méchants se détachent de leurs fautes désormais expiées avant, toutes, de remonter à la surface pour commencer une nouvelle vie.

HOMÈRE
VIII° s. av. J.-C.

VIRGILE
I° s. av. J.-C.

CLAUDIEN
V° s. ap. J.-C.

Homère

Au cours des pérégrinations qui suivent son retour de Troie, Ulysse entre en contact avec le royaume des morts pour interroger l'ombre du devin Tirésias, seul capable de lui indiquer le moyen de rentrer dans son Ithaque natale. Il vient de finir de converser avec l'ombre d'Achille (l'« Éacide » car petit-fils d'Éaque), auquel il a donné des nouvelles de son fils, Néoptolème.

LE PRÉ DE L'ASPHODÈLE

À peine avais-je dit que, sur ses pieds légers, l'ombre de l'Éacide à grands pas s'éloignait : il allait à travers le Pré de l'Asphodèle*, tout joyeux de savoir la valeur de son fils ! Mais des autres défunts, qui dorment dans la mort, les ombres tristement restaient à me conter chacune son souci. [...]

Après lui m'apparut le géant Orion° qui chassait, à travers le Pré de l'Asphodèle*, les fauves qu'autrefois il avait abattus dans les monts solitaires : il avait à la main cette massue de bronze que rien n'a pu briser.

Odyssée, XI, 538-575

Homère donne ici une vision saisissante du dieu Hermès dans son rôle de psychopompe (« qui convoie les âmes »). Enfin de retour à Ithaque, Ulysse vient de tuer les prétendants qui assiégeaient de leurs assiduités sa femme Pénélope tout en dilapidant l'héritage de son fils Télémaque ; comme lorsqu'ils étaient en vie, ils se rassemblent dans la mort.

LE CRI DE L'ÂME

Répondant à l'appel de l'Hermès du Cyllène°, les âmes des seigneurs prétendants accouraient : le dieu avait en main la belle verge d'or, dont il charme les yeux des mortels ou les tire à son gré du sommeil. De sa verge, il donna le signal du départ ; les âmes, en poussant de petits cris, suivirent...

Dans un antre divin, où les chauves-souris attachent au rocher la grappe de leur corps, si l'une d'elles lâche, toutes prennent leur vol avec de petits cris ; c'est ainsi qu'au départ leurs âmes bruissaient. Le dieu de la santé, Hermès°, les conduisait par les routes humides ; ils s'en allaient, suivant le cours de l'Océan ; passé le Rocher Blanc, les portes du Soleil et le pays des Rêves, ils eurent vite atteint la Prairie d'Asphodèle*, où les ombres habitent, fantômes des défunts.

Odyssée, XXIV, 1-14

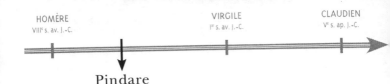

HOMÈRE
VIIIe s. av. J.-C.

VIRGILE
Ier s. av. J.-C.

CLAUDIEN
Ve s. ap. J.-C.

Pindare

Différente des Enfers homériques, la vision de l'Au-delà du poète lyrique est empreinte de grandiose et de solennité. Les fleurs n'y sont plus humaines mais divines, immenses par leur taille, précieuses par leur matière puisque faites d'or massif. Les bienheureux mortels qui accèdent à ce séjour s'en parent pour accéder au banquet éternel qui leur est promis en récompense de leur conduite vertueuse.

LES FLEURS D'OR

Tous ceux qui ont eu l'énergie, en un triple séjour dans l'un et l'autre monde, de garder leur âme absolument pure de mal, suivent jusqu'au bout la route de Zeus° qui les mène au château de Cronos° ; là, l'île des Bienheureux est rafraîchie par les brises océanes ; là resplendissent des fleurs d'or, les unes sur la terre, aux rameaux d'arbres magnifiques, d'autres, nourries par les eaux ; ils en tressent des guirlandes pour leurs bras ; ils en tressent des couronnes, sous l'équitable surveillance de Rhadamanthe°, l'assesseur qui se tient aux ordres du puissant ancêtre des dieux, de l'époux de Rhéa°, déesse qui siège sur le plus haut des trônes.

Olympiques, II, 123-141

HOMÈRE
VIIIe s. av. J.-C.

VIRGILE
Ier s. av. J.-C.

CLAUDIEN
Ve s. ap. J.-C.

Virgile

La nymphe Cyrène décrypte pour son fils Aristée l'oracle de Protée, le dieu-devin, que celui-là est allé consulter pour connaître la raison de la mort de ses abeilles. À chaque dieu il convient de consacrer une offrande précise. Orphée reçoit des pavots, fleur d'oubli qui pousse sur les bords du fleuve des Enfers.

PAVOTS D'ENFERS

Quand la neuvième aurore se sera levée, tu offriras en expiation aux mânes d'Orphée° des pavots* du Léthé ; pour apaiser Eurydice°, tu l'honoreras en lui sacrifiant une génisse ; enfin tu immoleras une brebis noire et tu retourneras au bois sacré.

Géorgiques, IV, 544-547

HOMÈRE
VIIIe s. av. J.-C.

VIRGILE
Ier s. av. J.-C.

CLAUDIEN
Ve s. ap. J.-C.

Sappho

Alors qu'elle a si bien chanté l'amour, la poétesse de Lesbos suggère ici l'attirance de la mort pour l'âme lassée. La douceur délétère de l'élément humide fascine. Peut-être parce qu'elle est femme, Sappho a su en deux vers capturer toute la subtilité d'un tel sentiment.

UN DÉSIR DE MOURIR

Je ne sais quel désir me possède de mourir et de voir les rivages fleuris de lotus*, humides de rosée, de l'Achéron.

V, *fr.* 95

IL FAUT CULTIVER NOTRE JARDIN

L'activité qui consiste à cultiver une portion de terre à seule fin d'agrément et non plus pour en tirer de quoi se nourrir est attestée dans toute l'Antiquité gréco-romaine. Si le jardin (*kèpos* en grec, *hortus* en latin) est avant tout composé d'un verger, d'un vignoble et d'un potager qui fournissent un complément appréciable et varié aux produits issus de l'agriculture, l'accent est cependant mis sur l'agencement harmonieux des différentes espèces de manière à ce que tout soit toujours disponible en abondance en fonction du rythme des saisons.

La fleur n'est pas seulement considérée comme « utilitaire », en tant que transition vers le fruit, mais une appréciation plus « esthétique » de cette nature domestiquée, pour une part influencée par l'Orient, peut également être observée. Il s'agit notamment des parcs perses (*paradeisoi*) qui constituent des lieux d'agréments royaux destinés prioritairement à la chasse ou de la recréation de la nature au beau milieu des airs avec les jardins suspendus de Babylone.

Dans les jardins aux parterres soigneusement disposés, les jardiniers se plaisent à tailler des massifs de « fleurs domestiquées », telles que rose, jacinthe et lis tandis que la nature, la jardinière par excellence, parsème le sol de « fleurs sauvages », violette, narcisse et mille autres encore. Las, la bonne terre est alors perdue pour l'agriculture ; l'eau, si précieuse dans le monde méditerranéen, détournée vers des bassins d'agrément tandis que les champs ont soif. C'est l'éternel dilemme du choix entre le beau et le bon, résolu dans le monde bucolique par le triomphe de l'agréable sur l'utile, ou de la fertilité spontanée de la nature sur les durs travaux agricoles.

HOMÈRE
VIIIe s. av. J.-C.

VIRGILE
Ier s. av. J.-C.

CLAUDIEN
Ve s. ap. J.-C.

Ovide

Toujours dans le cadre de la conversation fictionnelle entre Flora la déesse des fleurs et le poète, l'apanage de la nymphe se trouve défini comme les espaces dont prend soin la main de l'homme, par opposition à la force brute de la nature sauvage. Fleurs de jardin et fleurs des champs s'épanouissent donc sous sa protection.

CHASSE GARDÉE

« Il y a encore un détail sur lequel il me reste à t'interroger, si tu le permets, dis-je. – Je le permets, répondit-elle. – Pourquoi tes filets ne capturent-ils, au lieu de lionnes de Libye, que des chevreuils inoffensifs et des lièvres peureux ? » Elle me répondit qu'elle n'avait pas reçu en partage les forêts, mais les jardins et les champs inaccessibles aux bêtes féroces.

Les Fastes, V, 369-374

Flora proclame l'importance fondamentale de son rôle : l'éclosion des fleurs, sans lesquelles il ne saurait y avoir de fruits, garantit la subsistance du genre humain. Sans fleurs point de blé, de vin, d'huile, ni de fèves de toutes sortes, qui sont à la base de l'alimentation. La fleur de vin donne au breuvage son goût. Le miel est aussi l'un des dons de Flora.

LES FRUITS TIENNENT LA PROMESSE DES FLEURS

« Tu crois peut-être que mon empire se borne aux délicates couronnes ? Mon pouvoir s'étend aussi aux champs cultivés. Si les blés ont bien fleuri, l'aire regorgera ; si la vigne* a bien fleuri, Bacchus° nous donnera son vin ; si les oliviers* ont bien fleuri, la récolte est magnifique, et les fruits tiennent la promesse des fleurs. Si les fleurs sont une fois blessées, c'est la mort des vesces et des fèves, la mort de tes lentilles, ô Nil étranger ! Les vins, qu'on a emmagasinés à grand-peine dans de vastes celliers, fleurissent eux aussi, et une mousse recouvre leur surface dans les jarres. Le miel est mon présent : c'est moi qui appelle sur la violette*, le cytise* et le thym* blanc les insectes ailés qui donneront le miel. C'est encore moi qui suis à l'œuvre quand, au cours des jeunes années, les âmes sont fougueuses et les corps robustes. »

Les Fastes, V, 261-274

HOMÈRE
VIIIe s. av. J.-C.

VIRGILE
Ier s. av. J.-C.

CLAUDIEN
Ve s. ap. J.-C.

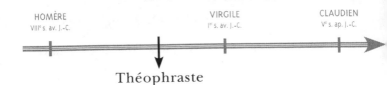

Théophraste

Au fondement de son exposé détaillé sur les merveilles de la nature, le botaniste souligne la complexité du processus de floraison. Chaque fleur ne donne pas forcément un fruit. Il est même des cas pour lesquels la fleur doit être émondée pour laisser place à la croissance du fruit.

DE LA FLEUR AU FRUIT

D'autres plantes présentent une disposition plus particulière, par exemple le lierre* et le mûrier*. Elles ont les fleurs incluses dans la masse même des péricarpes, non point certes au sommet ni à la périphérie de chacun d'eux, mais dans leur milieu, à moins que par hasard leur état de duvet ne permette pas de les distinguer parfaitement. Il y a même dans certains cas des fleurs incomplètes, comme pour les concombres celles qui poussent aux extrémités du rameau ; c'est pour cette raison qu'on les supprime : elles empêchent la croissance du concombre*. On dit encore que chez le cédratier* toutes les fleurs qui ont une pièce fusiforme issue de leur centre sont fertiles, tandis que celles qui n'en ont pas sont stériles. Quant à savoir pour quelque autre plante à fleurs s'il lui arrive de produire une fleur stérile, isolée ou non, c'est une question à examiner. Car certaines variétés de vigne* et de grenadier sont incapables de mener à bien leurs fruits ; leur processus de reproduction ne va que jusqu'à la floraison. Il se forme bien sur le grenadier* une grosse fleur serrée dont en général le renflement devient large et plat comme celui des grenades ; mais dans d'autres cas il se produit à la base un renflement par l'intermédiaire duquel se forme pour peu de temps une balauste en quelque sorte dégénérée qui présente une cavité à sa partie supérieure. Certains disent encore que parmi des sujets de la même

40

espèce les uns fleurissent, les autres non, comme fleurit le palmier* mâle tandis que le palmier femelle ne fleurit pas et forme directement son fruit. Les végétaux qui doivent à leur sexe un pareil caractère se différencient par là comme en général ceux qui ne sont pas capables de mener à bien leurs fruits. Mais la nature de la fleur comporte des différences plus considérables : c'est ce qui ressort de l'exposé précédent.

Recherches sur les plantes, I, 13, 4-5

HOMÈRE
VIIIᵉ s. av. J.-C.

VIRGILE
Iᵉ s. av. J.-C.

CLAUDIEN
Vᵉ s. ap. J.-C.

Virgile

En appendice de son grand poème sur l'agriculture et l'éle-
vage, Virgile ouvre et referme presque aussitôt cette parenthèse
sur la notion de jardin. Utilisant le lieu commun de la navi-
gation en mer, il compare son poème qui touche à sa fin à un
navire mettant le cap sur le port. Le poète latin campe le bonheur
champêtre du « vieillard de Corycus » dont une traduction pour-
rait être « le Père tranquille ». À noter l'attention portée aux
fleurs, dans leur rôle à la fois utilitaire et décoratif.

LE BONHEUR EST DANS LE PRÉ

Pour moi, si, déjà parvenu au bout de mes peines, je
n'amenais mes voiles et n'avais hâte de tourner ma proue
vers la terre, peut-être chanterais-je l'art de fertiliser et
d'orner les jardins, ainsi que les roseraies de Paestum°
qui fleurissent deux fois ; comment les endives aiment
à boire l'eau des ruisseaux, comment l'ache* fait la joie
des rives verdoyantes, et comment le concombre prend
du ventre en se tordant parmi les herbes ; et je n'aurais
passé sous silence ni le narcisse* lent à pousser sa chevelure, ni la tige de l'acanthe* flexible, ni les lierres* pâles,
ni les myrtes* amis des rivages.

Ainsi, je me souviens d'avoir vu, au pied des tours de
la haute ville d'Œbalos°, là où le noir Galèse° arrose de
blondissantes cultures, un vieillard de Corycus qui possédait quelques arpents d'un terrain abandonné, un fonds
qui n'était pas bon pour les bœufs de labour, ni propice
au bétail, ni propre à Bacchus°. Cependant notre homme
plantait, entre les ronceraies, des légumes en lignes espa-
cées et, en bordure, des lis* blancs, des verveines* et du
pavot* comestible ; dans sa fierté il égalait ses richesses
à celles des rois, et quand, tard dans la nuit, il rentrait
au logis, il chargeait sa table de mets qu'il n'avait point
achetés. Le premier, au printemps, il cueillait la rose*,

et des fruits à l'automne, et quand le triste hiver faisait encore par le froid éclater les pierres et de sa glace immobilisait les eaux courantes, lui déjà émondait la chevelure de la souple hyacinthe*, en se raillant du retard de l'été et de la lenteur des Zéphyrs°. Aussi, le premier il avait en abondance abeilles fécondes et nombreux essaims, il pressait les rayons pour en extraire le miel écumant ; pour lui les tilleuls et le pin donnaient à foison, et autant l'arbre fertile, en sa parure de fleurs nouvelles, avait promis de fruits, autant il portait encore de fruits mûrs à l'automne. Il transplanta aussi pour les mettre en ligne des ormes déjà grands, le poirier déjà dur, des épines donnant déjà des prunelles, et le platane fournissant déjà son ombre aux buveurs. Mais l'étroitesse de la carrière me contraint de passer, et je laisse à d'autres le soin de traiter après moi ce sujet.

Géorgiques, IV, 116-148

HOMÈRE
VIIIᵉ s. av. J.-C.

VIRGILE
Iᵉʳ s. av. J.-C.

CLAUDIEN
Vᵉ s. ap. J.-C.

Xénophon

L'historien est le premier à donner en grec une description des lieux enchanteurs conçus pour les chasses et le délassement du roi perse. L'anecdote rapporte une conversation entre le général spartiate Lysandre, qui fit alliance avec les Perses dans la guerre du Péloponnèse, et le souverain Cyrus le Jeune, fils de Darius II, à propos de son domaine de Sardes (capitale de la Lydie antique en Asie Mineure, actuelle Turquie). Dans la paraphrase qu'il donnera de ce texte célèbre, Cicéron interprète la mention des « parfums » comme émanant spécifiquement des fleurs (Caton l'Ancien, 59).

C'EST LE PARADIS

« Qui plus est, dit Socrate, partout où [le Grand Roi] séjourne, partout où le conduisent ses voyages, il veille à ce qu'on y trouve de ces jardins appelés "paradis", remplis de tout ce que la terre a coutume de produire de beau et de bon, et il y passe lui-même la plus grande part de son temps lorsque la saison ne l'en chasse pas. [...] Eh bien, dit-on, comme Lysandre venait lui apporter les présents des alliés, ce Cyrus, entre autres témoignages d'amitié (c'est Lysandre lui-même qui en a fait le récit, un jour à un hôte à Mégare), lui a fait visiter lui-même, selon le récit de Lysandre, son "paradis" de Sardes. Lysandre admirait comme les arbres en étaient beaux, plantés à égale distance, les rangées droites, comme tout était ordonné suivant une belle disposition géométrique, comme tant d'agréables parfums les accompagnaient dans leur promenade ; rempli d'admiration, Lysandre s'écrie : "Vraiment, Cyrus, je suis émerveillé de toutes ces beautés, mais j'admire encore davantage celui qui t'a dessiné et arrangé tout ce jardin". Charmé d'entendre ces paroles, Cyrus répond : "Eh bien, c'est moi qui ai tout dessiné et arrangé. Il y a même des arbres, ajoute-t-il, que j'ai plantés moi-même". »

Économique, IV, 13-22

HOMÈRE
VIIIᵉ s. av. J.-C.

VIRGILE
Iᵉʳ s. av. J.-C.

CLAUDIEN
Vᵉ s. ap. J.-C.

Diodore de Sicile

L'une des réalisations « exotiques » ayant le plus marqué l'imaginaire des Anciens est la prouesse architecturale ayant consisté à faire pousser un jardin dans les airs. La reine Sémiramis mentionnée ici était l'épouse de Ninos qui fonda et donna son nom à la ville de Ninive. Le plèthre est une unité de mesure correspondant à environ trente mètres.

LES JARDINS SUSPENDUS DE BABYLONE

Il y avait aussi ce qu'on appelait le jardin suspendu de l'Acropole. C'était l'œuvre non de Sémiramis mais d'un roi syrien postérieur qui l'avait fait construire pour faire plaisir à une maîtresse ; celle-ci, dit-on, qui était d'origine perse, et cherchait les prairies dans les montagnes, avait prié le roi d'imiter par des artifices de plantation le paysage particulier de la Perse. Le parc s'étend de chaque côté sur quatre plèthres avec un accès montagneux et toutes les autres constructions qui se succèdent les unes aux autres, si bien qu'il avait l'aspect d'un théâtre. Sous les montées qui avaient été construites, des galeries avaient été aménagées qui supportaient tout le poids de la plantation et qui s'élevaient progressivement l'une au-dessus de l'autre à mesure qu'on s'avançait. [...] Sur ce revêtement avait été accumulée de la terre en profondeur adéquate, suffisante pour que les grands arbres y prennent racine. Le sol aplani était plein de toutes sortes d'arbres propres à séduire le spectateur par la taille et par tout ce qui ravit. [...]. Tel fut donc le jardin qui fut construit plus tard comme nous l'avons dit.

Bibliothèque historique, II, 10

HOMÈRE
VIIIe s. av. J.-C.

VIRGILE
Ier s. av. J.-C.

CLAUDIEN
Ve s. ap. J.-C.

Longus

Le romancier de l'époque impériale se souvient des parcs
perses décrits par Xénophon tout en adaptant l'idée d'une nature
maîtrisée et recréée par l'homme à l'environnement pastoral de
son récit. Le jardin clos et manucuré, propriété du maître qui
habite en ville, s'oppose ici aux grands espaces des pâturages
qui ont abrité les amours des jeunes bergers Daphnis et Chloé.
Lamon, père de Daphnis, en est le jardinier.

PARADIS ARTIFICIELS

Ce parc, de toute beauté, était dans le style des parcs royaux. Il s'étendait sur une longueur d'un stade, recouvrait un terrain surélevé et avait une largeur de quatre plèthres. On aurait dit un vaste plateau. Il contenait toute espèce d'arbres : pommiers, myrtes, poiriers, grenadiers, figuiers et oliviers, et, par-delà, une treille haute couvrait, bleuissante, les pommiers et les poiriers, comme si elle voulait rivaliser avec eux pour les fruits. Voilà pour les plantes cultivées. Mais il y avait aussi des cyprès, des lauriers, des platanes et des pins. Tous ces arbres étaient couverts de lierre en guise de vigne, et ses ombelles, énormes et noirâtres, imitaient les grappes de raisin. À l'intérieur se trouvaient les arbres fruitiers, comme si on avait voulu les protéger. À l'extérieur se dressaient tout autour les arbres sans fruit, formant comme une muraille qu'on aurait construite, mais, de surcroît, une mince clôture de pierre sèche ceinturait l'enclos.

Toutes les plantations étaient séparées, avec leur place déterminée, chaque pied distant de l'autre pied, mais en haut les branches se rejoignaient, entremêlant leurs frondaisons. Ici la nature semblait artificielle. Il y avait aussi des fleurs en plates-bandes, les unes productions de la terre, les autres créations de l'art : massifs de roses*, jacinthes* et lis* résultaient du travail humain, tandis que la terre fournissait violettes*, narcisses* et pimprenelles*. Il y avait ombre en été, fleurs au printemps, vendange en automne, fruits en toute saison. [...]

Tel était le parc auquel Lamon se mit à donner tous ses soins, coupant les branches mortes, redressant les pampres. Il porta des couronnes à Dionysos° et, par des rigoles, il amena de l'eau aux fleurs. Il y avait une source que Daphnis avait trouvée pour les fleurs : cette source était consacrée aux fleurs ; on l'appelait pourtant la source de Daphnis.

Pastorales. Daphnis et Chloé, IV, 2, 1- 4, 1

Horace

L'art des jardins n'est cependant pas du goût de tout le monde. Le poète latin proteste contre le luxe dans les constructions de son époque qui soustraient des terres fertiles à l'agriculture. Alors que traditionnellement l'ormeau cohabitait avec la vigne, joignant l'utile (le vin) à l'agréable (l'ombre), le platane croît maintenant à l'exclusion de toute autre culture. De même les fleurs dont les senteurs enivrantes ne nourrissent guère s'apprêtent à supplanter (littéralement) les champs d'oliviers, l'un des piliers de l'agriculture méditerranéenne.

JARDIN 1 - CHAMP 0

Voici que nos constructions royales ne vont laisser à la charrue que peu d'arpents ; de tous côtés vont se faire regarder des viviers d'étendue plus vaste que le lac Lucrin°, et le platane voué au célibat

Triomphera des ormeaux. Alors les parterres de violettes* et les myrtes* et tout le trésor de l'odorat répandront des parfums là où les plants d'oliviers avaient des fruits pour le maître précédent ;

Alors l'épaisse ramure du laurier repoussera les coups de la brûlante chaleur. Tels n'étaient point les usages prescrits sous les auspices de Romulus° et de l'hirsute Caton° et par la règle des Anciens.

Odes, II, 15, 1-12

II

LES FLEURS DU MYTHE

L'anémone

C'EST LA ROSE L'IMPORTANT

À tout seigneur, tout honneur : la rose a toujours été considérée comme la fleur par excellence, celle qui exprime la quintessence de la beauté, à la senteur enivrante, l'ornement qui rehausse toute célébration, divine ou humaine. La rose est, sans conteste, la reine de toutes les autres fleurs, sur lesquelles elle règne sans partage. Dès que, dans un texte ancien, il est question de prairie ou de jardin, c'est la rose qui est mentionnée en premier. C'est elle la fleur incontournable des cérémonies de toute sorte, mariages ou funérailles, des jours de banquet comme de la parure quotidienne, celle que l'on tresse en guirlandes, dont l'on fait des couronnes ou que, tout simplement, on offre du bout des doigts.

La rose a sa légende, qui par bien des aspects se révèle fondatrice pour celle des autres fleurs. Métaphoriquement, elle symbolise l'union entre la déesse qui préside aux forces de la génération et son amant, dont la mort et la transformation ont donné lieu à une interprétation du mythe comme rendant compte du renouvellement cyclique de la végétation. Aphrodite, dont la rose est le symbole, est vue comme la déesse de l'amour universel, celle qui rend possible le retour de la vie en suscitant chez tous les êtres animés, plantes, animaux et humains, le désir de perpétuer l'espèce.

HOMÈRE
VIIIᵉ s. av. J.-C.

VIRGILE
Iᵉ s. av. J.-C.

CLAUDIEN
Vᵉ s. ap. J.-C.

Achille Tatius

Parcourant toute la tessiture du prélude sentimental, au discours de l'amoureux Clitophon répond le chant de la belle Leucippé, qui célèbre, de manière fort appropriée au vu de la circonstance, la rose. Fleur d'Aphrodite reine des cœurs, la rose ne pouvait qu'être la reine des fleurs.

LA REINE DES FLEURS

Nous entrons dans la chambre de la jeune fille, apparemment pour aller écouter ses airs de cithare, car je ne pouvais, ne fût-ce qu'un instant, me retenir de la voir. [...] Elle joua un air de douce musique : le chant faisait l'éloge de la rose*. Si l'on ôtait les inflexions de la mélodie en donnant les paroles sans l'accompagnement, le sujet en serait : « Si Zeus° avait voulu donner aux fleurs un roi, c'est la rose qui régnerait sur les fleurs. Elle est la parure de la terre, la gloire des plantes ; elle est l'œil des fleurs, la rougeur de la prairie : c'est la beauté dans tout son éclat ; elle respire l'amour, elle est messagère d'Aphrodite° ; elle est fière de ses pétales odorants, s'enorgueillit de ses feuilles frémissantes, sa feuille rit au Zéphyr°. » Voilà ce qu'elle chantait ; et je croyais <voir> la rose sur ses lèvres, comme si l'on avait emprisonné le contour du calice dans la forme de sa bouche.

Le Roman de Leucippé et Clitophon, II, I, 1-3

HOMÈRE
VIIIᵉ s. av. J.-C.

VIRGILE
Iᵉʳ s. av. J.-C.

CLAUDIEN
Vᵉ s. ap. J.-C.

Luxorius

La rose centifolia (centumfolia, « *aux cent pétales*) est *mentionnée par Pline l'Ancien* (Histoire naturelle, *XXI, 10, 17-18*). Le poète africain en donne ici un éloge vibrant qui célèbre sa luminosité et sa couleur. Par un habile déplacement, il en fait l'astre des fleurs.

LA *CENTIFOLIA*

Le soleil d'or, je crois, lui a donné la teinte de son propre lever,
Ou plutôt il a voulu qu'elle soit un de ses rayons.
Mais si la rose* aux cent pétales appartient aussi à Cypris°,
Vénus° entière est passée avec tout son sang en elle.
Elle est l'astre des fleurs, elle est la bienfaisante étoile du matin
dans les champs,
Son parfum et sa couleur méritent l'honneur du ciel.

Anthologie latine, 366

HOMÈRE
VIIIe s. av. J.-C.

VIRGILE
Ier s. av. J.-C.

CLAUDIEN
Ve s. ap. J.-C.

Procope de Gaza

La métaphore de la reine des fleurs se trouve ici en partie renouvelée par la mention des épines qui la protègent contre d'éventuels agresseurs, comme des gardes entourant leur souveraine.

PRENDS GARDE A TOI !

Mais j'ai, semble-t-il, laissé de côté la rose*, sujet plus important tant pour un discours que pour un émerveillement, en exprimant mon admiration pour la prairie à partir d'objets moindres. En effet, ce qui l'emporte d'emblée, c'est elle dont la fragrance et la beauté appellent sur elle l'attention du spectateur : on pourrait même dire que les Grâces° ont leur siège à ses côtés. Elle est d'ailleurs défendue de toutes parts comme si elle avait pour porte-lances le cercle de ses épines et elle ne permet pas à l'insolent d'y mettre les mains, même comme par négligence. De fait, celui qui l'approche sans apprécier sa grande valeur et sans respecter les convenances recevra le coup de lance que mérite en guise de châtiment son insolence. Se dressant telle une reine au centre de son calice, elle apparaît ; et on dirait que c'est précisément depuis ce lieu que les Éros° s'élancent sur ceux qui la regardent. Comme sa couleur rouge s'unit à la blanche et que l'une, par suite du mélange, se fond dans l'autre, la tonalité intense de chacune en est atténuée.

Dialexis sur le printemps, Op. II, 5, 1-19

À la fin de l'Antiquité, les auteurs de l'École de Gaza retiennent tous la même version de la légende étiologique de la rose : c'est du sang d'Aphrodite, dont les pieds délicats se déchirèrent à courir sur les épines et les ronces, que la fleur initialement blanche tient sa teinte pourpre.

ROUGE ÉTAIT LE SANG

La rose, quand on la regarde, clame l'histoire d'Adonis° et d'Aphrodite° : lui avait du goût et pour les monts et pour la chasse à courre. Mais aux yeux d'Aphrodite Adonis représentait tout. Et il y eut un jour où, ayant laissé tomber sa ceinture et ses fils, les Éros°, elle s'en allait vers les vallons boisés et, inclinant son cou vers sa main, elle se mit à contempler Adonis. Mais une vision de cauchemar troubla son amour et un sentiment de deuil se mêlait à son désir. En effet, lorsque Arès° apprit cette nouvelle (lui aussi était amoureux d'Aphrodite), il jalousa le jeune homme et un jour, après avoir épié le moment où elle était absente, il déroba à la vue sa propre nature et, prenant l'apparence d'un sanglier, il tenta d'attirer à lui le garçon à la chasse. Ce dernier, comme il est naturel, se laisse porter vers l'endroit, il presse sa meute : et il se hâtait de capturer la proie putative. Mais avoir un dieu pour adversaire, ô Adonis, est pour le moins difficile aux hommes ! Car la course que tu viens de faire est pour toi la dernière ! Et dans l'attente d'un trophée de chasse, le trophée, c'est toi, qui gis à terre.

Hélas ! Quelles nouvelles ne dut pas entendre Aphrodite et elle les entendit ! Abattue par le récit, elle fut complètement en proie à la souffrance sans laisser aucune place à la raison. Oublieuse des convenances, elle se leva, dans l'état où elle était, et elle se lança dans une course éperdue. Aucun ravin ne lui barrait la route, aucune gorge ne l'arrêta, aucun fleuve ne la retint par la crue de ses eaux. Comme furent cruels les Éros ! Car leur mère, hors d'elle-même et en proie à la douleur, allait dans la direction voulue par ses fils. Mue par un tel transport, voilà qu'elle tombe dans un roncier de roses, et attendu que son corps était d'une grande délicatesse (qui d'autre, il faut le préciser, l'eût été plus qu'Aphrodite ?) et qu'elle n'avait rien pour s'envelopper les pieds (car sa souffrance ne lui avait pas permis de le prévoir), dans l'état donc où elle se trouvait, piquée par une épine, en même temps que la rose, elle change d'aspect, et la couleur sang est devenue la couleur naturelle des roses. Il faut dire qu'il était un temps où elle était blanche. Puis elle se transforma en ce qu'elle est de nos jours ; elle rend grâce à la piqûre d'Aphrodite qui est aussi, pourrait-on dire, l'image de la couleur de la rose. On en fait des couronnes pour les lits nuptiaux (il sied aux joutes des Éros d'avoir la fleur pour ornement), comme en échangent entre elles les Grâces°. Unie aussi avec Dionysos°, elle figure le salut de l'humanité. Désormais aussi brodés de roses, les discours deviennent des objets gracieux et élégants.

Eh bien ! Que le dieu se montre bienveillant envers nous et qu'il nous donne de voir à nouveau le printemps et de chanter un hymne à la rose !

Dialexis sur la rose, Op. III, 3, 6-4, 24

C'est maintenant Aphrodite elle-même qui raconte son histoire d'amour tragique, avec des accents déchirants et encore tout empreints de fièvre amoureuse qui ne sont pas sans rappeler ceux de la Phèdre *de Racine avouant sa flamme pour Hippolyte.*

JE LE VIS, JE ROUGIS, JE PÂLIS À SA VUE

Ensuite, je glorifiais Adonis° : [...], comme sa chevelure me donnait l'impression de sortir d'un creuset, comme les Grâces° d'avoir élu domicile dans son regard, comme les Éros° de darder leurs flèches à partir de ses lèvres. Ses joues hélas ! allaient chasser avec lui. J'étais en proie au désir. À ce moment, j'exécrais l'Olympe°. Même le visage des dieux valait à mes yeux moins que le sien, et tout, en comparaison du garçon, devint secondaire : il chassait et j'admirais sa vitalité. Il me semblait plus intrépide que les lions lorsqu'il bondissait sur les cerfs. La forêt était mon Olympe, les vallées, mon ciel : c'est ce que je pensais. Les fois où je le possédais, j'avais l'impression de contempler un soleil plus brillant qu'à l'ordinaire. Je chérissais un unique spectacle, Adonis ; je désirais entendre une voix unique, cet homme-là. Il n'y avait personne dont un propos me charmât, à moins qu'il n'eût dit « Adonis ». Tout ceci mettait Arès° au désespoir et alimentait sa jalousie au point qu'il en vint à réaliser son plan (c'est moi qui suis cause de ta souffrance, par ma faute surtout Arès t'est hostile). À cette nouvelle, je fus prise de panique, la rumeur me fit tressauter et le monde entier ne compta plus à mes yeux. L'idée de courir me vint, pieds nus, sans me préoccuper de ce qui était sous mes pieds. Dès lors, ma souffrance était encore plus terrible ; être frappée au cœur par le regret et par une épine au pied.

Que ce récit soit le symbole de la fortune et montre à la postérité l'image de ma douleur. Et que mon sang devienne la couleur naturelle de la rose. Ainsi, un jour, quelqu'un regardera la fleur et ne laissera pas Adonis tomber dans l'oubli, mais en en cherchant la cause, il entendra parler de la souffrance, de la passion, de la rumeur, de la course, de la blessure, du sang versé, de la transformation de la rose, et avant tout d'Adonis.

Éthopée d'Aphrodite, Op. VI, 3-4

HOMÈRE
VIIIᵉ s. av. J.-C.

VIRGILE
Iᵉʳ s. av. J.-C.

CLAUDIEN
Vᵉ s. ap. J.-C.

Jean de Gaza

Le poème suivant propose une lecture symbolique du mythe d'Aphrodite et d'Adonis. Le retour de la rose à chaque printemps incarne la force vitale qui triomphe des ombres de l'hiver.

LA ROSE COSMIQUE

Quand [...] les Moires°, qui sur terre vagabondent, de nouveau rappellent à la lumière les semis dissimulés dans le champ, bariolant la terre de couleurs,

Afin que, jeune à jamais, le monde fleurisse d'amour et que Cypris° accompagnée d'Éros° fasse pousser des futaies aux mille fruits.

Nature souveraine, efflorescente, imprime ta marque sur les jeunes êtres pour que la vie ne sommeille pas, voilant les générations mortelles.

Qu'y a-t-il que n'apportent pas les Saisons, une fois l'hiver passé ? Que ne produit pas la Grâce°, en ceignant la belle couronne du printemps ?

Qu'y a-t-il que n'offre pas le printemps qui efface les soucis de la vie, lorsque la rose* aussi voit le jour en ses bourgeons pourprés ?

Cythérée° à la peau blanche a des joues de roses ; dans son parfum de pétales, elle veut qu'on l'appelle « aux doigts de rose »

Quand jeune, en sa fleur, plus lisse que la mer, il quitte les antres de la terre, Adonis° plein de grâces.

Ce jeune homme, c'est le fruit, le puissant annonciateur de la vie, lui qui, chœur aphrodisiaque, naît de la nature.

Anacréontiques, V, 5-36

L'ANÉMONE

La légende autorise des variations. Dans certaines traditions, c'est l'anémone et non la rose qui naît de la mort d'Adonis. L'accent se déplace alors de la souffrance de la déesse s'exprimant par ses pieds ensanglantés à une perspective qui souligne davantage la fragilité de la vie humaine, en l'occurrence celle de son amant. Étymologiquement, l'anémone tire en effet son nom du terme *anémos*, « vent » en grec. Aussi légère qu'elle soit, la tête de la fleur se révèle déjà trop lourde pour la tige qui la supporte et, prompte à s'en détacher, elle frémit au moindre coup de vent.

On aurait pu croire que la légende de la rose rouge sang prendrait le pas sur celle, plus ténue, de la délicate anémone. Les deux ont cependant leur importance, ce qui explique que certains auteurs aient tenu à garder à cette dernière une place au sein du mythe. Selon le principe cosmologique que toute substance tombée sur la terre est fécondante, l'une des solutions trouvées a été de faire jaillir l'anémone d'un autre liquide divin : les larmes d'Aphrodite répandues sur le sol (Bion de Smyrne, *Chant funèbre en l'honneur d'Adonis*, 64-67).

HOMÈRE
VIIIᵉ s. av. J.-C.

VIRGILE
Iᵉʳ s. av. J.-C.

CLAUDIEN
Vᵉ s. ap. J.-C.

Ovide

D'origine syrienne, la fête des Adonia qui s'est étendue ensuite à tout l'Empire romain célèbre particulièrement le cycle de la végétation. Au cours de ces festivités, les femmes se livraient à de grandes démonstrations de deuil autour d'une effigie d'Adonis allongée sur un lit funéraire, rejouant ainsi la tragédie d'Aphrodite et de son jeune amant. Le poète latin fait également référence à la nymphe Minthé aimée d'Hadès qui fut transformée en menthe par Perséphone ou sa mère Déméter.

LA FLEUR DES VENTS

Les cygnes de Vénus°, de leurs ailes tirant
Son char léger, n'avaient encor pas atteint Chypre°.
Elle l'entend [Adonis°] gémir, mourant, fait tourner bride
Aux blancs oiseaux vers lui, le voit du haut des airs
Inanimé, roulant dans le flot de son sang,
Saute à terre, arrachant ses cheveux et ses voiles,
Gifle ses seins, usant à rebours de ses mains,
Et s'en prend aux destins : « Vous ne régirez pas,
Dit-elle, tout. Mon deuil aura son monument
À jamais, mon aimé. Chaque année rejouée
La scène de ta mort rappellera mes larmes,
Ton sang deviendra fleur. Perséphone°, jadis
En menthe* parfumée tu changeas une morte,
Et on s'indignerait que je métamorphose
Le fils de Cinyras° ? » Ayant dit, elle arrose
D'un odorant nectar le sang, qui, touché, gonfle,
Comme l'on voit surgir de transparentes bulles
Souvent d'une boue fauve, et moins d'une heure après
Du sang naît une fleur rouge sang, telle celle
Du grenadier* cachant souvent sous son écorce
Sa graine, fleur trop brève, hélas, car, mal fixée
Et trop légère, au vent ses pétales s'envolent,
Au vent qui la dépouille et lui donne son nom.

Les Métamorphoses, X, 717-739

LA « JACINTHE »

La fleur que nous connaissons sous le nom de jacinthe ne fut importée d'Asie centrale qu'à l'époque moderne. Dans l'Antiquité, la fleur d'Hyacinthe, jeune homme aimé par Apollon, est décrite de diverses manières : elle apparaît de couleur rouge vif (Ovide) ou encore blanche, avec des tons de rose (Pausanias).

Dans tous les cas, cependant, elle se caractérise par des lettres que les Anciens voyaient inscrites sur ses pétales : soit le *upsilon*, initiale du nom Hyacinthe, soit le *alpha* associé ou non au *iota*, comme une onomatopée exprimant une plainte de douleur et de deuil (notre moderne « aïe »).

Il semble en fait qu'il ait pu s'agir d'une variété d'iris, de glaïeul ou de lis (*Lilium martagon*). La même fleur était également associée à Ajax, héros de la guerre de Troie.

HOMÈRE
VIII⁰ s. av. J.-C.

VIRGILE
I⁰ s. av. J.-C.

CLAUDIEN
V⁰ s. ap. J.-C.

Virgile

Dans le cadre d'un concours de devinettes ayant pour prix le droit exclusif de courtiser la belle Phyllis, le chevrier Ménalque propose au berger Damète l'énigme suivante :

DEVINETTE

Dis l'endroit où des fleurs en naissant portent gravés des noms royaux, et tu auras Phyllis à toi seul.

Bucoliques, III, 106-107

La réponse est : Thérapnai, ou Amyclées, ou encore tout lieu sacré en territoire spartiate, d'où était originaire Hyacinthe. Les « noms royaux » sont soit celui du jeune prince, éponyme de la fleur (Y pour l'initiale d'Hya-cinthe) soit celui d'Ajax (A ou AI).

HOMÈRE
VIIIe s. av. J.-C.

VIRGILE
Ier s. av. J.-C.

CLAUDIEN
Ve s. ap. J.-C.

Ovide

Épris du bel Hyacinthe (dit « Œbalide » car fils d'Œbalos),
Apollon (Phébus en latin) en fait son compagnon de jeu. Dans
l'ardeur qu'il met à rattraper le disque lancé par le dieu, le jeune
homme est mortellement blessé par un rebond du lourd projectile.

LE SANG D'HYACINTHE

« Œbalide°, tu meurs, pris à la fleur de l'âge,
Dit Phébus°, je le vois, ta blessure est mon crime,
Toi, ma douleur et mon forfait. On doit l'inscrire,
Tu péris de ma main, ton trépas est mon œuvre !
Pourtant où est ma faute, à moins que c'en soit une
D'avoir joué, une autre encor d'avoir aimé ?
Que ne puis-je avec toi, comme je le mérite,
Perdre la vie ! Les lois du destin l'interdisent,
Mais toujours je t'aurai sur mes lèvres fidèles,
Ma main heurtant ma lyre, et chanterai pour toi,
Et sur toi inscrirai mes sanglots, fleur nouvelle
Qu'un jour un grand héros lui aussi deviendra,
Dont le nom s'inscrira sur ces mêmes pétales. »
Tandis que d'Apollon° la bouche véridique
Parlait, le sang dont l'herbe au sol était tachée
Cessa d'être du sang. D'une pourpre éclatante,
Une fleur apparut, qui eût semblé de lys*,
S'il n'était argenté, elle vermillon vif.
C'est trop peu pour Phébus (l'hommage vient de lui),
Il y grave sa plainte, et les pétales portent
Inscrits A, I, A, I, comme un signe funèbre.
Qu'Hyacinthe y soit né ne fait pas rougir Sparte°,
Toujours on l'y honore, et chaque an un vieux rite
Pour les Hyacinthies veut qu'on y processionne.

Les Métamorphoses, X, 196-219

HOMÈRE
VIIIe s. av. J.-C.

VIRGILE
Ier s. av. J.-C.

CLAUDIEN
Ve s. ap. J.-C.

Nonnos de Panopolis

Dans les jardins du palais de Samothrace, le dieu-Soleil Apollon (Phoibos) caresse de ses rayons les fleurs qui lui rappellent son amour perdu. Le poète de la fin de l'Antiquité ajoute une précision supplémentaire concernant la forme de la fleur, comparée aux larmes du dieu. Comme pour l'anémone dans la version hellénistique de son mythe, il semble qu'ici aussi la fleur naisse des pleurs de la divinité et non du sang du jeune homme.

AI, AI !

À profusion, sur les savants pétales chers à Phoibos°, chatoient les lettres végétales des jacinthes* plaintives ; et, tandis que les souffles de Zéphyr° parcourent le jardin fertile, insatiable de désirs, Apollon° darde les rayons de ses yeux mobiles ; à voir la plante de l'adolescent agitée par la brise, il se souvient du disque et gémit de crainte que le vent jaloux ne lui fasse du mal jusque dans ses pétales – si vraiment, un jour, à le voir se convulser dans la poussière, Apollon laissa tomber une larme de ses yeux qui ignorent les pleurs, et si la fleur reproduit par sa forme les larmes de Phoibos, la jacinthe qui porte inscrit le signe de sa plainte spontanée.

Les Dionysiaques, III, 153-163

HOMÈRE
VIIIe s. av. J.-C.

VIRGILE
I^e s. av. J.-C.

CLAUDIEN
Ve s. ap. J.-C.

Ovide

Héros de l'armée grecque lors de la guerre de Troie (les Troyens sont désignés comme « Phrygiens » c'est-à-dire « asiatiques » d'un point de vue grec), Ajax pensait remporter comme prix de sa bravoure les armes d'Achille à la mort de ce dernier ; mais les Atrides Ménélas et Agamemnon décident de les attribuer plutôt à Ulysse. Humilié dans son honneur de guerrier, Ajax devient littéralement fou de rage et massacre les troupeaux pris comme butin en pensant qu'il s'agit de ses alliés devenus ses ennemis. Au petit matin sa démence meurtrière se dissipe et il constate avec horreur l'acte qu'il a commis.

LE SANG D'AJAX

Vaincu par sa douleur, l'invincible héros
Saisit son glaive et dit : « Il est mien ! Le veut-il ?
Qu'il serve contre moi ! Souvent du sang phrygien
Baigné, qu'il baigne enfin dans le sang de son maître,
Ainsi nul sauf Ajax° n'aura vaincu Ajax ! »
Il dit, et dans son sein jusqu'alors sans blessure
Plonge à l'endroit mortel son épée meurtrière.
Aucune main n'en put ôter l'arme fixée,
Le sang l'en fit sortir, et le sol qu'il rougit
Parmi le vert gazon engendra la fleur pourpre
Qui déjà était née d'Hyacinthe° blessé,
Aux pétales marqués d'une inscription pareille
Où l'enfant dit sa plainte et le guerrier son nom.

Les Métamorphoses, XIII, 386-398

HOMÈRE
VIIIe s. av. J.-C.

VIRGILE
Ier s. av. J.-C.

CLAUDIEN
Ve s. ap. J.-C.

Pausanias

Dans son œuvre entre légende et histoire, l'ethnographe détaille les monuments et les coutumes de l'île de Salamine, au large de l'Attique. C'est là que régnait Télamon, le père d'Ajax et de son frère Teucer. Eurysakès est le fils qu'Ajax a eu de Tecmesse, princesse phrygienne qui était sa captive, durant le siège de Troie. La légende dit qu'il céda sa patrie à Athènes, ce qui en fait un héros local. Plusieurs Athéniens célèbres tels que l'homme politique Alcibiade ou l'historien Thucydide se réclamaient de sa descendance. L'offrande finale des armes d'Achille, qui avaient été attribuées à Ulysse et non à Ajax, fait office de réhabilitation posthume du héros de Salamine.

LA FLEUR DE SALAMINE

Il y a encore les ruines d'une agora et un temple d'Ajax° ; une statue est en bois d'ébène. Jusqu'à aujourd'hui il subsiste à Athènes° un culte d'Ajax ainsi que d'Eurysakès° ; en effet il y a un autel d'Eurysakès à Athènes. On montre une pierre à Salamine° non loin du port. C'est là, dit-on, que Télamon° était assis pour voir ses enfants qui voguaient vers Aulis° afin de se joindre à la flotte commune des Grecs. Selon les habitants de Salamine, à la mort d'Ajax, c'est chez eux qu'apparut pour la première fois sur la terre une variété de fleur : elle est blanche, légèrement rosée ; elle est plus petite que le lys* et ses feuilles aussi ; sa tige porte aussi les mêmes lettres que les jacinthes*. J'ai entendu raconter aux Éoliens qui vinrent ensuite habiter Troie° un récit relatif au jugement des armes et selon lequel, après le naufrage d'Ulysse°, les armes furent apportées au tombeau d'Ajax.

Description de la Grèce, I, 35, 3-4

LE NARCISSE

À l'origine de l'adjectif « narcissique » – d'emploi désormais courant si ce n'est galvaudé après la généralisation des concepts issus de la recherche psychanalytique – se trouve la légende d'un beau jeune homme dédaigneux de l'amour des nymphes. En particulier, la malheureuse Écho dépérit de désir au point de n'être plus qu'une voix, capable seulement de répéter les dernières syllabes des mots prononcés par d'autres. Un jour qu'en chasseur farouche il parcourait les montagnes, Narcisse se pencha au-dessus de la surface limpide d'une nappe d'eau et ne put se détacher de la contemplation de l'image qui s'y révélait. Poussant jusqu'au bout le jeu de l'identification à son propre reflet, Narcisse devint le narcisse. Point de sang ni de larmes : ici, Narcisse s'épuise et se consume dans son désir impossible jusqu'à disparaître en même temps que son image vacillante à la surface de l'eau. Comme Écho, il s'efface progressivement et, à la place jadis occupée par son corps, ne reste que la fleur. Cette dernière était très appréciée dans l'Antiquité pour sa beauté en tant que décoration florale, et ce malgré son caractère toxique.

HOMÈRE
VIIIᵉ s. av. J.-C.

VIRGILE
Iᵉʳ s. av. J.-C.

CLAUDIEN
Vᵉ s. ap. J.-C.

Procope de Gaza

Le sophiste propose une version condensée et pleine de vigueur de la transformation du jeune homme en fleur. La visite d'un jardin planté de narcisses devient prétexte à l'évocation du mythe.

VICTIME DE SON IMAGE

À cette vision, j'inclinai la tête vers ma main, je ne bougeai pas d'un pas et je demeurai bouche bée devant les fleurs. J'étais dans l'impossibilité de choisir sur laquelle concentrer mon regard. Alors je vis encore un jardin consacré au narcisse* et je déplorai presque sa souffrance. C'était en effet un jeune garçon bien bâti qui avait du goût pour le gibier et qui chassait. Voilà qu'un jour, tandis que le soleil dardait ses rayons trop chauds (car c'était l'été), il eut soif. Il gagne alors les parages d'une fontaine qui était toute proche. Or pendant qu'il boit, comme il aime à le faire, l'eau lui renvoie les images qui en couvrent la surface et, regardant devant lui dans l'onde, il croit qu'un beau jeune homme était caché sous l'eau, et victime de son image, il tombe amoureux de lui-même. Depuis lors, il dit adieu à son art jusqu'à ne plus distinguer par la suite ni cerfs, ni chiens, ni bêtes sauvages ; au contraire il s'opiniâtrait dans sa propre contemplation et, en augmentant son désir, il se perd chaque fois davantage. Pour cette raison, la Terre prend pitié de sa souffrance, elle en préserve la mémoire et, le transformant en fleur, elle n'a pas oublié sa beauté.

Dialexis sur le printemps, Op. II, 4

HOMÈRE	VIRGILE	CLAUDIEN
VIIIe s. av. J.-C.	Ier s. av. J.-C.	Ve s. ap. J.-C.

Ovide

*Le poète latin est celui qui a donné la version la plus circons-
tanciée du mythe. C'est d'abord la source qui retient son attention, avant que le jeu de reflets entre Narcisse et lui-même ne
s'intensifie jusqu'à se fondre en une seule image où se consomme
le drame de la ressemblance et de l'identité confondues.*

À LA CLAIRE FONTAINE

Une claire fontaine aux eaux de vif-argent
Coulait dans la montagne, inconnue des bergers,
Des chèvres, des troupeaux, et que n'avaient troublée
Ni bête, ni oiseau, ni même branche morte,
Qu'entouraient un gazon nourri d'humidité
Et des arbres filtrant les ardeurs du soleil.
Là le garçon, las de chasser, mort de chaleur,
S'étant couché, charmé par la source et le site,
Veut apaiser sa soif, mais en sent naître une autre
Tandis qu'il boit, s'éprend de l'image qu'il voit,
Aime un espoir sans corps, pour un corps prend de l'onde,
S'extasie à soi-même et face à soi demeure
Pétrifié, vraie statue de marbre de Paros°.
Allongé sur le sol il voit ses yeux, deux astres,
Ses cheveux dignes de Bacchus° et d'Apollon°,
Ses joues d'enfant, son cou ivoirin, sa gracieuse
Moue et son teint vermeil et de neige à la fois,
Enfin admire tout ce qu'il a d'admirable,
Inconscient, se désire, est l'amant et l'aimé,
Se veut et est voulu, incendie et s'enflamme !
Ah ! Que de vains baisers à cette eau fallacieuse !
Que de fois pour saisir son cou qu'il voit dans l'onde
Il y plongea les bras sans s'y pouvoir atteindre !
Que voit-il ? Il ne sait. Mais ce qu'il voit le brûle
Et une même erreur trompe et trouble ses yeux.
Pourquoi saisir en vain, crédule, un simulacre ?

69

Tu cherches un néant. Tourne-toi, l'aimé meurt.
C'est l'ombre d'un reflet, son spectre que tu vois,
Dépourvu d'être, il vint et demeure avec toi,
Avec toi s'en ira si tu peux t'en aller ! [...]
Comme une cire fauve fond
À la flamme légère, ou le gel du matin
Tiédi par le soleil, rongé d'amour, miné,
Brûlé d'un feu secret il se meurt lentement.
Il a perdu son teint de roses* et de lys*,
Ses forces, sa santé, tout ce qui l'a charmé,
Du corps qu'aima Écho° il n'est plus même l'ombre. [...]
Épuisé, il laissa sa tête aller dans l'herbe,
La mort ferma ses yeux qui l'admiraient encor,
Et même En-Bas il se mira dans l'eau du Styx°.
Éplorées, les naïades° ses sœurs à leur frère
Offrirent leurs cheveux coupés, et des dryades°
Aussi en pleurs Écho répéta les sanglots,
Puis, le bûcher paré, la civière et les torches,
Au lieu du corps absent on trouva une fleur
Safranée, au pistil ceint de pétales blancs.

Les Métamorphoses, III, 407-510

L'HÉLIOTROPE

Plusieurs fleurs ont la particularité d'orienter leur corolle dans la direction du soleil et d'en suivre la course tout au long de la journée. Elles peuvent ainsi être qualifiées d'« héliotrope » au sens étymologique du terme (*hélios* : soleil – *trepô* : tourner). Le tournesol, qui reprend la même idée mais avec des racines latines, en est chez nous l'exemple le plus célèbre.

La description donnée par Ovide de la fleur en laquelle se change Clytie, amoureuse du Soleil, ne correspond pas à la variété de l'héliotrope commun (*Heliotropium europaeum*) dont les fleurs sont simples et blanches. Il parle au contraire d'une fleur bicolore à la forme complexe (le cœur rouge et la corolle violette).

HOMÈRE
VIIIᵉ s. av. J.-C.

VIRGILE
Iᵉʳ s. av. J.-C.

CLAUDIEN
Vᵉ s. ap. J.-C.

Ovide

Délaissée par son amant le Soleil, Clytie commit la faute de dénoncer sa rivale Leucothoé auprès du père de celle-ci, qui la mit à mort. La métamorphose qui s'opère peut être qualifiée de complète : c'est en effet tout le corps de la jeune fille qui se transforme en fleur, les membres devenant tiges et la tête celle de l'héliotrope, qui toujours se tourne vers le soleil.

FACE-À-FACE

Clytie°, quoique l'amour excusât son dépit
Et son dépit la délation, ne vit jamais
Le Soleil revenir ni jouir d'elle à nouveau.
Ne pouvant supporter les nymphes, nuit et jour
Rongée, folle d'amour, dépeignée, cheveux nus,
Nue, elle reste assise au sol sous le ciel nu
Neuf jours sans boire ni manger, ses larmes seules
Et la pure rosée rompant son jeûne, à terre
Immobile, observant du dieu en marche seule
La face, et fléchissant son visage vers lui.
Fixés au sol, dit-on, ses membres pour partie
Exsangues, sans couleur, pâlis, se firent tiges.
La tête est rouge. Une violette* en fleur la cache.
Mais quoique enracinée elle tourne au soleil
Et son amour survit à sa métamorphose.

Les Métamorphoses, IV, 256-270

III

L'AMOUR EN FLEURS

La rose

À L'OMBRE
DES JEUNES FILLES EN FLEURS

Il n'y a pas d'amour sans fleurs. Sous les pas d'Aphrodite naissent les roses et même les chagrins d'amour ne servent qu'à en raviver la couleur. Aller cueillir des fleurs dans les champs est une activité liée au caractère innocent et virginal des jeunes filles qui prennent plaisir à remplir leur voile ou leur corbeille d'une pluie de pétales variés. Cette sortie n'est pourtant pas sans risque, puisqu'elle expose aux regards des amants potentiels ce que le gynécée aurait dû tenir soigneusement caché. Dans les légendes, la cueillette devient ainsi prélude au rapt de la princesse qui, fleur parmi les fleurs, se distingue parmi ses compagnes comme la plus belle rose de la prairie. Europe ou Perséphone en font ainsi l'expérience. Ou comment, en voulant cueillir des fleurs, on en arrive à perdre la sienne.

HOMÈRE
VIIIᵉ s. av. J.-C.

VIRGILE
Iᵉʳ s. av. J.-C.

CLAUDIEN
Vᵉ s. ap. J.-C.

Moschos

Semblable à Aphrodite parmi les Grâces, la princesse Europe entourée de sa suite se promène dans un champ situé en bordure du rivage phénicien ; mais des flots s'apprête à surgir Zeus sous la forme d'un taureau marin, qui, plutôt que les fleurs des champs, préfère cueillir la jeune fille.

EUROPE...

Cela dit, [Europe°] se leva et alla chercher ses compagnes, nobles filles de son âge, nées la même année qu'elle, qui plaisaient à son cœur et étaient associées à tous ses jeux, qu'elle se préparât pour prendre part à un chœur de danse, qu'elle lavât son corps à l'embouchure des rivières, ou qu'elle cueillît dans la prairie des lys* à l'haleine parfumée. Elles aussitôt se montrèrent à ses yeux. Chacune avait dans les mains une corbeille pour recevoir les fleurs ; elles gagnèrent les prairies voisines de la mer, qui étaient le lieu de réunion habituelle de leur troupe, charmée par la beauté des roses* et par le bruit des flots. [...]

Arrivées dans les prés fleuris, les jeunes filles se divertissaient à chercher chacune telle ou telle sorte de fleur ; l'une prenait le narcisse* odorant, une autre l'hyacinthe*, celle-ci la violette*, celle-là le serpolet* ; car sur le sol foisonnaient les pétales qui ornaient les prairies au printemps. Elles coupaient ensuite, luttant à qui en couperait le plus, les touffes parfumées du jaune safran* ; mais la princesse, cueillant à pleines mains les roses* resplendissantes à la couleur de flamme, attirait parmi elles les regards comme parmi les Charites° la déesse née de l'écume. Elle ne devait pas longtemps prendre plaisir à des fleurs, ni conserver intacte sa ceinture virginale.

Europé, 28-73

HOMÈRE
VIIIe s. av. J.-C.

VIRGILE
Ier s. av. J.-C.

CLAUDIEN
Ve s. ap. J.-C.

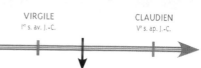

Achille Tatius

Le personnage-narrateur qui introduit le roman des amours de Leucippé et Clitophon contemple un tableau votif ayant pour sujet l'enlèvement d'Europe. L'artiste a choisi de représenter le moment où le rapt vient à peine d'être consommé.

… ET LE TAUREAU

Visitant le reste de la ville et regardant les offrandes, je vis un tableau consacré figurant à la fois la terre et la mer : c'était la représentation d'Europe° ; la mer était celle des Phéniciens, la terre était celle de Sidon°. Sur la terre se trouvait une prairie ainsi qu'un chœur de jeunes filles. Dans la mer nageait un taureau et sur son dos était assise une belle jeune fille qui, avec le taureau, naviguait en direction de la Crète°. La prairie avait une parure de multiples fleurs, s'y mêlaient des rangées d'arbres et d'arbustes. Les arbres étaient serrés, les feuillages très denses ; les jeunes branches unissaient leurs feuilles, et l'entrelacs des feuilles formait un toit pour les fleurs. L'artiste avait même représenté l'ombre sous les feuilles, et le soleil, doucement, se glissait çà et là jusqu'à la prairie, en bas, aux endroits où le peintre avait ajouré l'épaisse chevelure des feuilles. Une clôture entourait la prairie tout entière ; c'est à l'intérieur de la couronne formée par le toit des feuilles que se trouvait la prairie. Les parterres de fleurs avaient été plantés, en rangées, sous le feuillage des arbustes : c'étaient des narcisses*, des roses*, des myrtes*. De l'eau traversait la prairie du tableau, jaillissant ici de dessous la terre, arrosant là les fleurs et les arbustes. On avait représenté un homme en train de dériver l'eau, un hoyau à la main et qui, courbé sur un chenal, livrait passage au courant. À l'extrémité de la prairie, sur les langues de terre qui s'avançaient vers la mer, l'artiste avait disposé les jeunes filles. L'attitude de celles-ci était une attitude de joie mêlée de crainte. Des couronnes ceignaient leur front, elles avaient les cheveux dénoués sur les épaules ; la jambe toute nue, le haut sans tunique, le bas sans sandale, la ceinture relevant la tunique jusqu'au genou.

Le Roman de Leucippé et Clitophon, I, 1, 2-7

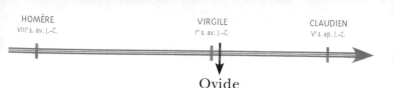

HOMÈRE
VIII° s. av. J.-C.

VIRGILE
I° s. av. J.-C.

CLAUDIEN
V° s. ap. J.-C.

Ovide

*Plus dramatique puisque la jeune fille est enlevée à la
surface de la terre et à l'affection d'une mère pour disparaître
dans les profondeurs des Enfers dont elle sera reine aux côtés
de son nouveau maître, l'enlèvement de Perséphone (Proserpine)
symbolise la rupture avec le monde de l'innocence. La solution
qui sera trouvée par la suite – la jeune fille passant la moitié de
l'année avec son époux sous terre et l'autre moitié à l'air libre –
rend compte de l'alternance des saisons.*

LE RAPT DE PROSERPINE

Il est un lac profond près des remparts d'Henna°
Qu'on appelle Pergus. Plus de cygnes y chantent
Qu'au fil de son courant n'en entend le Caÿstre°.
Une forêt l'entoure et couronne ses eaux.
Comme un *velum* filtrant le soleil, ses ramures
Offrent de frais abris, son terreau des fleurs pourpres.
Dans ce bois au printemps perpétuel, Proserpine°
Joue, cueille la violette* et le candide lys*,
Et son zèle puéril lutte avec ses compagnes
À qui mieux garnira sa robe et ses corbeilles.
Dis° la voit, sitôt vue l'aime, et sitôt l'enlève,
Tant l'amour est pressé. La déesse effrayée
Appelle à cris plaintifs ses amies et sa mère,
Elle surtout. Sa robe au col s'est déchirée,
De son corsage ouvert les fleurs cueillies s'échappent,
Et si simple est l'enfant que son cœur virginal
S'émeut des fleurs tombées autant que de son rapt.

Les Métamorphoses, V, 385-401

*Autre version, par le même auteur. La « déesse blonde »,
Cérès qui préside aux moissons, est comme il se doit blonde
comme les blés.*

C'est ici le lieu de conter le rapt de la Vierge : vous
reconnaîtrez la plupart des faits, je n'aurai pas grand-
chose à vous apprendre. [...] La fraîche Aréthuse° avait
invité les mères des dieux ; la déesse blonde, elle aussi,
était venue au festin. Sa fille, entourée de ses compagnes
habituelles, errait pieds nus, à travers ses prairies familières. Au fond d'un val ténébreux il est un lieu arrosé
abondamment par une haute chute d'eau. Il y avait là
toutes les couleurs qu'offre la nature, et la terre diaprée
brillait de fleurs variées. À cette vue, elle s'écrie :
« Venez, mes compagnes, et rapportons ensemble des
fleurs plein nos robes ! » Ce frivole butin séduit leurs
jeunes cœurs, et dans l'ardeur de leur zèle elles ne
sentent pas la fatigue. L'une remplit des corbeilles tressées avec l'osier flexible, une autre charge son sein, une
autre encore les larges plis de sa robe ; l'une cueille des
soucis*, l'autre cherche des violettes*, une autre coupe
avec l'ongle les pavots* chevelus ; hyacinthe*, tu retiens
les unes, et toi, amarante*, tu arrêtes les autres ; les
unes préfèrent le thym*, d'autres le romarin*, d'autres
le mélilot* ; on cueille une foule de roses* et aussi des
fleurs sans nom. Perséphone° elle-même cueille des
safrans* délicats et des lis* blancs. Dans l'ardeur de
la cueillette, peu à peu on s'éloigne, et le hasard fait
qu'aucune compagne n'a suivi sa maîtresse. Son oncle
la voit et, sitôt vue, il l'enlève, et ses sombres chevaux
l'emportent dans son royaume. Elle criait : « Oh ! Mère
chérie, on m'enlève ! » et de ses mains elle déchirait sa
robe.

Les Fastes, IV, 417-448

HOMÈRE
VIIIᵉ s. av. J.-C.

VIRGILE
Iᵉ s. av. J.-C.

CLAUDIEN
Vᵉ s. ap. J.-C.

Claudien

Complice avec Pluton, Vénus (Cythérée) emmène trois déesses vierges, Minerve, Diane et Proserpine (la périphrase « l'unique espoir de la déesse des moissons » indique qu'elle est la fille unique de Cérès), se promener sur les pentes de l'Etna. Elle-même cueille les « marques de son sang », c'est-à-dire des roses (sur les légendes concernant l'amour d'Aphrodite pour Adonis, cf. p. 55-58). Il est question des « rois » – nous dirions les « reines » – des abeilles. Sur les « jacinthes » aux pétales portant des lettres, cf. p. 61-65. Apollon est dit « Délien », car il était né sur l'île de Délos. La tension dramatique de la scène est accentuée par le fait que le char du dieu des Enfers se rapproche sous terre tandis qu'en surface la jeune fille poursuit sa cueillette en toute innocence.

[La troupe s'y élance, heureuse parmi les champs fleuris.]
Cythérée° invite à cueillir : « Allez-y maintenant, mes sœurs,
Tandis que l'air transpire avant les rayons du matin,
Que mon étoile Lucifer° humecte les champs blonds,
Sur son cheval qui répand la rosée. » À ces mots, elle cueille
Les marques de son sang. Alors, le reste de la troupe a envahi
Les pâturages diaprés : on croirait voir fondre un essaim
Qui veut ravir le thym du mont Hybla°, quand les rois lèvent
Leur camp de cire et que l'armée qui fait le miel, abandonnant
Le ventre creux d'un hêtre, bourdonne autour des plantes
                                              préférées.
Les prés sont dépouillés de leur parure : aux sombres violettes*
L'une mêle des lys* ; l'autre est parée de tendres marjolaines*.
L'une marche étoilée de roses*, et l'autre blanche de troènes*.
Et toi aussi, qui portes les signes des pleurs, triste hyacinthe*,
Avec narcisse*, elles te fauchent : aujourd'hui floraisons
Illustres du printemps, jadis, garçons hors pair. Tu naquis toi,

81

À Amyclées°, et lui, l'Hélicon° l'engendra ; un disque égaré
te frappa,

Lui fut trompé par l'amour d'une source ; toi, le Délien te pleure

Émoussant ses rayons, et lui, Céphise°, en brisant ses roseaux.

Plus que toute autre, l'unique espoir de la déesse des moissons

Bouillonne d'une ardeur avide de cueillir : tantôt elle remplit

De dépouilles agrestes ses riantes corbeilles d'osier tressé ;

Tantôt elle assemble des fleurs, et se couronne, l'ignorante :

Fatal présage nuptial !

Le Rapt de Proserpine, II, 118-136

À FLEUR DE PEAU

Les fleurs sont les témoins privilégiés des unions des dieux et des mortels. De la couche auguste de Zeus à des rapports plus terre à terre, l'amour charnel aime les parures florales. Une nouvelle fois, Homère est fondateur. La description de l'étreinte entre le roi des dieux et son épouse, couchés sur un tapis gazonné que la nature parsème de fleurs, est restée comme un morceau d'anthologie, cité, imité, parodié par les auteurs postérieurs.

Les roses surtout sont de toutes les joutes amoureuses. Les filles les portent en colliers, les garçons en couronnes, les lits croulent sous les arrangements floraux. Toute femme devient rose quand il s'agit d'amour, rose que son amoureux s'empresse d'aller moissonner dans les champs du plaisir partagé. La métaphore est reprise à l'envi au fil des textes, les activités et les productions de la nature offrant une source inépuisable d'équivoques et de plaisanteries plus ou moins subtiles, souvent osées.

HOMÈRE
VIII⁰ s. av. J.-C.

VIRGILE
I⁰⁰ s. av. J.-C.

CLAUDIEN
V⁰ s. ap. J.-C.

Homère

L'œuvre fondatrice de la littérature grecque offre le premier exemple d'une théogamie (union divine) anthropomorphe entre le roi des dieux et son épouse légitime. Le sujet était très apprécié de la peinture ancienne, probablement parce qu'il combinait la grandeur du mythe et la possibilité d'une représentation plaisante.

ÉTREINTE OLYMPIQUE

Il dit, et le fils de Cronos° prend sa femme en ses bras. Et, sous eux, la terre divine fait naître un tendre gazon, lôtos* frais, safran* et jacinthe*, tapis serré et doux, dont l'épaisseur les protège du sol. C'est sur lui qu'ils s'étendent, enveloppés d'un beau nuage d'or, d'où perle une rosée brillante.

Iliade, XIV, 346-351

HOMÈRE
VIIIᵉ s. av. J.-C.

VIRGILE
Iᵉʳ s. av. J.-C.

CLAUDIEN
Vᵉ s. ap. J.-C.

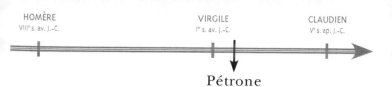

Pétrone

La popularité du précédent passage fut telle qu'il donna lieu à des pastiches, comme ici où les ébats de Polyaenos (l'un des personnages du roman) avec une prostituée sont décrits en termes grandiloquents inspirés de l'épopée homérique.

L'OLYMPE EN CIEL DE LIT

M'enlaçant dans ses bras plus doux que le duvet, elle m'entraîna par terre sur un gazon émaillé de fleurs.

Des sommets de l'Ida° telle répand des fleurs
La Terre maternelle quand, dans les chaînes d'un amour réciproque,
Jupiter° de tout cœur s'abandonne à sa flamme !
Alors surgissent les roses*, les violettes* et le jonc* flexible,
Et, sortant du vert des prés, le lys* blanc est un sourire :
Telle, par un fin gazon, la terre se fit accueillante pour Vénus°
Et le jour plus clair sourit à nos secrètes amours.

Couchés tous deux sur le gazon, nous préludons par mille baisers à des plaisirs moins éthérés.

Satiricon, 127

HOMÈRE
VIIIe s. av. J.-C.

VIRGILE
Ier s. av. J.-C.

CLAUDIEN
Ve s. ap. J.-C.

Apulée

*C'est la même atmosphère d'union divine qui est reprise,
cette fois tout en subtilité et en allusion, à propos d'Amour et
Psyché. Se croyant condamnée à être dévorée par un monstre,
la jeune fille (dont le nom signifie « âme » en grec) s'apprête
à subir son triste sort. Les torches nuptiales éteintes et renver-
sées préfigurent les torches funèbres de sa mort annoncée.
Heureusement que, dans le monde du roman ancien, tout finit
(généralement) bien.*

AMOUR ET PSYCHÉ

On alla sur un roc abrupt, on plaça la fille au plus
haut point du pic qui s'y dressait, tous la laissèrent là,
abandonnant sur place les torches nuptiales dont s'était
éclairée leur marche et que leurs larmes avaient éteintes,
chacun, tête basse, rentra dans sa maison. Cependant les
infortunés parents, accablés de malheur, s'enfermaient
chez eux, se cachaient dans les ténèbres et faisaient vœu
de nuit éternelle. Mais tandis que Psyché° tremblait et
pleurait d'épouvante en haut de son rocher, la douce
haleine du caressant Zéphyr° fit mollement frémir çà et
là les pans de sa robe, gonfla leurs plis, de son souffle
tranquille insensiblement la souleva, lui fit descendre un
par un sans secousse, du haut jusques en bas, les escarpe-
ments du piton, et, une fois arrivée, la déposa conforta-
blement dans la vallée, couchée au creux d'une pelouse
fleurie.

Les Métamorphoses ou l'Âne d'or, IV, 35, 2-4

HOMÈRE
VIIIᵉ s. av. J.-C.

VIRGILE
Iᵉʳ s. av. J.-C.

CLAUDIEN
Vᵉ s. ap. J.-C.

Horace

Fleurs de l'amour mythique, les roses sont aussi associées aux courtisanes terrestres. Ce n'est sans doute pas par hasard si la dame aux mœurs légères à laquelle s'adresse le poète porte le même nom – Chloris – que la nymphe grecque inventée par Ovide comme équivalent de la Flora romaine. Quant à sa fille, elle est comparée à une ménade qui danse la bacchanale au son du tambourin.

LA VIEILLE COURTISANE

Femme du peu riche Ibycus, impose un terme, enfin, à ton dérèglement, à tes travaux trop fameux. Quand approche pour toi l'heure du tombeau, cesse de folâtrer au milieu des jeunes femmes et de jeter un nuage sur l'éclat des étoiles. Non, tout ce qui peut convenir à Pholoé ne te sied point pour cela, Chloris : ta fille, à meilleur droit, enlève d'assaut les maisons des jeunes hommes comme une Thyiade qu'affole le fracas du tympanon. Ta fille, l'amour de Nothus la pousse à folâtrer, pareille à une chevrette capricieuse. Mais toi, ce qui te sied, ce sont les laines tondues près de la célèbre Lucérie° et non point, à une vieille comme toi, les cithares, ni la fleur pourprée du rosier*, ni les jarres bues jusqu'à la lie.

Odes, III, 15

HOMÈRE
VIIIᵉ s. av. J.-C.

VIRGILE
Iᵉʳ s. av. J.-C.

CLAUDIEN
Vᵉ s. ap. J.-C.

Apulée

Jeune homme beau et riche à qui tout semble réussir, Lucius s'apprête à jouir des faveurs de Photis, servante peu farouche. Pour l'instant, tout va bien.

CLASSÉ X

Je venais de me mettre au lit quand ma Photis, ayant couché sa maîtresse, s'avança gaiement, parée d'une couronne de roses*, une rose coupée gonflant le sein de sa tunique, me pressa de baisers, me festonna de guirlandes, me parsema de pétales, prit une coupe, y versa de très haut de l'eau chaude, me la tendit à boire, me la reprit délicatement avant que je ne l'eusse entièrement vidée, et doucement dégusta le fond du bout des lèvres, à petites lampées, en me regardant bien. Après que nous en eûmes ainsi entre-bu une deuxième, une troisième et encore bien d'autres, je sentis l'effet du vin non seulement dans ma tête mais dans mon corps tout entier. Tourmenté, bouillonnant, torturé de désir, je relevai en un éclair ma tunique pour montrer à ma Photis l'impatience de ma Vénus° : « Pitié, suppliai-je, au secours, n'attends pas ! Tu m'as annoncé un combat sans déclaration de guerre, je me tiens en alerte, au garde à vous, à peine j'ai senti que Cupidon° le cruel me décochait sa première flèche en plein cœur, moi aussi j'ai bandé mon arc à fond, mais j'ai une grosse peur que sa corde casse à force d'être trop tendue. »

Les Métamorphoses ou l'Âne d'or, II, 16, 1-6

HOMÈRE
VIIIe s. av. J.-C.

VIRGILE
Ier s. av. J.-C.

CLAUDIEN
Ve s. ap. J.-C.

Nonnos de Panopolis

Déguisé en paysan, Dionysos tente de séduire la jeune Béroé (nymphe de la ville de Bérytos, l'actuelle Beyrouth au Liban) en lui tenant un langage osé que, dans son innocence, elle n'entend heureusement pas. Béroé est la fille d'Aphrodite, étymologiquement la déesse « Née-de-l'écume [aphros] ».

DOUBLE SENS

Je suis un laboureur de ton cher Liban° ; si tu y consens, j'arroserai ton sol, je ferai grandir ton fruit. Je connais le cours des quatre Saisons. Quand je verrai dressée la borne de l'automne, voici ce que je crierai : « Le Scorpion se lève, porteur de vie, il est le héraut du sillon à la belle récolte ; mettons les bœufs à la charrue ! Les Pléiades° se couchent ; quand allons-nous ensemencer les champs ? Les sillons gonflent, lorsque la rosée tombe sur la terre qu'a baignée Phaéthon°. » Et près de l'Ourse arcadienne, tandis que pleuvent les averses, lorsque je verrai le Gardien de l'Ourse, je m'exclamerai : « Quand donc la terre assoiffée est-elle épousée par l'averse de Zeus° ? » Lorsque se lève le printemps, dès l'aube, je te crierai : « Tes fleurs sont épanouies ! Quand donc vais-je effeuiller lis* et roses* ? » Et quand l'été sera là et que je verrai le raisin, je m'exclamerai : « La vigne* en son adolescence mûrit, ignorant la faucille ; Vierge°, ta sœur est là ! Quand allons-nous vendanger ? Ton épi s'est développé et il réclame le moissonneur ; je couperai la moisson porteuse d'épis : ce n'est pas à Déô°, mais à ta mère, la déesse née à Chypre°, que j'en offrirai les prémices. » Vois comme la jacinthe* court vers le myrte* proche, comme rit le narcisse* en sautant sur l'anémone* ; accepte-moi comme ouvrier pour cultiver ton jardin, emmène-moi soigner les plantes de ta mère Née-de-l'écume, pour que j'enfonce un plant porteur de vie et que je reconnaisse le raisin vert, tout juste formé, en le tâtant de mes mains ! Je sais où et quand mûrissent les pommes. Je sais aussi planter l'orme aux longues feuilles qui s'appuie sur le cyprès ; j'unis aussi le palmier mâle tout joyeux au palmier femelle et, si tu le veux, je fais pousser le beau safran* près de la salsepareille*. Ne me donne pas d'or pour mes soins : je ne cherche pas la fortune ; mon salaire, ce sont deux pommes, une seule grappe d'une seule vendange. »

Les Dionysiaques, XLII, 282-313

MARIAGE FLEURI, MARIAGE UNI

Suspendues à la porte ou à un arbre près de la maison des jeunes mariés, tenues au-dessus de la tête de ces derniers tout au long de la cérémonie par des participants eux-mêmes ornés de fleurs ou jonchant les tables et les lits du banquet de noces, les couronnes de fleurs sont le *sine qua non* des mariages. Les roses de la couronne nuptiale d'Ariane se changent même en étoiles qui, depuis le firmament, célèbrent pour l'éternité ses noces avec Dionysos.

Selon une tradition bien établie en relation avec les récits mythologiques dont il a été question plus haut, ce sont les jeunes filles compagnes de la mariée qui s'en vont dans les champs au petit matin cueillir les fleurs encore humides de rosée pour décorer la noce des plus belles parures de la nature. Puis l'on chante le refrain des noces et l'on accompagne les mariés vers la chambre nuptiale, un baldaquin, tout tapissé de fleurs.

HOMÈRE
VIIIe s. av. J.-C.

VIRGILE
Ier s. av. J.-C.

CLAUDIEN
Ve s. ap. J.-C.

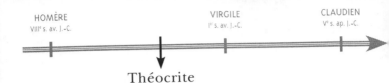

Théocrite

Pour la main de la plus belle jeune fille qui soit au monde, tous les princes de la Grèce se sont déclarés candidats. Elle, cependant, a choisi Ménélas, non sans que les autres aient juré de se porter au secours de ce dernier en cas de nécessité. Les prémisses de la guerre de Troie sont déjà en place mais, en ce beau matin, chacun ne pense qu'à se réjouir.

LES NOCES D'HÉLÈNE

Or donc, un jour à Sparte° chez le blond Ménélas°, des vierges, la chevelure ornée d'hyacinthe* fleurie, formèrent un chœur devant la chambre nuptiale fraîchement décorée de peintures ; [...] elles chantaient toutes de concert, frappant le sol de pas compliqués ; et le palais, autour d'elles, résonnait des accents de l'hyménée. [...]

Belle fille, charmante fille, te voilà maintenant maîtresse de maison. Nous, au prochain matin, nous nous rendrons dans le lieu de nos courses, dans les prairies en fleurs, pour cueillir des couronnes au suave parfum, pensant à toi, Hélène, autant que les agneaux de lait désirent la mamelle de la brebis leur mère. Les premières, avec le lôtos* qui pousse tout près de terre, nous tresserons en ton honneur une couronne, et nous l'irons suspendre à un platane ombreux ; les premières, prenant une fiole d'argent, nous en verserons l'onctueuse liqueur goutte à goutte sous un platane ombreux. Et une inscription sera gravée sur l'écorce pour être lue du passant, à la mode dorienne : « Honore-moi ; je suis l'arbre d'Hélène. »

Idylles, XVIII, 1-48

HOMÈRE
VIII° s. av. J.-C.

VIRGILE
I° s. av. J.-C.

CLAUDIEN
V° s. ap. J.-C.

Nonnos de Panopolis

Toutes les unions cependant ne sont pas légitimes. Alors que Dionysos (Bacchos) s'emploie par la ruse à obtenir de la nymphe Aura ce que celle-ci lui refuse, la nature tout entière se livre à un simulacre de cérémonie nuptiale. Ayant bu à la source de vin que le dieu a fait jaillir de son thyrse (son bâton fleuri de lierre et surmonté d'une pomme de pin), Aura tombe ivre endormie, livrée au désir du traître. La Lune est ici qualifiée de « cornue » en référence à sa forme de croissant à deux pointes.

LES NOCES TRAÎTRESSES

Tandis que Bacchos° veut ourdir une ruse pour s'unir à elle, la fille de Lélantos court en tous sens à la recherche d'une source, en proie à une soif ardente. Il n'échappe pas à Dionysos° qu'Aura° erre par la montagne sans répit, altérée : il a tôt fait de bondir au pied d'un rocher et de frapper la terre de son thyrse. La montagne, en s'entrouvrant, enfante spontanément de son sein généreux l'ivresse d'un flot purpurin. Pour complaire à Lyaios°, les Saisons, servantes du Soleil, dessinent avec des fleurs une margelle à la source, et des brises embaumées viennent fouetter l'air suave sur la prairie fraîche éclose. Il y a là des bouquets de la fleur qui porte le nom de Narcisse°, le gracieux garçon que, près du Latmos° feuillu, engendra Endymion°, l'époux de la Lune cornue, lui qui jadis, ayant aperçu le reflet silencieux et trompeur de son propre corps dans l'eau qui se changeait d'elle-même en miroir, mourut de contempler les vaporeux fantasmes de son apparence. Il y a aussi la plante intelligente de l'hyacinthe✽ d'Amyclées°. Des rossignols, survolant en bandes les massifs de fleurs, lancent leurs roulades au-dessus des frondaisons printanières.

C'est là qu'à l'heure de midi Aura accourt, assoiffée. Sur ses paupières, Amour a étendu un brouillard, de peur que l'assoiffée n'aperçoive une pluie tombée de Zeus° ou quelque source ou le cours d'une rivière de la montagne. Mais, lorsqu'elle découvre la perfide source de Bacchos, Persuasion chasse de ses paupières le nuage qui les embrume et crie ces mots qui sont pour Aura l'annonce de son mariage :

« Vierge, viens ici ; cette source est faiseuse de mariages : reçois en ta bouche son onde et un époux en ton sein. »

La jouvencelle voit et se réjouit : elle s'allonge au bord de la source et, à pleines lèvres, aspire la liqueur de Bacchos.

Les Dionysiaques, XLVIII, 570-600

HOMÈRE
VIIIᵉ s. av. J.-C.

VIRGILE
Iᵉʳ s. av. J.-C.

CLAUDIEN
Vᵉ s. ap. J.-C.

Catulle

Le poète latin donne ici pour le couple formé par Junie Aurunculeia et Manlius l'un des épithalames (chants de mariage) les plus fameux de toute la littérature antique. Son efficacité tient au fait qu'il s'adresse en son début à l'allégorie du Mariage (Hymen) lui-même, célébré dans le refrain traditionnel qui retentit à travers la maisonnée en fête. La divinité qui personnifie le mariage est habillée comme une mariée, couleur safran. Le « juge phrygien » désigne Pâris, fils de Priam, arbitre du concours de beauté entre les trois déesses Vénus, Junon et Minerve, dont le prix fut la pomme d'or de la discorde et la conséquence, la guerre de Troie. Quant à la « fleur des vierges », il s'agit sans doute de la Parthénice (du grec parthénos : *« vierge »), fleur blanche de la camomille (matricaire).*

Ô HYMEN HYMÉNÉE

Ô habitant de la colline d'Hélicon°, fils d'Uranie°, toi qui entraînes vers son époux la tendre vierge, ô Hyménée Hymen, ô Hymen Hyménée,

Ceins tes tempes des fleurs de la marjolaine* embaumée, prends joyeusement ton voile couleur de flamme et viens ici, viens, portant à tes pieds de neige le jaune brodequin ;

Excité par l'allégresse de cette journée, chantant l'hymne nuptial de ta voix argentine, frappe la terre de tes pieds, secoue dans ta main la torche de pin.

C'est que Junie épouse Manlius, aussi belle que l'habitante d'Idalie, Vénus°, lorsqu'elle vint trouver le juge phrygien ; elle se donne à son époux, vierge parfaite, sous de parfaits auspices,

Semblable à un myrte* de l'Asie, tout brillant des fleurs de ses rameaux, que les déesses amadryades°, en se jouant, nourrissent d'une rosée limpide. […]

95

C'est toi qui livres aux mains du jeune homme ardent la jeune fille en fleur, enlevée des bras de sa mère. Ô Hyménée Hymen, ô Hymen Hyménée ! [...]

Cesse de pleurer. Il n'y a pas de danger, Aurunculeia, qu'une femme plus belle que toi voie la lumière du jour venir de l'Océan.

Telle, dans le jardin diapré d'un maître opulent, se dresse la fleur de l'hyacinthe*. Mais tu te fais attendre, le jour fuit. Sors, nouvelle épouse. [...]

Maintenant tu peux venir, nouvel époux ; l'épouse est dans ta couche ; son visage a l'éclat des fleurs, celui de la blanche fleur des vierges* ou du rose pavot*.

Poésies, LXI, 1-195

CHAGRINS D'AMOUR

Les fleurs accompagnent aussi les chagrins d'amour, comme un rappel du temps heureux qui n'est plus. Chaque couronne semble alors devenir comme un affront fait à un présent malheureux. On l'enlève de sa tête, on la déchire, on la jette loin de soi. Maltraiter les fleurs sert ainsi d'exutoire à l'amant délaissé ou trahi. Détruire le symbole revient peut-être à se sentir un peu mieux. On voit en tout cas à quel point les parures de fleurs riment avec moments de plaisir et de joie. Pour celui qui a perdu ses illusions dans la gent féminine, toute fleur devient même la complice d'une tromperie annoncée. Au rang des mésaventures amoureuses les plus saugrenues, dans son cas indissolublement liées aux roses, c'est cependant le pauvre Lucius qui remporte la palme.

HOMÈRE
VIIIe s. av. J.-C.

VIRGILE
Ier s. av. J.-C.

CLAUDIEN
Ve s. ap. J.-C.

Sappho

Ces quelques mots de la poétesse de Lesbos expriment de la manière la plus poignante qui soit la douleur des amours perdues, mêlée au plaisir amer de leur évocation.

SOUVENIRS DOUX-AMERS

Laisse-moi te rappeler ce que tu as oublié, tant d'heures douces et belles que nous vécûmes ensemble. Oui, combien de couronnes de violettes*, de roses* et de safrans* à la fois tu posais sur ta tête à côté de moi !

Combien de guirlandes tressées, de charmantes fleurs, tu enlaçais autour de ta gorge délicate !

Combien de vase de parfum, brenthium ou royal, tu répandais sur ta belle chevelure !

Ou, couchée, près de moi, sur un lit moelleux tu apaisais ta soif.

V, *fr.* 93, 10-24

HOMÈRE
VIIIe s. av. J.-C.

VIRGILE
Ier s. av. J.-C.

CLAUDIEN
Ve s. ap. J.-C.

Théocrite

Le chevrier courtise la belle Amaryllis mais celle-là le néglige.

EXUTOIRE

Ô toi dont le regard est beau, qui tout entière reluis, jeune fille aux sourcils noirs, serre-moi, ton chevrier, entre tes bras, que je te donne un baiser ; même en de vains baisers, il est une douce jouissance.

Tu me feras mettre en pièces sur l'heure, en menues pièces, cette couronne que je porte pour toi, Amaryllis chérie, formée de lierre* où j'ai entrelacé des fleurs et de l'ache* odorante.

Hélas, que devenir ? Que faire, malheureux ? Tu ne m'écoutes pas.

Je quitterai ma casaque et sauterai dans les flots, de là d'où le pêcheur Olpis guette les thons. Et si je meurs alors – eh bien ! te voilà satisfaite.

Idylles, III, 21-27

HOMÈRE
VIIIᵉ s. av. J.-C.

VIRGILE
Iᵉʳ s. av. J.-C.

CLAUDIEN
Vᵉ s. ap. J.-C.

Apulée

La servante Photis que nous avons laissée en galante compagnie avec Lucius (cf. p. 88) est un peu sorcière. Pour pimenter leurs jeux amoureux, elle se fait fort de transformer son ami en oiseau. Lui se prête au jeu et avale la potion qu'elle lui a concoctée… mais quelque chose ne se passe pas exactement comme prévu.

QUEL ÂNE !

Inventoriant un par un les irréparables outrages infligés à mon corps, me découvrant âne et non oiseau, pestant *in petto* contre Photis, mais n'ayant déjà plus les mots ni les gestes d'un homme, je n'eus d'autre ressource que de couler vers elle un œil humide et oblique et de l'implorer muettement, la lippe pendante. À peine m'eut-elle vu tel, elle se frappa violemment le visage de ses mains en criant : « Malheur, je suis morte ! Je tremblais, j'étais pressée, j'ai fait un faux geste, les boîtes étaient pareilles, je me suis trompée ! Mais bon, pour cette transformation-là, le remède, il n'y a qu'à se baisser pour le ramasser ! Tu broutes simplement des roses* et tu sors de suite de ta peau d'âne pour rentrer dans celle de mon Lucius comme avant ! Si seulement hier au soir j'avais préparé des guirlandes comme d'habitude tu n'aurais même pas eu la nuit à attendre ! Demain à la première heure tu auras ton remède sans faute ! »

*Les Métamorphoses
ou l'Âne d'or*, III, 25, 1-4

IV

LE BANQUET

La mauve

DES COURONNES ET DES FLEURS

Composés pour le riche mécène romain Sosius Sénécion, les *Propos de table* de Plutarque font écho au célébrissime *Banquet* de Platon. L'auteur y traite des sujets qui conviennent à la conversation lors des banquets. La première question développée dans le livre III concerne l'opportunité ou non de porter des couronnes de fleurs en pareille circonstance. Une discussion à plusieurs voix s'engage, tenant en haleine les convives et avec eux le lecteur, qui trouve dans ce texte une mine de renseignements sur la signification, l'utilité et même la sociologie des fleurs dans les banquets.

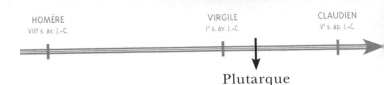

HOMÈRE
VIIIᵉ s. av. J.-C.

VIRGILE
Iᵉʳ s. av. J.-C.

CLAUDIEN
Vᵉ s. ap. J.-C.

Plutarque

Alors que les couronnes de laurier sont des symboles de victoire et de piété envers les dieux, apanage des hommes sérieux, les couronnes de roses dont les convives se ceignent les tempes ne sauraient convenir à une conversation philosophique, tout au moins d'après ce trouble-fête d'Ammonios. C'est l'occasion pour Plutarque de revenir sur la soirée d'Agathon qui sert de cadre au Banquet de Platon.

ROSE *VS* LAURIER

Un jour, en effet, il y eut une discussion sur les couronnes. C'était lors d'un banquet à Athènes° : le musicien Ératon recevait un grand nombre de personnes à l'occasion d'un sacrifice qu'il avait offert aux Muses°. Après le repas, on fit circuler des couronnes de toutes sortes, et Ammonios trouva moyen de se moquer de nous, parce qu'au lieu d'en porter de laurier* nous en portions de roses* : les couronnes de fleurs étaient un ornement parfaitement puéril, mieux fait pour les jeux des filles et des femmes que pour une assemblée d'hommes passionnés d'art et de science. « Vraiment, Ératon m'étonne, poursuivit-il ; il déteste l'emploi des demi-tons dans la phrase musicale et critique le bel Agathon, qui passe pour avoir introduit et mêlé le premier le chromatisme dans la tragédie, lors de la représentation des *Mysiens*, et le voilà qui nous remplit lui-même son banquet des tons et des nuances de toutes ces fleurs ; il prétend fermer l'entrée des oreilles à la mollesse et à la volupté, mais c'est par la porte des yeux et du nez qu'il les fait pénétrer dans nos âmes, en destinant au plaisir les couronnes qui devraient être une marque de piété. Et pourtant ce parfum-là a plus de valeur que l'odeur de vos fleurs, qui s'évente aux mains des bouquetières. Il n'y a point de place dans un banquet, où l'on se veut philosophes, pour un plaisir qui n'est pas lié à quelque besoin et qui ne procède d'aucun désir naturel. La courtoisie veut que les personnes amenées à un repas par des amis qui y sont invités soient reçues de la même façon que ces derniers, comme il arriva à Aristodème, amené par Socrate au festin d'Agathon ; mais si quelqu'un y vient de son propre chef, il faut qu'il trouve porte close. De même, il y a lieu d'admettre les plaisirs qui se rapportent au manger et au boire, parce qu'ils répondent à l'invitation de la nature et accompagnent nos désirs, tandis qu'il faut s'opposer à l'intrusion de toutes les délectations artificielles. »

Propos de table, III, 1, 1 (645 D-646 A)

Piqué au vif par cette attaque, Ératon répond. En hôte attentif, il souhaite que son banquet soit un succès et que ses convives trouvent l'occasion d'exercer leurs talents oratoires tout en jouissant d'un cadre propice à la conversation. Il défend donc les couronnes de roses comme présents de la nature qui ne sauraient qu'être bénéfiques à l'homme.

L'UTILE ET L'AGRÉABLE

Impressionnés par ce discours, ceux des jeunes qui ne connaissaient pas notre Ammonios détachaient tout doucement leurs couronnes. Pour moi, qui savais qu'Ammonios n'avait lancé sa diatribe que pour nous permettre d'exercer notre esprit sur ce sujet, j'interpellai le médecin Tryphon : « Mon cher, tu n'as plus qu'à déposer avec nous "ta couronne où flamboient les pétales de roses*"[1], ou à expliquer, comme tu ne manques jamais de le faire avec moi, combien les couronnes de roses sont salutaires aux buveurs. » Ératon, cependant, intervint en disant : « Alors c'est une affaire décidée qu'il ne faut admettre aucun

---

1. Vers inspiré de Clément d'Alexandrie, *Le pédagogue*, II, 70, 2.

plaisir s'il ne paie son écot, et déplorer toute jouissance qui ne porte avec elle son salaire ? Et si notre prévention est justifiée à l'égard des parfums et des tissus de pourpre, parce qu'ils représentent un luxe superflu – ce sont des vêtements trompeurs et des essences factices, selon l'expression du barbare[2] –, n'est-il pas vrai aussi que les couleurs et les odeurs naturelles sont franches et pures, et ne diffèrent aucunement des fruits ? C'est vraiment une absurdité d'apprécier les saveurs et d'en jouir comme d'un produit de la nature, et de rejeter, par contre, à cause du plaisir et de l'agrément qu'elles procurent, les odeurs et les couleurs que les saisons nous offrent, lorsqu'elles n'apportent pas en outre quelque avantage particulier. C'est précisément le contraire qu'il faudrait dire : si la nature, comme vous l'affirmez, n'a rien créé en vain[3], c'est en vue du plaisir qu'a été créé ce qui, n'ayant aucune autre utilité, ne sert qu'à flatter les sens. Regarde les plantes qui poussent : la raison d'être de leurs feuilles, c'est de protéger le fruit, de permettre à l'arbre, en le garantissant du froid aussi bien que de la chaleur, de mieux supporter les variations de température, tandis que pour les fleurs il n'y a aucune utilité à ce qu'elles durent, si ce n'est qu'elles ont la propriété de flatter notre odorat et de charmer notre vue, grâce au parfum extraordinaire qu'elles exhalent et à l'inimitable jeu de couleurs et de tons qu'elles déploient. Aussi, lorsqu'on arrache aux plantes leurs feuilles, on dirait qu'elles souffrent d'une meurtrissure ; elles éprouvent un dommage cruel, et cette nudité les défigure, si bien qu'il faut, à mon avis, non seulement "s'interdire de toucher aux feuilles du laurier", comme le veut Empédocle[4], mais respecter tous les arbres, quels qu'ils soient, et ne point se

---

2. Allusion à une histoire rapportée par Hérodote (*Histoires*, III, 22) dans laquelle le roi d'Éthiopie repousse les présents envoyés par le roi perse Cambyse.

3. Finalisme exprimé par les philosophes Aristote, Théophraste et Platon.

4. Citation d'Empédocle : édition Diels-Kranz, *Vorsokratiker* I, p. 368.

parer en les privant de leurs parures, en faisant violence à la nature pour les dépouiller de leurs feuilles. Les cueillettes des fleurs, au contraire, ressemblent aux vendanges, et ne causent aucun dommage ; bien plus, si on ne les prend pas au moment voulu, elles se fanent et tombent. Les barbares se couvrent de la peau de leurs animaux, au lieu de prendre la laine : je trouve tout aussi peu logique d'employer les feuilles des plantes plutôt que les fleurs, pour tresser les couronnes. Et je suis d'accord là-dessus avec nos marchandes. Car je ne suis pas un érudit, pour pouvoir citer des poèmes où il est dit qu'autrefois les vainqueurs des jeux étaient couronnés de fleurs[5]. Je sais seulement que la couronne de roses a été consacrée aux Muses, parce que je crois me souvenir d'un passage de Sappho, où elle s'adresse à une femme ignorante et sans culture :

Morte, tu seras oubliée ; car tu n'as point part aux roses de Piérie[6].

Maintenant, si Tryphon veut apporter son témoignage de médecin, écoutons-le ».

Propos de table, III, 1, 2 (646 A-F)

La parole passe alors à Tryphon, qui expose un avis médical sur la question.

PAROLE DE MÉDECIN

Prenant donc la parole, Tryphon dit qu'aucune de ces questions n'avait laissé les Anciens indifférents, vu qu'ils faisaient le plus grand usage des plantes pour leur médecine. « Ce qui le prouve, c'est la nature des offrandes apportées aujourd'hui encore par les habitants de Tyr° à Agénoride et par ceux de Magnésie° à Chiron°,

5. Il en était peut-être ainsi aux *Chrysantheina* célébrés à Sardes.
6. Les « roses de Piérie » sont les dons apportés à un esprit par la culture, ici symbolisés par les fleurs des Muses.

qui passent tous deux pour avoir été les premiers médecins : ce sont des racines et des herbes, qui leur servaient
à guérir leurs malades. Et si Dionysos° fut considéré
comme un médecin hors pair, ce n'est pas seulement
pour avoir découvert ce remède si puissant et en même
temps si agréable qu'est le vin, mais aussi pour avoir mis
en honneur le lierre*, en raison de son action particulièrement efficace contre le vin, et enseigné aux bacchants
à s'en faire une couronne pour moins souffrir des effets
du vin, la froideur du lierre éteignant le feu de l'ivresse.
En outre, certaines dénominations montrent la curiosité des Anciens dans ce domaine : le noyer* (*carya*) fut
ainsi nommé à cause de ses effluves lourds et enivrants
(*caroticon*), qui incommodent ceux qui s'étendent à ses
pieds ; et le narcisse*, parce qu'il engourdit les nerfs
et provoque une pesante torpeur (*narcodeis*), ce qui lui
a valu de la part de Sophocle l'appellation "couronne
antique des grandes déesses[7]", c'est-à-dire des déesses
infernales. On prétend aussi que la rue* (*pèganon*) a
reçu son nom d'après la propriété qui la caractérise :
elle coagule (*pègnusi*) le sperme et le sèche par sa
chaleur, ce qui la rend tout à fait néfaste aux femmes
enceintes. Pour ce qui est de l'herbe dite "améthyste"*,
comme d'ailleurs de la pierre à laquelle on a donné
son nom, c'est une erreur de croire qu'elles aient été
appelées ainsi parce qu'elles préservent de l'ivresse ;
l'une et l'autre doivent leur nom à leur couleur ; en
effet, la feuille de l'améthyste n'a pas la teinte du vin
pur, mais fait penser à un vin coupé d'eau et qui n'est
plus du vin. On pourrait énumérer quantité de plantes
qui doivent leur nom à leurs propriétés ; ces exemples
suffisent pour donner une idée de l'effort d'observation
des Anciens et de la richesse d'expérience qui les guida
dans le choix des couronnes pour les banquets. En effet,
lorsque le vin pur monte à la tête et soumet le corps à

---

7. *Œdipe à Colone* 683. Cette fleur enivrante est à mettre en
rapport avec le rapt de Perséphone par Hadès (*cf.* p. 79-82 et 220).

une tension qui fait violemment réagir les sens, il trouble l'être tout entier. Or les émanations des fleurs sont d'un merveilleux secours contre ce trouble et défendent la tête, comme une acropole[8], contre l'ivresse ; les fleurs chaudes provoquent une lente dilatation des pores et permettent au vin de s'exhaler, tandis que les fraîches, sous un effleurement léger, refoulent ses vapeurs. Et c'est ce que fait la couronne de violettes* et de roses* : leur odeur resserre et comprime les lourdeurs de tête. La fleur du cyprus*, le safran*, la sauge* finissent par endormir les buveurs d'un sommeil tranquille ; il s'en dégage un arôme délicat et agréable, qui apaise lentement le désordre et l'agitation dans le corps de ceux qui s'enivrent, de sorte que tous les effets du vin s'atténuent et disparaissent à mesure que se rétablit le calme. D'autre part, l'odeur de certaines fleurs, lorsqu'elle monte jusqu'au cerveau, nettoie les conduits sensitifs et éclaircit lentement les humeurs, que sa chaleur décompose sans heurt et sans violence, si bien que le cerveau, naturellement froid, se réchauffe. C'est pourquoi l'on donnait surtout aux guirlandes de fleurs, que l'on suspendait au cou, le nom d'"hypothymides", et c'est pourquoi l'on se frictionnait la poitrine avec des essences de fleurs. Alcée en témoigne, quand il invite "à verser le parfum sur sa tête qui tant a connu de souffrances et sur sa poitrine chenue[9]". De cette manière, les effluves, happés par les narines, jaillissent jusqu'au cerveau sous l'effet de la chaleur. Car ce n'est pas parce que l'on considérait le cœur comme le siège des sentiments (*thymon*) que l'on appelait "hypothymides" ces sortes de colliers (sinon il eût mieux valu les appeler "épithymides[10]", mais c'est, comme je viens de le dire, à cause de cette émanation,

---

8. La tête est ici comparée métaphoriquement à une citadelle située en hauteur.

9. Citation d'Alcée : édition Diehl, *Anthologia lyrica graeca*, I, fr. 86.

10. En grec, le préfixe *hypo* signifie « sous » par opposition au préfixe *épi* qui veut dire « sur ».

de cette montée de l'arôme (*hypothymiasin*). D'ailleurs, il ne faut pas s'étonner que les émanations des couronnes puissent avoir une telle action : on rapporte également que lorsque l'if* se gonfle de sève en vue de sa floraison prochaine son ombre tue les personnes qui s'y endorment ; et que l'on voit s'évanouir ceux qui recueillent le suc du pavot*, s'ils ne se gardent pas des exhalaisons de la plante. Enfin, il suffit de prendre en mains, ou même, pour certaines personnes, de regarder l'herbe appelée alysse*, pour être délivré du hoquet ; elle passe également pour exercer une influence favorable sur les moutons et les chèvres, lorsqu'on la plante au voisinage des étables. Quant à la rose* (*rhodon*), elle doit sans doute son nom aux flots (*rheuma*) de senteur qu'elle dégage ; c'est d'ailleurs pourquoi elle se fane si vite. L'opposition entre son action rafraîchissante et sa couleur rouge feu s'explique fort bien : en effet, tout ce que la fleur a de chaleur est expulsé par la fraîcheur interne et se fixe à la surface en enveloppe légère. »

Propos de table, III, 1, 3 (646 F-648 A)

Le commentaire final repose sur une métaphore : les passages saillants, les bons mots et les citations du propos qui vient de se tenir sont autant de fleurs tressées dans la couronne du discours.

LE MOT DE LA FIN

Nous complimentâmes Tryphon ; quant à Ammonios, il déclara avec le sourire qu'il serait malséant de mettre en pièces à coups d'objections, comme on ferait d'une couronne, un discours aussi chatoyant et aussi fleuri.

Propos de table, III, 2, 1 (648 B)

C'EST À BOIRE QU'IL NOUS FAUT

Boire du vin est une activité liée aux fleurs. D'abord parce que le fruit de la vigne a des parfums floraux dont la subtilité n'a d'égale que la redoutable efficacité. Puis, tout buveur qui se respecte est, comme on l'a vu, orné de fleurs, depuis la couronne sur sa tête jusqu'aux guirlandes qui décorent son lit de banquet, quand il ne repose pas directement sur un moelleux matelas de gazon jonché de corolles.

Dionysos est toujours représenté couvert de fleurs, coupe en main. Le lien étroit qui unit le dieu du vin à Aphrodite est manifeste tant dans la perspective terrestre de leurs activités – le vin aide à l'amour – que dans la dimension cosmique que revêt leur pouvoir de germination et de floraison, exercé sur l'ensemble du vivant. Le vin ouvre ainsi les portes d'une réalité plus riche que seul l'initié aux mystères de Bacchus peut percevoir dans toute sa plénitude. La parole se délie, l'esprit se fait plus audacieux, les pensées plus véloces : *in vino veritas...*

HOMÈRE
VIIIᵉ s. av. J.-C.

VIRGILE
Iᵉʳ s. av. J.-C.

CLAUDIEN
Vᵉ s. ap. J.-C.

Nonnos de Panopolis

Les habitants de l'Athènes mythique découvrent pour la première fois l'ivresse du vin qu'au nom de Dionysos leur verse un vieux jardinier. Rien à voir avec le « cycéon » auquel ils étaient jusque-là habitués. À la fois boisson et nourriture, ce dernier est un gruau fait à base de céréales pilées (orge) délayées dans de l'eau et auquel peuvent être ajoutés des assaisonnements de diverse nature, aromates ou miel ou bien encore oignon, voire fromage râpé. Pour leur palais charmé, le vin semble de l'eau de fleur.

C'EST LE BOUQUET !

Dis-moi, vieillard, où sur terre as-tu trouvé le nectar de l'Olympe° ? Ce n'est pas du Céphise° que vient l'eau vermeille que tu nous apportes, ce n'est pas des naïades° que viennent les présents doux comme le miel que tu nous offres ; car ce ne sont pas des sources qui font jaillir ces torrents où coule le miel, ce n'est pas le cours de l'Ilissos° qui charrie ces flots empourprés. Ce n'est pas la boisson de l'abeille gourmande de jeunes pousses, procurant aux mortels une satiété trop rapide ; c'est une eau d'une autre nature, plus douce que le doux miel, que tu nous apportes. Ce n'est pas le breuvage ancestral qu'enfante l'olivier* d'Attique ; tu détiens une boisson plus délicieuse que le lait ; je ne la compare pas aux gouttes épaisses du cycéon miellé. – En revanche, si, pour les mortels, dans les jardins où poussent les plantes, les Saisons aux bras de rose savaient, des boutons de fleurs, extraire une boisson, eh bien, moi, je l'appellerais breuvage printanier d'Adonis° ou de la déesse de Cythère°, liqueur parfumée des roses*. Tu apportes une boisson étrangère, qui délivre des peines, car elle a dissipé mes soucis qui flottent par les airs au gré des vents.

Les Dionysiaques, XLVII, 78-94

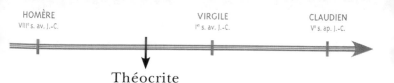

HOMÈRE
VIIIe s. av. J.-C.

VIRGILE
Ier s. av. J.-C.

CLAUDIEN
Ve s. ap. J.-C.

Théocrite

Le poète se lance avec un chevrier dans un concours de chant bucolique, arrosé comme il se doit d'un doux nectar aux arômes de térébinthe (le vin est dit « ptéléatique » car parfumé avec de la ptélée à trois feuilles, une plante aromatique).

LE VIN PTÉLÉATIQUE

Moi, ce jour-là, portant autour de la tête une couronne d'aneth* ou de roses* ou de giroflées* blanches, je puiserai au cratère le vin ptéléatique, étendu près du feu ; dans le feu quelqu'un fera griller des fèves ; j'aurai une couche épaisse d'une coudée, faite de conyze*, d'asphodèle*, d'ache* frisée ; et délicieusement je boirai, pensant à Agéanax au moment de vider les coupes, que je presserai des lèvres jusqu'à la lie.

Idylles, VII, 63-70

113

HOMÈRE
VIIIe s. av. J.-C.

VIRGILE
Ier s. av. J.-C.

CLAUDIEN
Ve s. ap. J.-C.

Antipater de Sidon

Que souhaiter de meilleur à l'initiateur du genre de la chanson à boire qu'un banquet éternel, une fleur dans une main, sa lyre de l'autre, tandis que coulent des flots infinis de nectar ? Même la mort ne saurait mettre un terme à la joie et à la créativité. Le poète a retrouvé dans l'Au-delà ses amants qui lui ont inspiré et lui inspireront à jamais de si beaux vers. Le plus célèbre d'entre eux, Smerdiès, vient du pays des Cicones (d'où l'expression « boucles ciconiennes »), c'est-à-dire la Thrace.

L'ÉTERNITÉ DU POÈTE

Puisses-tu parmi les bienheureux, Anacréon, honneur de l'Ionie°, n'être privé ni d'aimables banquets ni de lyre. Puisses-tu, un regard languissant dans les yeux, roucouler une chanson en agitant une fleur au-dessus de ta chevelure brillante, tourné soit vers Eurypylê, soit vers Mégisteus, soit vers les boucles ciconiennes du Thrace Smerdiès, ruisselant de vin suave, les vêtements tout humides de Bacchos°, faisant, des plis pressés de ta tunique, sortir le nectar pur. Car à cette trinité : les Muses°, Dionysos°, Amour, ta vie entière, ô vieillard, ne fut qu'une longue libation.

Anthologie grecque, VII, 27

EXCÈS EN TOUT GENRE

L'excès de boisson conduit à des débordements que la raison, pour embuée qu'elle se trouve, se révèle impuissante à réfréner. Dans les banquets sérieux l'on boit en bonne compagnie mais dans ceux de moins bonne tenue, il est de mise d'arriver avec mignon ou courtisane, c'est selon. C'est ce qu'ose Alcibiade qui se présente au banquet d'Agathon en titubant, soutenue par une « joueuse de flûte » dont les talents ne s'exerçaient pas seulement dans le domaine musical. Ou encore, dans une scène d'une cocasserie certaine, le cyclope pris de boisson qui croit lutiner un jouvenceau se retrouve à enlacer Silène, le chef des satyres aux pattes de bouc. On gage que le réveil fut difficile.

Les fleurs participent aussi d'une débauche de dépenses pour les ornements de la table. À Rome, rien n'est trop beau pour « épater » les convives. C'est le plafond des salles à manger de Néron qui croule sous une charge de roses se déversant en pluie sur l'assistance charmée ; ou, dans le genre burlesque, la pâtisserie farceuse du festin de Trimalcion arrose quant à elle les invités de jets d'eau au parfum fleuri.

HOMÈRE
VIIIe s. av. J.-C.

VIRGILE
Ier s. av. J.-C.

CLAUDIEN
Ve s. ap. J.-C.

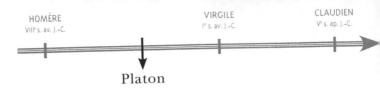

Platon

La veille, le poète Agathon a offert un sacrifice en remer-
ciement de sa victoire au concours tragique. Il donne à présent
un banquet auquel prend part Socrate, parmi d'autres éminents
convives. L'arrivée tardive d'Alcibiade est l'un des morceaux
d'anthologie de la littérature grecque antique.

ALCIBIADE FAIT SON ENTRÉE

Mais voici que, soudain, on heurta à la porte de la
cour, de laquelle venait un grand vacarme, de fêtards
semblait-il, avec une joueuse de flûte dont la voix se
faisait entendre. [...]

Sur ce, on ne tarda guère à entendre dans la cour la
voix d'Alcibiade, complètement ivre et criant à tue-tête
pour qu'on lui dise où était Agathon, pour réclamer
qu'on le mène auprès d'Agathon. On l'amène donc près
des convives, soutenu par la joueuse de flûte ainsi que
par quelques-uns de ses acolytes. Le voilà qui apparaît au
seuil de la salle, ceint d'une sorte de couronne touffue de
feuilles de lierre* avec des violettes*, et la tête surchargée
d'une quantité de bandelettes : « Messieurs, bonsoir !
Un homme ivre (complètement ivre, ma parole !) sera-
t-il admis par vous à partager votre banquet ? Ou bien
nous faut-il déguerpir d'ici, après nous être contentés
d'enguirlander Agathon pour qui précisément nous
sommes venus ? [...] Eh bien allons ! C'est l'instant de
me répondre ; j'ai posé mes conditions : dois-je entrer ou
ne le dois-je pas ? Oui ou non, boirez-vous avec moi ? »
Là-dessus, acclamation unanime : on l'invite à entrer et à
prendre place sur un lit.

Le Banquet, 212 C-213 A

HOMÈRE
VIIIᵉ s. av. J.-C.

VIRGILE
Iᵉʳ s. av. J.-C.

CLAUDIEN
Vᵉ s. ap. J.-C.

Euripide

Dans ce drame satyrique qui fut joué après la représenta-
tion d'une trilogie tragique, Ulysse enivre le sauvage cyclope
Polyphème, qui goûte pour la première fois au breuvage civilisé
qu'est le vin, afin de pouvoir l'aveugler lorsqu'il sera ivre. On
assiste ici à une parodie de banquet de noces champêtres, au
cours duquel la mariée se révèle sous un jour plutôt inattendu.

DES DANGERS DE L'IVRESSE

Premier demi-chœur. – Bienheureux qui crie évohé !
Sous l'effet des grappes aux sources chéries, largement
étalé pour faire bombance ; qui serre un ami dans ses
bras et, sur les coussins, presse la beauté en fleur d'une
molle courtisane, les boucles luisantes d'huile parfumée,
en disant : « Qui m'ouvrira la porte ? »

Le cyclope. – Palsambleu ! Je suis plein de vin et je
rayonne après ce plantureux festin, le ventre chargé,
comme un transport, jusqu'au ras du tillac. L'herbe
propice me sollicite à partir en fête, en cette saison printanière, auprès des cyclopes mes frères. (*À Ulysse*) Allons,
mon hôte, allons, passe-moi l'outre !

Second demi-chœur. – Un beau regard en son œil, la
Beauté sort de sa demeure… Nous avons ici un ami. Les
torches allumées attendent ta personne, avec une tendre
épousée, dans la fraîcheur de l'antre. Des couronnes aux
multiples couleurs autour de ton chef bientôt se presse-
ront. […]

Le cyclope. – Il est vrai que le sol est tapissé de fleurs…

Silène. – Puis il est bon de boire à l'ardeur du soleil.
Allons ! Couche-toi là ; étends ton flanc à terre. […] Par
Zeus ! Je veux d'abord te voir prendre une couronne – et
puis, goûter encore. […]

Le cyclope. – Ouf ! Pour sortir des flots quelle peine !
Volupté sans mélange ! Le ciel me paraît voler, confondu

117

à la terre ; de Zeus je vois le trône et toute la cour des dieux dans leur majesté sainte. (*Les satyres gambadent autour de lui et l'agacent.*) Non ! Je ne vous baiserai point ; – ce sont les Grâces qui me lutinent. (*Pesamment il se tourne vers Silène° étendu à ses côtés, et l'enlace.*) Il me suffit du Ganymède° que voici. Avec lui je reposerai délicieusement, oui, par les Grâces° ! Un mignon a pour moi plus d'attrait qu'une fille.

SILÈNE. – Suis-je le Ganymède aimé de Zeus°, cyclope ?

LE CYCLOPE. – Oui, par Zeus ! (*Il se lève et entraîne Silène vers la grotte.*) Je t'enlève au sol de Dardanos°.

SILÈNE. – (*Se débattant.*) Je suis perdu, enfants ! Cruel sera mon sort.

LE CYCLOPE. – (*S'arrêtant, d'un ton de reproche.*) Tu fais le renchéri avec l'amant, parce qu'il a bu ?

SILÈNE. – Hélas ! Il est amer, le vin que je vais voir. (*Il disparaît dans la grotte avec Polyphème, suivi d'Ulysse, qui ressort bientôt après.*)

Le Cyclope, 495-589

HOMÈRE
VIIIᵉ s. av. J.-C.

VIRGILE
Iᵉʳ s. av. J.-C.

CLAUDIEN
Vᵉ s. ap. J.-C.

Suétone

Concernant la débauche de dépenses au moyen de laquelle s'étourdit Néron, l'empereur fou, la plus extravagante est sans conteste la construction de la « Maison dorée » (Domus aurea)*, dont le clou est le raffinement des salles à manger.*

DOMUS AUREA

Dans son vestibule on avait pu dresser une statue colossale de Néron°, haute de cent vingt pieds ; la demeure était si vaste qu'elle renfermait des portiques à trois rangs de colonnes, longs de mille pas, une pièce d'eau semblable à une mer, entourée de maisons formant comme des villes, et par surcroît une étendue de campagne, où se voyaient à la fois des cultures, des vignobles, des pâturages et des forêts, contenant une multitude d'animaux domestiques et sauvages de tout genre ; dans le reste de l'édifice, tout était couvert de dorures, rehaussé de pierres précieuses et de coquillages à perles ; le plafond des salles à manger était fait de tablettes d'ivoire mobiles et percées de trous, afin que l'on pût répandre d'en haut sur les convives soit des fleurs soit des parfums ; la principale était ronde et tournait continuellement sur elle-même, le jour et la nuit, comme le monde ; dans les salles de bains coulaient les eaux de la mer et celles d'Albula°. Lorsqu'un tel palais fut achevé et que Néron l'inaugura, tout son éloge se réduisit à ces mots : « Je vais enfin commencer à être logé comme un homme. »

Néron, XXXI

HOMÈRE
VIIIe s. av. J.-C.

VIRGILE
Ier s. av. J.-C.

CLAUDIEN
Ve s. ap. J.-C.

Pétrone

Encore plus fort que la pluie de roses tombant des plafonds de la Domus aurea, *la mégalomanie du festin de Trimalcion s'autorise tous les excès, dans des scènes qui inspirèrent Fellini. Le narrateur a finalement réussi à se faire inviter, avec son mignon Giton.*

PÂTISSERIE FARCIE, PÂTISSERIE FARCEUSE

Tandis qu'on nous invitait à nous saisir de nos cadeaux, je tournai mes regards vers la table où déjà on avait déposé un plateau couvert d'un assortiment de gâteaux au milieu duquel s'érigeait un Priape° de pâtisserie, dûment chargé, selon l'ordinaire usage, d'une profuse brassée de raisins et de fruits de toute espèce. Nous tendions nos mains avides vers ces munificences lorsque soudain un nouveau déclenchement de gags ranima l'hilarité : tous les gâteaux et tous les fruits, à peine les avait-on effleurés, lâchaient un jet de parfum safrané qui aspergeait burlesquement le visage. Persuadés qu'un plat machiné pour répandre d'aussi religieux effluves ne pouvait qu'être tenu pour sacré, nous nous levâmes tous pour porter la santé de l'auguste Empereur, père de la patrie, puis, voyant qu'après cet hommage certains invités escamotaient des fruits, nous en fîmes autant et emplîmes nos serviettes, surtout moi, qui ne trouvais aucune offrande assez abondante pour en charger la poche de Giton.

Satiricon, 60

RIEN DE TROP

L'agréable et le superflu dans le domaine de la parure florale ne doivent cependant pas prendre le pas sur le nécessaire. Celle-là doit être contenue à la place qui lui revient, comme un ornement, dans les limites du bon goût cependant. Face aux excès de toutes sortes auxquels se livrent les civilisations, surtout celles jugées « décadentes » – qu'il s'agisse des Perses pour les Grecs anciens ou de la Rome impériale par opposition aux valeurs morales de la République lorsque cette dernière était encore frugale –, il importe de mettre en application le principe édicté à Delphes qui prône le *Mèden agan*, « Rien de trop ».

L'agrément provient aussi de la juste mesure ; l'abondance au contraire est, au même titre que le manque, un écueil à éviter pour l'« honnête homme » antique. Il convient donc de boire modérément, juste assez pour maintenir la conversation alerte, sans apprêts excessifs mais en goûtant à la grâce d'une simple fleur, en appréciant des mets simples et, surtout, la bonne compagnie.

HOMÈRE
VIIIᵉ s. av. J.-C.

VIRGILE
Iᵉʳ s. av. J.-C.

CLAUDIEN
Vᵉ s. ap. J.-C.

Horace

Attablé au banquet, le poète proclame devant son échanson qui lui verse à boire son goût pour les choses simples. Le luxe perse sert de repoussoir. La « philyre » dont il est ici question est l'écorce interne du tilleul qui, découpée en fines lamelles, servait de support aux couronnes de fleurs.

EN TOUTE SIMPLICITÉ

Je hais, garçon, des apprêts persiques ; je n'ai pas de goût pour les couronnes tressées avec la philyre. Épargne-toi de chercher en quel lieu s'attarde la rose* d'arrière-saison.

Que l'effort de ton zèle n'ajoute rien, je le veux, au simple myrte* ; le myrte n'est indigne ni de toi qui me sers ni de moi buvant sous un berceau de vigne*.

Odes, I, 38

HOMÈRE
VIIIᵉ s. av. J.-C.

VIRGILE
Iᵉʳ s. av. J.-C.

CLAUDIEN
Vᵉ s. ap. J.-C.

Plutarque

L'éloge de la poikilia *– c'est-à-dire un savant mélange des genres – est fait ici dans le cadre des sujets de conversation à choisir au cours d'un banquet. La démonstration s'appuie sur une métaphore florale du plus bel effet qui n'est pas sans rapport avec l'idée d'anthologie que l'on rencontrera en conclusion de ce volume.*

L'ART DE LA CONVERSATION

En fait de paroles, de spectacles, d'amusements, [le président de table] ne fera place qu'à ceux qui s'accordent avec ce que l'on attend d'un banquet, à savoir accroître l'amitié entre les convives ou la faire naître, en leur donnant du plaisir ; car le banquet est un passe-temps où le vin, grâce à la bonne humeur qu'il provoque, conduit à l'amitié. Et puisque l'uniformité pure est toujours ennuyeuse et souvent nocive, alors que le mélange, quand on en use à propos et avec mesure pour quelque chose, y supprime l'excès, lequel rend nuisible même ce qui est utile, et pénible ce qui est agréable, il est clair que c'est aussi un passe-temps mélangé que le président doit procurer aux buveurs. Donc, sachant, pour l'entendre dire souvent, que nulle navigation n'est plus agréable que celle qui se fait le long de la terre, et nulle promenade, que celle qui se fait le long de la mer, il associera le sérieux et le plaisant, afin que ceux qui aiment plaisanter aient un certain contact avec le sérieux, et que les gens sérieux, de leur côté, reprennent courage, à la vue de ce qui est plaisant, comme ceux qui ont le mal de mer, quand ils voient la terre tout près. Car il est possible de traiter en riant un grand nombre de choses sérieuses, et de donner un air agréable à ce qui est sérieux,

comme auprès des chardons et des ronces piquantes
poussent les tendres fleurs des blanches quarantaines[*1].

Mais les facéties qui font irruption dans les banquets
sans rien cacher de sérieux, le président recomman-
dera aux convives de les éviter absolument, de peur
que, sans s'en apercevoir, ils ne mêlent à leur vin l'insolence comme une sorte de jusquiame[2], en exerçant, par
exemple, leur effronterie dans ces fameux commande-
ments de table, qui consistent à ordonner à des bredouil-
leurs de chanter, à des chauves de se peigner ou à des
boiteux de se tenir en équilibre sur l'outre[3].

Propos de table, I, 4 (621 C-E)

*Un convive du banquet, Philinos, développe une accusation
en règle contre les mets recherchés, leur abondance et leur variété,
par opposition aux nourritures simples qui seules profitent à
l'homme. C'est avec une légende appartenant au fond commun
de la mythologie classique et que la tragédie classique a traitée
qu'il agrémente son discours.*

RÉGIME DISSOCIÉ

Or, si rien n'est indigeste par nature et si l'abondance
seule des aliments est ce qui trouble et provoque le mal,
c'est une raison de plus, je pense, pour fuir cette variété

1. Le distique élégiaque cité (Diehl, *Anthologia graeca lyrica*, I,
p. 136) est célèbre mais anonyme.
2. La jusquiame (*Hyoscyanus*) est une plante toxique contenant
des alcaloïdes qui, si elle est ingérée, peut provoquer des troubles
mentaux (Dioscoride IV, 68, 2). Elle tire son nom du grec *hyoscyamos*
qui signifie « fève de porc », allusion à l'épisode de l'*Odyssée* où Circé
transforme en pourceaux les compagnons d'Ulysse par ce moyen
(pour l'antidote utilisé, *cf.* p. 146). Elle est aussi appelée herbe de
sainte Apolline en raison de son pouvoir curatif sur le mal de dent.
3. Allusion au jeu de l'*ascoliasmos*, qui consistait à se tenir
debout le plus longtemps possible sur une outre pleine de vin dont
la surface huilée et bombée rendait l'équilibre difficile.

de mets de toutes sortes dont le cuisinier de Philon, comme par réaction contre l'art de son maître, nous empoisonnait tout à l'heure, en cherchant à raviver notre appétit par la nouveauté et le changement ; et celui-ci, sans se lasser, mais toujours mené vers d'autres objets, ne pouvait qu'outrepasser au milieu de cette diversité les limites de la modération, au lieu de se contenter du nécessaire, ressemblant ainsi au nourrisson d'Hypsipylè°,

> qui, fleur après fleur, recueille son butin, le cœur en joie, avec son insatiabilité enfantine[4]

et dépouille de cette façon la plus grande partie de la prairie. C'est l'occasion aussi de rappeler la recommandation de Socrate[5] de se garder des mets tels qu'ils excitent à manger quand on n'a pas faim : il ne conseille par là que de se méfier du mélange et de la variété des aliments, et de les redouter. C'est en effet ce qui pousse notre satisfaction bien au-delà du nécessaire dans les spectacles, les auditions, dans la jouissance sexuelle, dans tous les amusements et passe-temps, ranimée qu'elle est sans cesse par cet apport superflu et ses multiples stimulants. Alors que les plaisirs simples et uniformes charment sans outrepasser les lois de la nature. Bref, je crois qu'on pardonnerait plutôt à un musicien de prôner la dissonance dans les accords ou, à un maître de gymnase, l'emploi d'huiles aromatiques, qu'à un médecin la multiplication des aliments ; car les diversions et changements nous détournent du droit chemin de la santé.

Propos de table, IV, 1, 2 (661 E-662 A)

---

4. Fragment de la tragédie *Hypsipylè* d'Euripide (édition Bond, pp. 34-35 et 91-92).
5. Voir Xénophon, *Mémorables* I, 3, 6.

Un autre convive disserte enfin sur la notion de la juste mesure. Une anecdote florale mettant en scène l'excès perse par opposition à la bienséance spartiate vient à point pour illustrer le propos.

LE MIEUX EST L'ENNEMI DU BIEN

Bornons-nous, dis-je, à veiller, quand des convives sont capables de trouver dans la discussion et la philosophie un plaisir partagé, à n'introduire du dehors rien qui puisse être un obstacle au délassement plutôt qu'une forme de délassement. Déjà, en effet, chaque fois que l'on a chez soi, par soi-même, les moyens de son salut et qu'« on veut, comme dit Euripide, en trouver à l'extérieur », on fait preuve de sottise ; mais on le fait encore chaque fois que, disposant en soi-même de beaucoup de joie et de plaisir, on met son point d'honneur à faire venir de l'extérieur de quoi se réjouir. Ainsi, la superbe du grand Roi se manifesta d'une manière excessivement déplacée et vulgaire à l'égard du Lacédémonien Antalcidas lorsqu'il lui envoya une couronne de roses* et de crocus* mêlés qu'il avait trempés dans des parfums, étouffant ainsi leur beauté naturelle et spécifique et faisant injure aux fleurs. On fait de même quand, dans un banquet qui comporte en lui-même sa grâce et son génie propres, on introduit un accompagnement de flûte ou de lyre, lui retirant par des emprunts étrangers sa spécificité.

Propos de table, VII, 8, 4 (713 D-E)

V

MILLE USAGES

Le plantain

LE CADEAU PARFAIT

Rien de tel qu'une fleur pour faire plaisir à la personne que l'on aime. L'idée du bouquet remonte aux sources de notre civilisation. Tout rustre qu'il est, le cyclope fait sa cour en offrant des fleurs, dans l'espoir d'attendrir l'indifférente Galatée. Dans son manuel à l'usage des amoureux, le poète latin Ovide ne dira pas autre chose. Point trop n'en faut cependant : rien ne sert de dépouiller les prairies, une seule fleur est la plus délicate des attentions. Il n'y a pas enfin jusqu'au vénérable centaure Chiron qui ne joue les fleuristes aux noces de Thétis et Pélée, apportant en personne le bouquet de la mariée tout frais cueilli.

HOMÈRE
VIIIᵉ s. av. J.-C.

VIRGILE
Iᵉʳ s. av. J.-C.

CLAUDIEN
Vᵉ s. ap. J.-C.

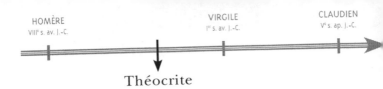

Théocrite

Le cyclope Polyphème chante son amour pour Galatée qui lui a été présentée par sa mère, comme elle une nymphe marine. Il rêverait de lui faire la cour en lui offrant des fleurs.

LE CYCLOPE AMOUREUX

Blanche Galatée°, pourquoi repousses-tu celui qui t'aime – toi plus blanche à voir que le lait caillé, plus tendre que l'agneau, plus fringante que la génisse, plus luisante que le raisin vert ? Pourquoi te promènes-tu ici comme tu fais quand le doux sommeil me possède, et t'en vas-tu aussitôt quand le doux sommeil m'abandonne, fuyant telle qu'une brebis lorsqu'elle a vu le loup au gris pelage ? Je me suis mis à t'aimer, jeune fille, du jour que tu es venue avec ma mère pour cueillir des fleurs d'hyacinthe* dans la montagne, et que moi je vous servais de guide. [...]

Quel malheur que ma mère ne m'ait pas mis au monde avec des branchies ! Je plongerais pour te rejoindre ; je baiserais ta main, si tu ne veux pas ta bouche ; je te porterais des lis* blancs et de tendres pavots* aux rouges pétales ; mais les uns poussent l'été et les autres l'hiver, de sorte que je ne pourrais pas te les porter tous à la fois. Mais, comme sont les choses, ma fillette, comme sont les choses, j'apprendrai de suite tout au moins à nager, s'il vient ici quelque étranger qui navigue sur un vaisseau, pour savoir quel plaisir vous pouvez bien trouver à habiter au fond de l'eau.

Idylles, XI, 19-62

HOMÈRE
VIIIe s. av. J.-C.

VIRGILE
Ier s. av. J.-C.

CLAUDIEN
Ve s. ap. J.-C.

Virgile

Deux bergers, Moéris et Lycidas, font assaut d'érudition poétique. Le premier propose un pastiche du passage fameux (cf. texte précédent) sur le cyclope amoureux.

PASTICHE

MŒRIS. – J'y suis, et, à part moi, Lycidas, je roule dans ma tête mes souvenirs pour tâcher de les rappeler ; d'ailleurs ce n'est pas un poème inconnu :

Viens ici, Galatée ! À quoi bon jouer dans les flots ? Ici, le printemps rutile ; ici, au bord des cours d'eau, la terre épand ses fleurs diaprées ; ici, le peuplier blanc surplombe ma grotte, et les vignes souples tissent des ombrages. Viens ici ; laisse les vagues folles battre le rivage.

Bucoliques, IX, 37-43

HOMÈRE
VIIIe s. av. J.-C.

VIRGILE
Ier s. av. J.-C.

CLAUDIEN
Ve s. ap. J.-C.

Ovide

Le poète latin dispense ses conseils à un jeune homme concernant le succès de sa relation amoureuse : il ne faut pas qu'il soit prodigue en présents pour sa belle, ou cela pourrait avoir l'effet inverse de celui escompté. Une simple couronne de fleurs est encore le cadeau le plus approprié.

POINT TROP N'EN FAUT

Je ne te conseille pas de faire à ton amie des cadeaux somptueux : qu'ils soient modestes, mais choisis et offerts habilement. À l'époque où la campagne étale ses richesses, où les branches plient sous le poids [des fruits], qu'un jeune esclave lui apporte une corbeille pleine de cadeaux rustiques. Tu pourras dire que tu les as reçus de ta campagne, eussent-ils été achetés sur la Voie Sacrée. [...] Tu peux même envoyer une grive ou une couronne [de fleurs], pour lui montrer que tu penses à elle.

L'Art d'aimer, II, 261-270

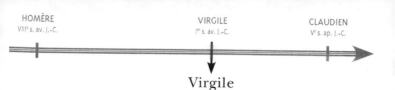

HOMÈRE
VIII⁰ s. av. J.-C.

VIRGILE
I⁰⁰ s. av. J.-C.

CLAUDIEN
V⁰ s. ap. J.-C.

Virgile

Le berger Corydon essaye de gagner les bonnes grâces du bel Alexis. Dans son enthousiasme, il dépouille les champs et les arbres de leur parure.

À PLEINES CORBEILLES

Viens ici, ô bel enfant : pour toi, à pleines corbeilles, voici les nymphes qui t'apportent des lis* ; pour toi, la blanche naïade°, cueillant les pâles giroflées* et les pavots* en tiges, assemble le narcisse* et la fleur du fenouil* odorant ; puis, les entrelaçant au garou* et à d'autres plantes suaves, elle marie les tendres vaciets* au jaune souci*. Moi-même je cueillerai des pommes blanchâtres au tendre duvet, et des fruits de châtaignier que mon Amaryllis aimait ; j'ajouterai des prunes couleur de cire ; ce fruit sera, lui aussi, à l'honneur. Et vous, lauriers*, je vous cueillerai, et toi, myrte*, en leur voisinage, puisque ainsi placés vous mêlez vos suaves senteurs.

Bucoliques, II, 45-55

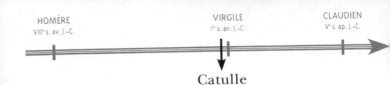

HOMÈRE
VIIIᵉ s. av. J.-C.

VIRGILE
Iᵉʳ s. av. J.-C.

CLAUDIEN
Vᵉ s. ap. J.-C.

Catulle

Les dieux se pressent aux noces de la déesse Thétis qui épouse, sur ordre de Zeus, le mortel Pélée. Le centaure Chiron, futur précepteur d'Achille qui naîtra de cette union, apporte la décoration florale.

CENTAURE FLEURISTE

Après leur départ, le premier, du sommet du Pélion, arriva Chiron°, apportant des forêts ses présents ; toutes les fleurs qui couvrent les plaines, que produisent les hautes montagnes du pays thessalien ou que fait naître sur les rives de son fleuve le souffle fécondant du tiède Favonius° se confondant, tressées dans les couronnes dont il s'est chargé lui-même et toute la maison rit sous la caresse de leur délicieuse odeur.

Poésies, LXIV, 278-284

MANGEZ DES FLEURS !

Au même titre que les herbes, plantes et feuillages, les fleurs font partie de l'alimentation des ruminants. Pour les bergers, les chevriers, les bouviers et même les porchers, c'est à qui offrira à son troupeau la meilleure pâture, le gazon le plus tendre, les corolles les plus savoureuses. Rien de tel qu'une belle brassée de fleurs pour gonfler les mamelles des chèvres et des brebis ou donner toute l'énergie requise à son étalon.

La qualité gustative des fleurs n'est pas non plus ignorée des humains, qui s'en régalent sous des formes variées. En salade, en purée ou en gâteaux, les anciennes recettes ne manquent pas d'originalité. Le coquelicot se mange frais ou en mélasse, ses graines mélangées à du miel. Le pouliot en fleurs ou les mauves sont une alternative délicate aux crudités. Enfin, c'est à qui donnera sa meilleure recette de pain de lotus, qui doit être bien préparé sous peine de conserver ses effets narcotiques.

Les fleurs en cuisine, c'est tellement *in* !

HOMÈRE
VIIIe s. av. J.-C.

VIRGILE
Ier s. av. J.-C.

CLAUDIEN
Ve s. ap. J.-C.

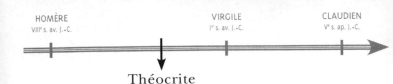

Théocrite

Le chevrier et le berger comparent la pâture de leur troupeau respectif.

PLUTÔT CHÈVRE OU PLUTÔT BREBIS ?

COMATAS. – Mes chèvres se nourrissent de cytise* et d'aigile*,
    Marchent sur le lentisque*, couchent sous l'arbousier*.
LACON. – Pour mes brebis abonde la mélisse* en pâture ;
    Et le ciste* est couvert de fleurs comme des roses*.

Idylles, V, 128-131

HOMÈRE
VIIIᵉ s. av. J.-C.

VIRGILE
Iᵉʳ s. àv. J.-C.

CLAUDIEN
Vᵉ s. ap. J.-C.

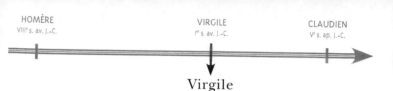

Virgile

Le poète donne des préceptes relatifs à l'élevage, ici par rapport aux chevaux.

UN ÉTALON AU TOP

Ces observations faites, on se tient prêt quand la saison approche et l'on dépense tous ses soins à gonfler d'une graisse épaisse le mâle qu'on a choisi comme chef du troupeau et désigné comme reproducteur ; on lui coupe des herbes en fleurs, on lui sert des eaux courantes et de l'épeautre, pour qu'il ne soit pas inférieur à sa douce tâche, et qu'une progéniture débile n'atteste pas que les pères ont jeûné. Quant aux femelles, on les fait maigrir volontairement. […] Ceci pour empêcher un embonpoint excessif de paralyser le champ génital et d'engorger ses sillons ainsi stérilisés ; ceci pour que la femelle assoiffée se saisisse de Vénus° et s'en pénètre plus profondément.

Géorgiques, III, 123-128

137

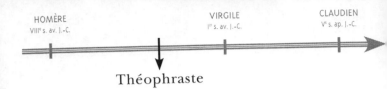

HOMÈRE
VIIIe s. av. J.-C.

VIRGILE
Ier s. av. J.-C.

CLAUDIEN
Ve s. ap. J.-C.

Théophraste

*À la fois nourriture et remède, le coquelicot est plus qu'un
simple ornement des champs.*

JOLI COQUELICOT

Un autre pavot* appelé coquelicot* ressemble un peu
à la chicorée* sauvage, ce qui explique qu'il se mange. Il
pousse dans les champs cultivés, surtout dans les orges.
Il a une fleur rouge et une tête de la taille d'un ongle.
On la récolte avant la moisson des orges et de préférence
encore un peu verte. Elle purge par le bas.

Recherches sur les plantes, IX, 12, 4

HOMÈRE
VIII° s. av. J.-C.

VIRGILE
I° s. av. J.-C.

CLAUDIEN
V° s. ap. J.-C.

Thucydide

Les Spartiates (les Lacédémoniens) – ou plutôt leurs hilotes, population qui leur est soumise – prennent tous les risques pour tenter de ravitailler les défenseurs de l'île de Sphactérie, assiégés par les Athéniens qui campent sur la côte opposée, à Pylos.

COQUELICOT AU MIEL

Mais c'est que les Lacédémoniens avaient invité par des proclamations les volontaires à faire passer dans l'île du blé moulu, du vin, du fromage, et tout autre aliment devant aider à soutenir un siège ; ils avaient fixé pour cela de grosses récompenses en argent, et promis la liberté à tout hilote qui y parviendrait. Aussi les gens en faisaient-ils passer au prix des plus grands risques, et les hilotes les premiers, en prenant la mer en n'importe quel point du Péloponnèse, pour venir aborder, avant la fin de la nuit, sur la côte de l'île qui regardait le large. [...] À la nage, aussi, des plongeurs passaient le port entre deux eaux, traînant par une corde dans des outres du pavot* au miel et de la graine de lin pilée ; inaperçus au début, ils furent dans la suite l'objet d'une surveillance. Ainsi tous les moyens étaient, de part et d'autre, mis en œuvre, ici pour expédier les vivres, là pour éviter leur entrée clandestine.

La Guerre du Péloponnèse, IV, 26, 5-9

139

HOMÈRE
VIIIe s. av. J.-C.

VIRGILE
Ier s. av. J.-C.

CLAUDIEN
Ve s. ap. J.-C.

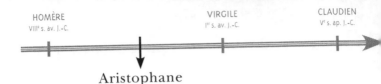

Aristophane

Simple particulier, Dicéopolis (le « citoyen juste ») a signé une paix séparée avec les Spartiates dans le contexte de la guerre du Péloponnèse qui met aux prises ces deux cités et leurs alliés. Cette trêve lui permet d'ouvrir un marché privé – nous dirions une zone de libre-échange – vers lequel affluent les denrées introuvables en temps de guerre. Ici, c'est un Thébain qui vient lui proposer sa marchandise, dans une scène de comédie qui touche pourtant de l'intérieur au drame historique qui se joue là.

IL EST BEAU MON POULIOT !

Le Thébain. – Ah ! par Ioalos° ! grand merci, étranger ! Depuis Thèbes°, ils sont là à souffler derrière moi et ont fait tomber à terre les fleurs de mon pouliot*. Mais achète-moi, veux-tu, de ce que j'apporte, de cette volaille ou de ces tétraptères.

Dicéopolis. – Hé ! bonjour, mangeur de pains ronds, mon petit Béotien. Qu'apportes-tu ?

Le Thébain. – Tout ce qu'il y a de bon en Béotie, absolument : origan, pouliot, nattes, mèches, canards, choucas, francolins, poules d'eau, roitelets, plongeons...

Les Acharniens, 867-876

HOMÈRE
VIIIe s. av. J.-C.

VIRGILE
Ier s. av. J.-C.

CLAUDIEN
Ve s. ap. J.-C.

Horace

Le poète implore Apollon, dieu de la poésie, de le combler de ses dons jusqu'à la fin de sa vie, qu'il souhaite simple et honnête. Le poème a été composé à l'occasion de la consécration du temple d'Apollon édifié par Auguste sur le Palatin en commémoration de sa victoire à la bataille d'Actium.

SALADE DE MAUVES

Que sollicite d'Apollon°, au jour de la dédicace, le poète inspiré ? Que demande-t-il en versant de la patère la libation de vin nouveau ? Non pas les moissons fécondes de la grasse Sardaigne,

Ni les troupeaux prospères de la brûlante Calabre, ni l'or ou l'ivoire de l'Inde, ni les campagnes que ronge, de son eau paisible, le cours silencieux du Liris°.

Que, sous la serpe, à Calès°, ceux-là émondent la vigne, à qui la Fortune en fit don, et que le riche marchand épuise dans des calices d'or des vins payés de denrées syriennes,

Homme cher aux dieux mêmes puisque, trois ou quatre fois l'an, il peut revoir impunément les flots atlantiques ! Moi, les olives me nourrissent, et la chicorée*, et les mauves* légères.

Accorde-moi, fils de Latone°, de jouir de mes biens acquis, ayant avec cela la santé, mais aussi, je t'en prie, des facultés intactes, accorde-moi de ne pas traîner une vieillesse laide et privée de la cithare.

Odes, I, 31

HOMÈRE
VIIIe s. av. J.-C.

VIRGILE
Ier s. av. J.-C.

CLAUDIEN
Ve s. ap. J.-C.

Hérodote

Dans une perspective ethnographique, les habitudes culinaires tiennent une place importante, comme en témoigne cette recette de pain de lotus en usage chez les Égyptiens. Le lis-lotus est le Nymphaea lotus *à fleurs blanches, en ancien Égyptien* seschen *ou* serpet *tandis que le lis-rose correspondrait plutôt au* Nymphaea nelumbo, *originaire d'Inde.*

PAIN DE LOTUS (1re RECETTE)

Lorsque le fleuve est gonflé et que les plaines sont changées en une mer, pousse dans l'eau, en grande abondance, une espèce de lis* que les Égyptiens appellent lotus*. Ils cueillent ces fleurs, les sèchent au soleil, retirent ce que contient le cœur du lotus, pareil à une tête de pavot*, le pilent, et en fabriquent des pains qu'ils cuisent au feu. La racine de ce lotus est également comestible ; elle a une saveur assez douce ; elle est ronde, de la grosseur d'une pomme. Il existe encore d'autres lis, semblables à des roses* qui poussent eux aussi dans le fleuve ; […] le fruit est quelque chose qui a tout à fait le même aspect qu'un rayon de guêpier ; on y trouve des grains bons à manger, du volume d'un noyau d'olive, en grand nombre ; ils se mangent frais ou secs.

Histoires, II, 92

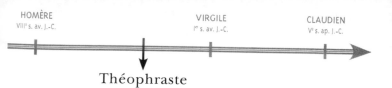

HOMÈRE
VIIIᵉ s. av. J.-C.

VIRGILE
Iᵉʳ s. av. J.-C.

CLAUDIEN
Vᵉ s. ap. J.-C.

Théophraste

Le botaniste propose quant à lui un autre moyen de cuisiner cette même plante.

PAIN DE LOTUS (2ᵉ RECETTE)

Ce qu'on appelle le lotus* pousse surtout dans les plaines au moment de l'inondation. Sa tige est faite comme celle de la fève et même les <feuilles en forme de> chapeaux sont pareilles, quoique plus petites et plus minces. Le lotus apparaît au sommet d'une tige comme la fleur de la fève. C'est une fleur blanche, comparable aux fleurs du lis* par l'étroitesse de ses pétales, qui toutefois sont nombreux et superposés en rangs serrés. Au coucher du soleil, ils se ferment et recouvrent la tête, mais à son lever ils s'ouvrent tout grands et apparaissent à la surface de l'eau. Ce phénomène se produit jusqu'à ce que la tête soit bien à point et que les pièces florales tombent tout autour. La tête a la grosseur maximale d'une tête de pavot et elle est de la même manière ceinturée d'échancrures ; seulement la graine est plus serrée dans ces capsules ; elle ressemble un peu à celle du millet. On dit que dans l'Euphrate° la tête et les pièces florales s'enfoncent et descendent sous l'eau jusqu'à minuit et à une grande profondeur : même en plongeant le bras, il n'est possible de les attraper ; puis, dès l'aube, elles remontent et plus encore vers le lever du jour ; avec le soleil, la fleur apparaît à la surface de l'eau, s'ouvre et, une fois qu'elle s'est ouverte, <la tige> continue de monter ; longue en est la partie qui émerge de l'eau. Les Égyptiens mettent ces têtes en tas et les laissent pourrir ; quand l'extérieur des capsules est pourri, ils en extraient la graine en les lavant au fleuve, la font sécher, la pilent et en font un pain qui leur sert de nourriture.

Recherches sur les plantes, IV, 8, 9-11

HOMÈRE
VIIIᵉ s. av. J.-C.

VIRGILE
Iᵉʳ s. av. J.-C.

CLAUDIEN
Vᵉ s. ap. J.-C.

Homère

Le lôtos, identifié ici avec le fruit du palmier dattier, est si bon qu'il provoque une addiction pour ceux qui le consomment. Ulysse parvient à sauver ses marins de la tentation de l'oubli.

LES LOTOPHAGES

Alors, neuf jours durant, les vents de mort m'emportent sur la mer aux poissons. Le dixième nous met aux bords des Lotophages, chez ce peuple qui n'a, pour tout mets, qu'une fleur. On arrive ; on débarque ; on va puiser de l'eau, et l'on prépare en hâte le repas que l'on prend sous le flanc des croiseurs. Quand on a satisfait la soif et l'appétit, j'envoie trois de mes gens reconnaître les lieux, à quels mangeurs de pain appartient cette terre – deux hommes de mon choix, auxquels j'avais adjoint un troisième en héraut. Mais, à peine en chemin, mes envoyés se lient avec des Lotophages qui, loin de méditer le meurtre de nos gens, leur servent du lôtos*. Or, sitôt que l'un d'eux goûte à ces fruits de miel, il ne veut plus rentrer ni donner de nouvelles : tous voudraient se fixer chez ces mangeurs de dattes, et, gorgés de ces fruits, remettre à jamais la date du retour… Je dus les ramener de force, tout en pleurs, et les mettre à la chaîne, allongés sous les bancs, au fond de leurs vaisseaux. Puis je fis rembarquer mes gens restés fidèles : pas de retard ! à bord ! et voguent les navires ! J'avais peur qu'à manger de ces dattes, les autres n'oublient aussi la date du retour.

Odyssée, IX, 82-102

REMÈDES ET POISONS

Les fleurs possèdent des pouvoirs miraculeux. Nombre d'entre elles sont employées dans la pharmacopée traditionnelle pour guérir toute sorte d'affections. La frontière entre médecine et magie est cependant bien mince. On a ainsi voulu faire du *moly* homérique une panacée. Le *moly* – ou *molu* – est une fleur mythique qui neutralise sortilèges et poisons. Mystérieuse et difficile à identifier, elle peut être rapprochée de la nivéole d'été (*Leucojum aestivum*) qui croît dans les prairies humides.

Telle ou telle fleur, utilisée de façons diverses, peut se faire tour à tour remède et poison. Il est parfois bien difficile de distinguer entre les deux, et tout dépend, au final, de l'intention de celui qui s'en sert. Le fantasme ultime reste cependant de découvrir la fleur de vie, celle qui permet, d'un simple contact, la résurrection d'un corps mort.

HOMÈRE
VIIIᵉ s. av. J.-C.

VIRGILE
Iᵉʳ s. av. J.-C.

CLAUDIEN
Vᵉ s. ap. J.-C.

Homère

Hermès donne à Ulysse une herbe magique pour contrer les effets de la drogue administrée par la magicienne Circé. Celle-là a déjà changé ses compagnons en porcs et semble avoir la nette intention de faire de même avec lui.

MOLU

Ayant ainsi parlé, le dieu aux rayons clairs tirait du sol une herbe, qu'avant de me donner, il m'apprit à connaître : la racine en est noire, et la fleur, blanc de lait ; *molu*✱ disent les dieux ; ce n'est pas sans effort que les mortels l'arrachent ; mais les dieux peuvent tout. Puis Hermès°, regagnant les sommets de l'Olympe°, disparut dans les bois.

Odyssée, X, 301-308

HOMÈRE
VIII\e s. av. J.-C.

VIRGILE
Ier s. av. J.-C.

CLAUDIEN
V\e s. ap. J.-C.

Théophraste

De nombreux auteurs ont essayé d'identifier la fleur miraculeuse signalée par Homère. Ils se sont heurtés à la différence des
interprétations. Dioscoride (III, 47) mentionne ainsi « des fleurs
assez voisines de celles du perce-neige, couleur de lait ». Pour
Pline l'Ancien (Histoire naturelle, XXV, 27) « les auteurs
grecs ont peint sa fleur jaune, tandis qu'Homère la dit blanche.
Il s'est trouvé un médecin herboriste pour m'affirmer qu'elle
croissait aussi en Italie ». Théophraste adopte quant à lui une
approche plus scientifique.

MOLY

Le *moly** croît au voisinage de Phénéos° et dans le
Cyllène°. C'est, dit-on, une plante semblable à celle dont
Homère a parlé, pourvue d'une racine ronde qui fait
penser à un oignon et de feuilles semblables à celles de
la scille* ; on l'utilise pour les antidotes et les pratiques
magiques ; toutefois elle n'est pas difficile à arracher,
comme le dit Homère.

Recherches sur les plantes, IX, 15, 7

HOMÈRE
VIIIᵉ s. av. J.-C.

VIRGILE
Iᵉʳ s. av. J.-C.

CLAUDIEN
Vᵉ s. ap. J.-C.

Nonnos de Panopolis

La scène qui suit est représentée sur le bouclier de Dionysos. La nymphe Morié demande au géant Damasen de venger son frère Tylos, tué par un gigantesque serpent (ou dragon) qu'il a réussi à occire. Les deux cadavres, humain et animal, gisent étendus sur le sol.

LA FLEUR DE VIE

Sur la terre, le dragon gisait inerte, cadavre sinueux ; mais soudain un serpent femelle, sa compagne, raclant le sol dans sa démarche onduleuse, se mettait en quête de son tortueux époux pour l'enlacer en bonne épouse, comme une femme qui regrette son mari défunt. Puis, en direction des rochers, elle faisait vivement glisser les anneaux de son immense échine en se hâtant vers la montagne où poussent les simples ; dans un fourré, elle cueillit la fleur de Zeus* avec sa mâchoire de serpent et, du bout des lèvres, rapporta l'herbe salvatrice. Et elle appliqua cet antidote contre la mort sur la narine desséchée de l'horrible cadavre ; grâce à la fleur, elle rendit la vie au corps immobile de la bête venimeuse. Et le cadavre se mit spontanément à remuer : l'une de ses parties restait privée de souffle, alors que l'autre se déplaçait ; mort encore à demi, il bougeait d'un côté et sa queue s'agitait toute seule. Et, retrouvant un souffle ressuscité dans ses mâchoires glacées, il rouvrait peu à peu sa gueule pour mugir comme à l'accoutumée et lançait son sifflement retrouvé. À la fin, il partit et retourna s'enfoncer dans le trou où il se lovait auparavant.

Et Morié ramassa la fleur de Zeus ; elle appliqua l'herbe de résurrection sur les narines du mort, organes de vie. Et la plante salvatrice aux corymbes guérisseurs de tout mal rendit le souffle au cadavre en ranimant ses membres. L'âme pénétra dans le corps une seconde

fois ; le corps glacé s'échauffait par la grâce d'un feu intérieur. Et le défunt retrouvait un début de vie : il remuait
d'abord la plante du pied droit ; puis, dressant solide-
ment sa jambe sur le pied gauche, se mettait debout sur
toute son assise, pareil à un homme qui, couché sur son
lit, secoue le sommeil en ouvrant l'œil le matin. Et en
lui le sang se remettait à bouillir : maintenant que le
mort respirait de nouveau, ses bras se levaient ; son corps
retrouvait l'équilibre ; ses pieds, la faculté de marcher ;
ses yeux, la lumière ; ses lèvres, la voix.

Les Dionysiaques, XXV, 520-552

HOMÈRE
VIIIe s. av. J.-C.

VIRGILE
Ier s. av. J.-C.

CLAUDIEN
Ve s. ap. J.-C.

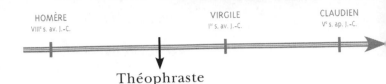

Théophraste

L'auteur déplore la superstition qui gouverne nombre des actions des hommes et, en particulier, l'usage que certains font des fleurs. Sous couvert d'un discours scientifique, il s'en fait cependant l'écho.

GLOIRE IMMORTELLE

Les racontars relatifs à la gloire et au renom sont du même ordre ou pis encore. [...] Qui se frotte avec cette herbe acquiert, paraît-il, du renom. On en acquerrait également si l'on se couronnait avec la fleur de l'immortelle* [*hélichrysos*] en s'aspergeant de parfum pris d'une fiole en or [*chrysion*] non passé par le feu. L'immortelle [*hélichrysos*] a une fleur que l'on croirait en or [*chrysoeidès*], une feuille blanche, la tige à la fois fine et dure, une racine superficielle et fine. On utilise cette plante pour les morsures d'animaux, dans du vin, et pour les brûlures, réduite en cendres que l'on mélange avec du miel. En vérité, les recettes de ce genre, comme il a été dit précédemment, sont le fait de gens qui veulent par la même occasion rehausser leurs artifices personnels.

Recherches sur les plantes, IV, 19, 2-3

HOMÈRE
VIIIe s. av. J.-C.

VIRGILE
Ier s. av. J.-C.

CLAUDIEN
Ve s. ap. J.-C.

Pline l'Ancien

Les anciennes pratiques magiques ont la vie dure.
Cynocéphalie signifie « tête de chien » : il s'agit ici de la fleur
*appelée communément gueule-de-loup (*Antorrihinum oron-*
tium), muflier ou encore tête-de-mort.

DANS LA GUEULE DU LOUP

Soyons donc bien persuadés que c'est une chose
détestable, inefficace, vaine, ayant cependant quelque
apparence de réalité, mais seulement dans l'art des
empoisonnements, non dans celui de la magie. Qu'on
imagine ce que furent les mensonges des anciens mages
quand le grammairien Apion, que nous avons vu lors
de notre jeunesse, a écrit que la plante cynocéphalie*,
appelée en Égypte *osiritis*, est propre à la divination et
combat tous les maléfices, mais que si quelqu'un l'arrache tout entière, celui-ci meurt sur-le-champ ; que lui-
même, ayant évoqué les ombres pour interroger Homère
sur sa patrie et ses parents, dit ne pas oser déclarer ce qui
lui fut répondu.

Histoire naturelle, XXX, 6, 17-18

151

HOMÈRE
VIII° s. av. J.-C.

VIRGILE
I° s. av. J.-C.

CLAUDIEN
V° s. ap. J.-C.

Ovide

L'un des poisons les plus redoutés était celui de l'aconit, grande plante vivace poussant en milieu rocailleux. Ses fleurs, qui ressemblent à des casques, renferment des alcaloïdes hautement toxiques, dont l'aconitine, substance mortelle. La plus célèbre est l'aconit tue-loup (Aconitum lycoctonum subsp. Vulparia).

LA BAVE DE CERBÈRE

Après s'être vengée de Jason en tuant les deux enfants qu'elle a eus avec lui ainsi que la fiancée de ce dernier, Médée la magicienne, désormais mariée à Égée roi d'Athènes, tente d'empoisonner le fils de celui-ci, le jeune Thésée, qui sera sauvé in extremis. Ovide en profite pour rappeler l'origine mythique de l'aconit, qui naquit lorsque Héraclès (« le héros de Tirynthe ») dut pour le douzième et dernier de ses Travaux aller chercher aux Enfers le chien Cerbère, produit monstrueux de Typhon et d'Échidna, deux divinités primitives.

Pour le perdre Médée° mélange dans un philtre
De l'aconit jadis rapporté de Scythie°,
Qui naquit, narre-t-on, entre les dents du chien
D'Échidna. Vers l'issue d'un gouffre ténébreux,
Par un chemin pentu, le héros de Tirynthe°
L'entraînait, enchaîné à des anneaux de fer.
Cerbère° résistait et détournait ses yeux
Des rayons du soleil. Enragé de colère
Il assourdit les airs de son triple aboiement,
Semant au vert des prés sa bave blanche en gouttes,
Qui, durcies et nourries du sol riche et fertile,
Y puisèrent, croit-on, leur puissance nocive.
Vivace herbe de roc, les paysans la nomment
Aconit*.

Les Métamorphoses, VII, 406-419

HOMÈRE
VIIIᵉ s. av. J.-C.

VIRGILE
Iᵉ s. av. J.-C.

CLAUDIEN
Vᵉ s. ap. J.-C.

Théophraste

Médée a fait des émules : quittant l'univers du mythe pour celui, bien réel, du monde antique, l'aconit entre dans la panoplie du médecin mais aussi et surtout dans celle de l'empoisonneur.

LE ROI DES POISONS

L'*akoniton** se trouve, à ce que l'on dit, en Crète également et à Zacynthe, mais c'est à Héraclée du Pont qu'il est le plus abondant et le meilleur. [...] [Cette plante] pousse partout, et non pas seulement à Acones, d'où elle tire son nom (c'est une bourgade des Mariandynes). Elle affectionne les lieux rocheux et n'est broutée ni par le petit bétail, ni par aucun autre animal. Pour que la drogue soit efficace, on la compose, paraît-il, d'une certaine manière et qui n'est pas à la portée de tout le monde ; aussi les médecins qui ne savent pas la composer s'en servent-ils comme agent septique, entre autres usages. Quand on la boit, elle ne produit aucune sensation, ni dans du vin, ni dans de l'eau miellée. Elle est composée de manière à donner la mort dans des délais déterminés, par exemple deux, trois, ou six mois, une année, parfois même deux ans. La fin la plus misérable est celle qui se fait le plus attendre, car l'organisme dépérit ; la plus confortable est la mort immédiate. Il n'est pas vrai, paraît-il, que l'on ait découvert, comme nous l'avions entendu dire, l'existence d'une autre plante capable de neutraliser le poison. Les gens du pays sauvent quelques personnes avec du miel, du vin et certains produits de ce genre, mais cela rarement et laborieusement.

Recherches sur les plantes, IX, 16, 4-5

HOMÈRE
VIIIe s. av. J.-C.

VIRGILE
Ier s. av. J.-C.

CLAUDIEN
Ve s. ap. J.-C.

Apulée

Gare à l'ignorant qui confond fleurs inoffensives et fleurs dangereuses ! Dans ce cas précis, l'âne-Lucius, à la recherche de l'antidote qui lui rendra sa forme humaine, est trompé par la ressemblance entre rose et laurier-rose.

SUICIDE AU LAURIER-ROSE

Me laissant bercer par la vague de ma rêverie, je distinguai soudain, pas bien loin, dans le creux d'un vallon qu'ombrageait un bois feuillu, au milieu d'herbes touffues et d'un fouillis de jeunes pousses, l'éclair rouge vif de roses* flamboyantes. Intimement convaincu (je n'étais pas encore âne tout à fait) d'avoir sous les yeux le bois sacré de Vénus° et des Grâces° dont les ténèbres secrètes irradiaient pour moi la royale splendeur de la déesse-fleur, j'invoquai Eventus-riant-et-prospère, dieu du Bon Succès, et piquai un galop si véloce qu'on m'eut pris, par Hercule, pour un âne se croyant cheval de course. Malheureusement, cette tentative brillante et enlevée ne put empêcher ma bonne fortune de me faire faux bond. Presque arrivé sur place je vis, non ces charmantes roses fraîches humides de nectar et de rosée céleste qu'engendrent les fécondes épines de la ronce opulente, ni de vallon non plus, seulement, bordant la berge d'une rivière, des arbres serrés en haie, de ces arbres dont le feuillage profus ressemble au laurier, qui donnent en guise de fleurs odorantes d'oblongs et rougeâtres petits calices, et qu'à la campagne, quoiqu'ils ne sentent rien, le peuple ignorant appelle lauriers-roses, lesquelles roses sont pour tout animal un poison mortel.

Piégé par la fatalité, écœuré de vivre, je n'eus plus de cesse que de les avaler, ces roses vénéneuses, volontairement.

Les Métamorphoses ou l'Âne d'or, IV, 2, 1-8-3, 1

HOMÈRE
VIIIᵉ s. av. J.-C.

VIRGILE
Iᵉʳ s. av. J.-C.

CLAUDIEN
Vᵉ s. ap. J.-C.

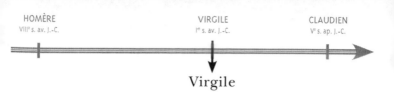

Virgile

Comme le jus du fruit, la fleur du citronnier possède des propriétés astringentes et antiseptiques utilisées comme remède au poison et à divers autres maux.

ANTIDOTE

La Médie produit les sucs acides et la saveur persistante du citron, qui est d'une efficacité sans pareille, quand de cruelles marâtres ont empoisonné un breuvage, mêlant ensemble les herbes et les formules maléfiques : c'est un remède qui chasse du corps les noirs poisons. L'arbre lui-même est gigantesque et son aspect tout à fait semblable à celui du laurier* ; s'il ne répandait pas au loin une odeur différente, ce serait un laurier ; aucun vent ne fait tomber ses feuilles ; sa fleur est particulièrement tenace ; les Mèdes l'utilisent pour atténuer la fétidité de l'haleine et pour soigner les vieillards asthmatiques.

Géorgiques, II, 126-135

HOMÈRE
VIIIᵉ s. av. J.-C.

VIRGILE
Iᵉʳ s. av. J.-C.

CLAUDIEN
Vᵉ s. ap. J.-C.

Pline l'Ancien

D'autres remèdes cependant sont plus aventureux. Dans le cas présenté ci-dessous, on se demande si les fleurs ont en elles-mêmes une vertu curative ou s'il ne s'agit pas de dissimuler la saveur, que l'on imagine un peu particulière, de l'autre ingrédient qui compose ce remède.

LE THÉ DU MATIN

À ceux qui crachent le sang on donne le poumon du vautour brûlé sur des sarments en y ajoutant moitié de fleurs de grenadier* ou des fleurs de cognassier* ou de lis* dans la même proportion : cela se boit matin et soir dans du vin s'il n'existe pas de fièvre, sinon, dans une décoction de coings.

Histoire naturelle, XXX, 20, 50

LE PARFUM

Indissociable de l'idée de la fleur est celle du parfum qui s'en exhale. Qu'il soit suave ou prononcé, discret ou enivrant, naturel ou artificiellement composé, le parfum envoûte et caresse notre sens le plus subtil : l'odorat. Comme les simulacres qui viennent frapper l'œil, les *stimuli* olfactifs voyagent et arrivent plus purs si on ne les respire pas de trop près.

Le parfum monte des fleurs dans leur élément naturel ou coupées, tressées en couronnes, bouquets et guirlandes. On extrait aussi leur essence, comme l'huile de rose. Plantes odoriférantes et fleurs rivalisent alors de virtuosité pour enivrer hommes et dieux, jusqu'à l'oiseau-Phénix qui, une fois tous les mille ans, fait de son nid d'aromates un bûcher digne de sa résurrection.

HOMÈRE
VIIIe s. av. J.-C.

VIRGILE
Ier s. av. J.-C.

CLAUDIEN
Ve s. ap. J.-C.

Plutarque

*Pour les Anciens, la théorie de l'odorat est calquée sur celle de la vue. L'association entre le chaud et les effluves agréables se trouve également chez Aristote (*Probl. *906 A 23 ; B 37 ; 907 A 24 ;* Probl. Ined. *II, 102 et Théophraste [VI, 17, 1]).*

CONSEIL DE NEZ

Nous voyons les objets par les simulacres qui en émanent et qui viennent frapper notre vue : ils s'en détachent d'abord grands et épais, gênant ainsi particulièrement, lorsqu'ils viennent de près, les vieillards, dont la faculté visuelle est lente et engourdie ; mais une fois projetés dans l'air et parvenus à une certaine distance, leurs parties extérieures terreuses se brisent et tombent, alors que leurs parties légères, s'approchant des yeux, prennent sans douleur et sans heurts la mesure des conduits oculaires, de sorte que ces derniers, moins troublés, peuvent mieux les saisir. De même, le parfum des fleurs est plus agréable quand il arrive de loin, mais quand on approche trop près, il perd sa pureté sans mélange. La raison en est qu'il se dégage en même temps de la fleur une quantité de principes terreux et grossiers qui altèrent son parfum, quand il est respiré de près ; mais si c'est de loin, les principes grossiers et terreux se détachent et tombent, et il ne reste que le principe pur et chaud qui, grâce à sa subtilité, parvient intact à l'odorat.

Propos de table, I, 8, 3 (626 A-C)

HOMÈRE
VIIIe s. av. J.-C.

VIRGILE
Ier s. av. J.-C.

CLAUDIEN
Ve s. ap. J.-C.

Homère

À Troie, le corps d'Hector est traîné autour du bûcher de Patrocle que les Achéens ont érigé dans leur camp. Aphrodite cependant le protège de la putréfaction grâce à un baume divin.

HUILE DE ROSE

Autour d'Hector° cependant les chiens ne s'affairent pas. La fille de Zeus°, Aphrodite°, nuit et jour, de lui les écarte. Elle l'oint d'une huile divine, fleurant la rose*, de peur qu'Achille° lui arrache toute la peau en le traînant.

Iliade, XXIII, 184-187

HOMÈRE
VIIIe s. av. J.-C.

VIRGILE
Ier s. av. J.-C.

CLAUDIEN
Ve s. ap. J.-C.

Achille Tatius

Sortant de la sphère privée, les parfums embaument aussi l'air dans les grandes occasions, particulièrement au cours des cérémonies religieuses.

PARFUMS SACRÉS

[Les femmes] étaient sorties pour voir le sacrifice qui était magnifique. Les parfums qui l'escortaient étaient nombreux, nombreuses étaient les fleurs qui formaient des guirlandes : les parfums étaient la casse, l'encens, le safran ; les fleurs, des narcisses*, des roses*, des myrtes* ; l'exhalaison des fleurs rivalisait avec l'odeur des parfums. La brise, en s'élevant, mêlait le parfum à l'air et c'était là un vent de plaisir.

Le Roman de Leucippé et Clitophon, II, 15, 1-2

On trouve dans les récits de voyageurs des traits aussi exotiques qu'inattendus. Celui qui suit a trait à la rose noire de l'Inde. Cette fleur a été rapprochée du malabathron (Pline l'Ancien, Histoire naturelle, 12, 41*).*

UNE HALEINE D'ÉLÉPHANT

J'ai vu aussi, un jour, un spectacle étrange : un Grec avait mis sa tête au milieu de celle de l'animal ; l'éléphant avait la gueule grande ouverte et caressait de son haleine l'homme qui s'y trouvait. Comme je m'étonnais à la fois de la témérité de l'homme et de la bonté de l'éléphant, cet homme déclara qu'il avait donné un salaire à l'animal ; l'odeur de son haleine, en effet, se rapproche des aromates de l'Inde et c'est un remède aux maux de tête. L'éléphant connaît ce traitement et ce n'est pas gratuitement qu'il ouvre la gueule ; c'est un médecin charlatan qui réclame en premier ses honoraires. Si tu lui donnes, il se laisse persuader, montre sa bonne grâce, ouvre ses mâchoires et attend, la gueule ouverte, aussi longtemps que l'homme le désire, car il sait qu'il a vendu son haleine. « Et d'où vient, dis-je, que d'un animal si laid puisse venir une haleine parfumée qui donne tant de plaisir ? – Parce que, répondit Charmidès, il la rend telle grâce à ce qu'il mange. L'Inde est voisine du soleil ; les Indiens sont en effet les premiers à voir se lever le dieu, sa lumière très ardente se pose sur eux et leur corps conserve la teinte du feu. Il pousse chez les Grecs une fleur de couleur éthiopienne ; mais chez les Indiens ce n'est pas une fleur mais une feuille, comme chez nous les feuilles des arbres ; celle-ci, dissimulant son odeur et son parfum, n'en laisse rien paraître, soit parce qu'elle hésite à se vanter, devant les connaisseurs, du plaisir qu'elle procure, soit parce qu'elle refuse ce plaisir aux gens de son pays ; mais, si elle émigre à quelque distance de son territoire et franchit la frontière, elle découvre la suavité qu'elle dissimulait, de feuille elle devient fleur et se pénètre de parfum. C'est la rose* noire des Indiens qui, pour les éléphants, est un aliment comme, chez nous, l'herbe pour les bœufs. Comme l'éléphant en est nourri depuis sa naissance, son corps tout entier a l'odeur de sa nourriture et l'animal envoie, du fond de lui-même, le souffle le plus suave : c'est la source de son haleine ».

Le Roman de Leucippé et Clitophon, IV, 4, 7-V, 3

HOMÈRE
VIIIᵉ s. av. J.-C.

VIRGILE
Iᵉʳ s. av. J.-C.

CLAUDIEN
Vᵉ s. ap. J.-C.

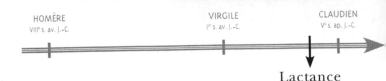

Lactance

Tous les mille ans (ou dix mille ans), l'oiseau-Phénix arrivé
au terme d'un cycle de vie se constitue un nid parfumé d'aro-
mates et de fleurs, puis s'embrase volontairement aux rayons du
Soleil pour mieux renaître et initier un autre cycle.

LE NID DU PHÉNIX

Celui-ci se construit son nid ou son sépulcre,
Car s'il meurt, c'est pour vivre, et c'est lui qui se crée.
Il va chercher alors dans la riche forêt
Les parfums d'Arabie et les sucs d'Assyrie,
Ceux qui viennent de l'Inde et ceux que le Pygmée
Cueille dans son pays, et ceux de la Sabée° :
Le cinname* et l'amome* au souffle parfumé,
Il les assemble avec les feuilles balsamiques ;
La casse* à l'odeur douce et l'acanthe* embaumée,
Et les larmes d'encens tombant en lourdes gouttes,
Il les joint aux épis encore tendres du nard*,
Avec la panacée* et l'essence de myrrhe*.
Il installe en ce nid son corps qui va changer,
Et sur ce lit de vie il se livre au repos.

Sur l'oiseau-Phénix, 57-70

OBJETS DE FLEURS

Dans la fleur, tout est utile. Même les tiges fournissent le matériau qui sert à tresser, outre les couronnes dont il a abondamment été question plus haut, de menus objets. Cette activité en particulier est l'une des distractions des bergers pour meubler l'oisiveté de leurs longues journées au pâturage. Sortent ainsi de leurs mains habiles des filets à sauterelles et des cages à criquet en asphodèles, ou, de manière plus élaborée encore, une Étoile du matin en fleurs blanches que Phaéthon enfant place devant le modèle réduit du char du Soleil qu'il a lui-même construit.

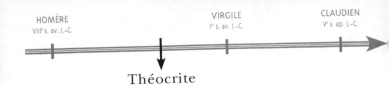

HOMÈRE
VIIIᵉ s. av. J.-C.

VIRGILE
Iᵉʳ s. av. J.-C.

CLAUDIEN
Vᵉ s. ap. J.-C.

Théocrite

Sur un vase décoré, on trouve le charmant motif suivant.

FILET À SAUTERELLES

Tout près du vieux usé par la mer, une vigne* est richement chargée de grappes brunissantes, que garde un petit garçon assis sur un mur de pierres sèches ; autour de lui, deux renards ; l'un se promène dans les rangées de ceps et pille le raisin mûr ; l'autre met en œuvre toute espèce de ruses pour atteindre la besace de l'enfant et se promet bien de ne pas le laisser avant d'avoir mis son déjeuner à sec ; lui, cependant, avec des tiges d'asphodèle* qu'il attache à du jonc, tresse un beau filet à sauterelles ; et il se soucie bien moins de la besace et des ceps qu'il ne prend de plaisir à son travail.

Idylles, I, 45-54

HOMÈRE
VIIIᵉ s. av. J.-C.

VIRGILE
Iᵉʳ s. av. J.-C.

CLAUDIEN
Vᵉ s. ap. J.-C.

Longus

Pour les jeunes pâtres, les fleurs sont les plus beaux des jouets.

CAGE À CRIQUETS

C'était le début du printemps : toutes les fleurs s'épanouissaient, aussi bien dans les bosquets de chênes et les prés que sur les collines. Déjà bourdonnaient les abeilles, se faisaient entendre les oiseaux chanteurs et bondissaient les jeunes bêtes. Les agneaux sautaient sur les collines, les abeilles bourdonnaient dans les prés et les oiseaux faisaient chanter les buissons. Dans cette joie de toute la nature, naïfs et jeunes qu'ils étaient, ils imitaient ce qu'ils entendaient et voyaient : en entendant les oiseaux chanter ils chantaient, en voyant les agneaux bondir ils sautaient lestement et, voulant imiter les abeilles, ils cueillaient les fleurs, pour les jeter dans le creux de leur vêtement, ou pour s'en tresser des couronnes qu'ils apportaient aux nymphes. [...] Ces jeux restaient à la fois pastoraux et enfantins. [Chloé] allait quelque part, hors du pâturage, cueillir des tiges d'asphodèle*, en tressait une cage à criquets et, tout affairée à cet ouvrage, délaissait son troupeau.

Pastorales. Daphnis et Chloé, I, 9, 1-10, 2

HOMÈRE
VIIIe s. av. J.-C.

VIRGILE
Ier s. av. J.-C.

CLAUDIEN
Ve s. ap. J.-C.

Nonnos de Panopolis

Alors qu'il est encore enfant, Phaéton le fils du Soleil s'amuse à construire un char qui imite l'attelage de son père. Le jeu hélas préfigure son destin funeste, lorsque, incapable de maîtriser les coursiers flamboyants, il sera précipité du haut du ciel.

UNE ÉTOILE DE FLEURS

L'enfant encore jeune, dépourvu de barbe au menton, tantôt habitait la maison de sa mère Clymène, tantôt se rendait aussi dans une prairie, au cœur de la Thrinacie°, où il séjournait souvent auprès de Lampétiè, faisant paître les bœufs et les moutons. Comme il désirait conduire le char de son divin père, d'un lien fait avec art il assembla des planches brutes, arrondit une sorte de roue pour son imitation de char ; il façonna des courroies, tressa un fouet à triple maille avec l'osier* fin des jardins fleuris, et imposa ses propres rênes à quatre béliers. Façonnant habilement avec des fleurs blanches une Étoile du matin factice, comme une roue bien ronde, il la plaça à l'avant de son char aux jantes solides, pour figurer l'astre de l'Aurore. Brandissant tout droit une torche lumineuse ici et là autour de sa chevelure, avec ses faux rayons il imitait son père, en galopant autour de l'île battue des flots.

Les Dionysiaques, XXXVIII, 167-183

ART FLORAL

Les fleurs ont également inspiré quantité de motifs artistiques, comme en témoigne l'art de toute époque, depuis la Grèce archaïque jusqu'à l'Antiquité tardive. Il est relativement rare que les textes mentionnent de manière détaillée de tels ornements. On peut toutefois glaner ici et là quelques allusions à des objets décoratifs ou à des œuvres d'art à motifs floraux.

L'art de la parure est aussi sensible à de tels développements : ce sont les pommes de cannes des Babyloniens ou encore la mode « bacchante » qui met à l'honneur les fleurs, tressées dans les cheveux ou entrelacées au thyrse (le sceptre dionysiaque). Certains objets de grand prix enfin se distinguent par leur qualité d'exécution exceptionnelle, comme un collier de pierres précieuses taillées en forme de fleurs.

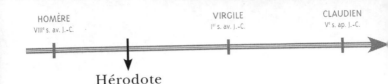

Hérodote

Au cours de son « enquête » qui le conduit à rendre compte des coutumes de multiples peuples, l'historien mentionne la mise particulièrement apprêtée des Babyloniens.

INSIGNES FLEURIS

Ils ont les cheveux longs, ceints de mitres ; ils sont parfumés par tout le corps. Chacun porte un cachet et un bâton travaillé à la main ; en haut de chaque bâton est l'image d'une pomme ou d'une rose* ou d'un lys* ou d'un aigle ou de quelque autre objet ; la règle, pour eux, est de ne point porter de bâton qui n'ait un emblème distinctif.

Histoires, I, 195

Pausanias

Dans l'économie d'ensemble de cette statue monumentale de Zeus, les motifs floraux revêtent une symbolique importante et se mêlent à d'autres éléments stylisés ou figurés.

LE ZEUS D'ÉLÉE

Le dieu est assis sur un trône d'or et d'ivoire. Il porte sur la tête une couronne d'or qui imite des rameaux d'olivier*. Il tient dans la main droite une Victoire, elle aussi d'ivoire et d'or, elle a la tête ceinte d'un bandeau et d'une couronne. Dans sa main gauche, il y a un sceptre orné de fleurs faites de toutes sortes de métaux, l'oiseau posé sur le sceptre est l'aigle. Les chaussures et le manteau du dieu sont aussi en or. Sur le manteau on a incrusté des représentations d'animaux et des fleurs des lys*. Le trône est incrusté d'or et de pierres et incrusté aussi d'ébène et d'ivoire, et on y a peint des animaux qui sont entremêlés et on y a sculpté des statues. Quatre Victoires dans l'attitude de la danse à chaque pied du trône et, par terre, deux autres sont adossées à chaque pied. Sur chacun des pieds de devant, il y a des enfants enlevés par des sphinges thébaines, et sous les sphinges, Apollon° et Artémis° massacrent de leurs flèches les enfants de Niobé°.

Description de la Grèce, V, 11, 1-2

Les couronnes consacrées peuvent aussi être représentées dans l'art. La ville de Thronion, sur le territoire d'Abantide, possède une statue de Zeus au chef couronné de fleurs.

ZEUS COURONNÉ

Si l'on avance un peu on trouve un Zeus° tourné du côté du soleil levant ; sur une main il porte l'aigle, son oiseau, et de l'autre il tient le foudre. Il porte sur la tête une couronne faite de fleurs de printemps. C'est une consécration des gens de Métaponte, œuvre d'Aristonous d'Égine. Nous ignorons le maître de cet Aristonous, ainsi que le temps où il vécut.

Description de la Grèce, V, 22, 5

HOMÈRE
VIIIe s. av. J.-C.

VIRGILE
Ier s. av. J.-C.

CLAUDIEN
Ve s. ap. J.-C.

Théocrite

Le chevrier promet à Thyrsis un magnifique cadeau pour prix de son chant.

LA BORDURE DU VASE

Je te donnerai aussi un vase en bois, profond, enduit de cire odorante, un vase à deux oreilles, nouvellement façonné et qui sent encore le ciseau. À ses lèvres, en haut, s'enroule une bordure de lierre, de lierre parsemé d'hélichryse* ; et, dans cette bordure, serpente l'hélix fière de ses fruits safran.

Idylles, I, 26-31

HOMÈRE
VIIIᵉ s. av. J.-C.

VIRGILE
Iᵉʳ s. av. J.-C.

CLAUDIEN
Vᵉ s. ap. J.-C.

Nonnos de Panopolis

L'amour n'a pas de prix : Dionysos et son jeune amant Ampélos luttent pour le seul plaisir du corps à corps.

LE CHAUDRON CISELÉ

Et un jour, restés seuls sur la rive déserte, en jouant sur le sable du fleuve aux riches galets, ils se livrent à un concours de lutte pour se divertir : pour eux ce n'est pas un trépied qui constitue la récompense et, pour prix de la victoire, on n'a disposé ni chaudron ciselé de fleurs ni cavales de pacage, mais la double flûte des Amours à la voix claire. C'est pour eux deux une amoureuse rivalité ; au milieu se tient l'insolent Amour, nouvel Hermès°, arbitre ailé des jeux, qui tresse la couronne du désir en mêlant le narcisse❋ à l'hyacinthe❋.

Les Dionysiaques, X, 330-338

La nymphe Mystis au nom éloquent invente pour Dionysos le costume et les ornements qui distingueront ceux prenant place dans son cortège. Parmi ces attributs, les éléments végétaux sont particulièrement présents. Le roptre est un instrument de musique dionysiaque ; les phiales sont des coupes de métal ; la ciste, une corbeille ou un coffret qui dissimulait aux yeux du profane les objets mystiques conservés à l'intérieur.

LEÇON DE STYLE BACHIQUE

[Mystis] est la première à secouer le roptre, à faire tournoyer et retentir pour Bacchos° le double airain des bruyantes cymbales ; la première, allumant la lueur de la torche qui accompagne les danses nocturnes, elle entonne le chant d'évohé pour Dionysos° toujours en éveil. La première, elle cueille la tige flexible des pampres* en fleur pour couronner sa chevelure dénouée avec le lien de la vigne ; c'est elle aussi qui tresse autour du thyrse les entrelacs du lierre couleur de vin, puis, à l'extrémité du bouquet, fixe un fer qu'elle cache dans le feuillage pour éviter de blesser Bacchos. Et elle imagine d'attacher sur sa poitrine nue des « phiales » d'airain et, sur les hanches, la peau des faons ; et elle invente la ciste mystique qui porte en son sein la divine initiation : tels sont les jouets qui instruisent le jeune Dionysos.

Les Dionysiaques, IX, 116-128

HOMÈRE
VIIIᵉ s. av. J.-C.

VIRGILE
Iᵉʳ s. av. J.-C.

CLAUDIEN
Vᵉ s. ap. J.-C.

Achille Tatius

Dans cette description, les ornements de la prairie deviennent les pierreries du collier.

FLEURS PRÉCIEUSES

[Le père de la mariée] avait fait acheter pour sa fille ses présents de mariage : un collier de pierres variées, une robe toute de pourpre mais, à l'endroit où, sur les autres robes, était placée la pourpre, il y avait de l'or. Les pierres rivalisaient entre elles. L'hyacinthe* était une rose* en pierre, l'améthyste jetait ses sombres feux tout près de l'or. Au milieu se trouvaient trois pierres, dont les couleurs se fondaient les unes aux autres ; ces trois pierres avaient été serties pour n'en former qu'une ; la base de la pierre était noire : au milieu, le blanc s'unissait au noir ; après la pierre blanche, la dernière, qui formait la cime, était rouge. Cette pierre, cerclée d'or, faisait comme un œil d'or.

Le Roman de Leucippé et Clitophon, II, 11, 1-3

174

VI

UNE FLEUR
FAIT LA CIVILISATION

L'asphodèle

LES FLEURS
ADOUCISSENT LES MŒURS

Les productions du règne végétal peuvent être réparties en deux catégories : l'utile et l'agréable. Alors que les nourritures matérielles (les céréales, les légumineuses, les fruits et légumes) appartiennent à la première, les fleurs se placent résolument du côté de la seconde. Si cette « valeur ajoutée » aux produits nécessaires à la subsistance est de l'ordre du superflu, il n'en reste pas moins que les fleurs semblent définir l'homme dans ce qu'il a de plus humain. Se parer de fleurs à l'occasion d'occasions joyeuses comme les mariages et les banquets ou tristes telles les funérailles, ou encore pour rendre hommage aux dieux revient à donner à la circonstance un caractère particulier. Le regard que l'homme civilisé porte sur le monde semble ainsi passer par cet ornement éphémère qu'est la fleur, symbole de sa propre grandeur en même temps que de sa fragilité.

HOMÈRE
VIII° s. av. J.-C.

VIRGILE
I° s. av. J.-C.

CLAUDIEN
V° s. ap. J.-C.

Ovide

Le poète associe Flora à la civilisation. La déesse répand en effet ses guirlandes et ses couronnes lors de toutes les occasions plaisantes des mœurs humaines. Le cothurne dont il est fait mention était une chaussure à plate-forme symbolisant le théâtre tragique.

CHARMANTE

J'étais prêt à demander pourquoi, dans ces jeux [les *Floralia*], la licence est plus grande et les plaisanteries plus libres, mais je m'avisai que la déesse n'est pas une divinité austère et que ses dons conviennent à nos plaisirs. Les tempes des dîneurs sont ceintes de couronnes tressées, et la table resplendissante disparaît sous une pluie de roses* ; ivre, la chevelure ceinte de l'écorce de tilleul, le buveur danse et, sans le savoir, il exerce un art que le vin lui enseigne ; ivre, l'amoureux chante sur le seuil cruel de sa belle, et sa chevelure parfumée porte de souples guirlandes. Le front couronné, on ne fait rien de sérieux ; ce n'est pas de l'eau pure qu'on boit, quand on est ceint de fleurs. Tant que ton onde, Achéloüs°, ne fut pas mélangée au jus de la grappe, on n'avait aucun plaisir à cueillir la rose. Bacchus° aime les fleurs ; à Bacchus plaisent les couronnes : la couronne d'Ariane° peut te l'apprendre. Les spectacles légers conviennent à Flora° : il ne faut pas la compter, croyez-moi, parmi les déesses qui chaussent le cothurne. Mais pourquoi la foule des prostituées célèbre-t-elle ces jeux, il n'est pas difficile d'en découvrir la raison : la déesse n'est pas de ces divinités sévères, qui affichent de grandes prétentions ; elle veut que son culte soit accessible à la foule plébéienne, et elle nous invite à jouir de la beauté de l'âge, tant qu'il est dans sa fleur : quand la rose est flétrie, on dédaigne les épines.

Les Fastes, V, 331-349

HOMÈRE
VIIIᵉ s. av. J.-C.

VIRGILE
Iᵉʳ s. av. J.-C.

CLAUDIEN
Vᵉ s. ap. J.-C.

Claudien

Alors qu'on a coutume de voir Vénus aimer les fleurs, d'autres déesses se laissent occasionnellement aller au charme d'une couronne. Minerve dont l'apanage est la guerre et Diane la chasseresse qui se plaît à courir les forêts en délaissent leurs occupations habituelles.

UNE COURONNE N'EST PAS COUTUME

Même la maîtresse des armes
Et des trompettes détend alors à ces tâches légères
La dextre qui bouscule les puissants bataillons et qui arrache
Portes solides et remparts ; elle pose sa lance,
Et adoucit son casque avec d'inhabituelles guirlandes.
Son cimier de fer s'éjouit ; l'effroi martial a disparu ;
Son aigrette à un air printanier pacifie ses éclairs.
Et quant à celle dont la meute piste à l'odeur sur le Parthénius°,
Sans dédaigner ces chœurs, elle n'a voulu retenir
La liberté de ses cheveux qu'en y posant une couronne.

Le Rapt de Proserpine, II, 141-150

HOMÈRE
VIIIᵉ s. av. J.-C.

VIRGILE
Iᵉʳ s. av. J.-C.

CLAUDIEN
Vᵉ s. ap. J.-C.

Eschyle

Les cinquante Danaïdes ont abordé en Grèce pour échapper à un mariage forcé avec leurs cousins, les cinquante fils d'Égyptos. Bien que d'apparence « barbare », elles rappellent le souvenir d'Io, leur ancêtre argienne transformée en génisse par la jalousie d'Héra, afin de s'assurer l'aide des habitants de ce même pays. Les suppliantes font jouer l'argument de l'autochtonie, qui passe par l'allusion au sol couvert de fleurs dont s'est nourri Io. Épaphos signifie littéralement le « toucher » ; c'est en effet par une simple caresse que Zeus délivre Io enceinte de ses œuvres.

FLEUR LOCALE

Mais, d'abord, ma voix au-delà des mers ira appeler mon soutien, le jeune taureau né de Zeus° et de la génisse qu'on vit paître ici des fleurs ; sous le souffle de Zeus, sous le toucher qui, naturellement, lui donna son nom, s'achevait le temps réservé aux Parques° : Io° mit au monde Épaphos.

C'est en invoquant ce nom, en rappelant aujourd'hui, aux lieux mêmes où jadis paissait mon antique aïeule, ses malheurs d'autrefois, que je fournirai à ce pays des indices de ma naissance qui, pour inattendus, n'en paraîtront pas moins dignes de créance : on le verra bien, si l'on veut m'entendre.

Les Suppliantes, 41-56

DES FLEURS POUR LES VIVANTS

À côté des occasions pour lesquelles elles étaient absolument requises – célébrations de l'amour et banquets –, les couronnes de fleurs ceignaient également les tempes de qui avait remporté un succès, à la guerre, à l'assemblée ou dans une ambassade. Quand plusieurs occasions se mêlent (victoire et mariage par exemple), la fête est encore plus belle. Les fleurs marquent également le passage entre l'humain et le divin : ce sont aussi les victimes de sacrifices, les divinités familières et les grands hommes auxquels est accordée l'apothéose qui sont couronnés de la sorte. De la terre au ciel, les guirlandes de fleurs symbolisent ainsi la perception d'une unité heureuse du cosmos.

HOMÈRE
VIIIᵉ s. av. J.-C.

VIRGILE
Iᵉʳ s. av. J.-C.

CLAUDIEN
Vᵉ s. ap. J.-C.

Pausanias

Au VIIᵉ siècle avant J.-C., le roi de Messénie Aristomène lutte contre les visées expansionnistes des Spartiates (les Lacédémoniens) afin de libérer sa patrie de l'asservissement. Tyrtée est un poète spartiate célèbre en particulier pour ses chants de guerre exaltant la vertu militaire. Les hilotes constituent une population de condition inférieure soumise aux Spartiates.

FLEURS DE VICTOIRE

Les Lacédémoniens étaient découragés après le coup reçu, et leur élan les portait surtout à arrêter la guerre ; Tyrtée par les élégies qu'il chantait les en dissuada et ils engagèrent dans leurs bataillons, à la place des morts, des hommes pris parmi les hilotes. Quant à Aristomène, quand il revint à Andanie, les femmes le couronnèrent de bandelettes et de fleurs de saison, en y ajoutant le chant que l'on chante encore de nos jours :

Jusqu'au milieu de la plaine de Stényclèros,
Jusqu'au sommet de la montagne,
Aristomène poursuivait les Lacédémoniens.

Description de la Grèce, IV, 16, 6

HOMÈRE
VIIIᵉ s. av. J.-C.

VIRGILE
Iᵉʳ s. av. J.-C.

CLAUDIEN
Vᵉ s. ap. J.-C.

Aristophane

Désormais souverain et ayant triomphé des mauvais conseillers qui le menaient selon leur bon vouloir, le personnage allégorique du Peuple (Dèmos) athénien réapparaît victorieux à la fin de la comédie.

VIVE LE PEUPLE

Le charcutier. – Allons, poussez des cris d'allégresse à l'apparition de l'antique Athènes, merveilleuse et tant chantée, demeure du glorieux Dèmos.

Le coryphée. – Ô Athènes la splendide, la « couronnée de violettes* », la « tant enviée », montre-nous le souverain de ce pays et de l'Hellade entière.

(Dèmos entre, rajeuni et joyeux, portant le riche costume d'autrefois.)

Le charcutier. – Le voici qui se présente à vos yeux, la cigale dans les cheveux, dans tout l'éclat de son antique costume, fleurant non les coquilles, mais les libations de paix, tout oint avec de la myrrhe*.

Les Cavaliers, 1327-1332

HOMÈRE
VIIIe s. av. J.-C.

VIRGILE
Ier s. av. J.-C.

CLAUDIEN
Ve s. ap. J.-C.

Sophocle

Tout comme les ambassadeurs, les envoyés dans les sanc-
tuaires oraculaires qui revenaient dans leur cité porteurs de
nouvelles concernant le succès de leur mission étaient couronnés
de manière triomphale. En tant que roi de Thèbes, Œdipe a
envoyé le frère de sa femme Jocaste s'enquérir auprès de l'oracle
de Delphes du moyen de guérir la ville de l'épidémie de peste qui
s'est abattue sur elle.

UNE AMBASSADE COURONNÉE DE SUCCÈS

ŒDIPE. – J'ai envoyé le fils de Ménécée, Créon, mon
beau-frère, à Pythô°, chez Phœbos°, demander ce que
je devais dire ou faire pour sauvegarder notre ville. Et
même le jour où nous sommes, quand je le rapproche
du temps écoulé, n'est pas sans m'inquiéter : qu'arrive-
t-il donc à Créon ? La durée de son absence dépasse le
délai normal beaucoup plus qu'il n'est naturel. Mais, dès
qu'il sera là, je serais criminel, si je refusais d'accomplir
ce qu'aura déclaré le dieu.

LE PRÊTRE. – Tu ne pouvais parler plus à propos : ces
enfants me font justement signe que Créon est là, qui
approche.

ŒDIPE. – Ah ! S'il pouvait, cher Apollon°, nous
apporter quelque chance de sauver Thèbes, comme on
se l'imagine à son air radieux !

LE PRÊTRE. – On peut du moins croire qu'il est satisfait. Sinon, il n'irait pas le front ainsi paré d'une large
couronne de laurier* florissant.

Œdipe roi, 69-83

HOMÈRE
VIIIᵉ s. av. J.-C.

VIRGILE
Iᵉʳ s. av. J.-C.

CLAUDIEN
Vᵉ s. ap. J.-C.

Chariton

Après de nombreuses aventures, les deux protagonistes réus-sissent enfin à se marier. On croirait que c'est là la fin du roman. Point du tout ! Les péripéties reprennent de plus belle.

PREMIER ROUND

Tous les assistants crièrent leur approbation et char-gèrent de fleurs les heureux époux, leur jetèrent qui des roses*, qui des violettes*, qui des guirlandes entières – le sanctuaire en fut rempli.

Le Roman de Chairéas et Callirhoé, III, 8, 5

Ce n'est qu'à la fin du roman qu'ayant triomphé de toutes leurs épreuves les deux amoureux sont enfin réunis, dans une scène d'euphorie générale qui redouble celle de leur mariage.

HAPPY END

La Rumeur ne tarda point à se répandre que l'amiral avait retrouvé sa femme. Il ne demeura pas un soldat dans sa tente, pas un matelot sur sa trière, pas un garde devant sa maison ; on accourait en masse de tous côtés, en se répétant ces paroles : « Quel bonheur pour cette femme : elle a pour elle le plus séduisant des hommes ! » Lorsque Callirhoé parut, il n'y eut plus personne pour vanter ta beauté de Chairéas : tous les regards se fixèrent sur la jeune femme, comme si elle était unique au monde. Elle s'avançait rayon-nante de gloire, entre Chairéas et Polycharme qui formaient son escorte. On leur jetait des fleurs et des couronnes, on répandait sous leurs pas du vin et des onguents ; c'était le moment le plus exquis à la fois de la guerre et de la paix : les chants de victoire et l'hyménée.

Le Roman de Chairéas et Callirhoé, VIII, 1, 11-12

HOMÈRE
VIIIᵉ s. av. J.-C.

VIRGILE
Iᵉʳ s. av. J.-C.

CLAUDIEN
Vᵉ s. ap. J.-C.

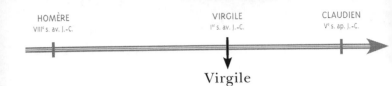

Virgile

Dans l'enthousiasme des célébrations des « frairies », grandes fêtes populaires, les couronnes passent de la tête des fêtards aux objets qui les entourent, dans un joyeux mélange carnavalesque.

COURONNES EN POUPE

L'hiver est pour le cultivateur la saison paresseuse. Pendant les froids, les laboureurs jouissent ordinairement de ce qu'ils ont acquis, et se donnent entre eux tour à tour de joyeux festins. L'hiver, époque de frairies, les régale et dissipe leurs soucis ; ainsi, quand les carènes chargées à couler ont enfin touché le port, les matelots joyeux mettent aux poupes des couronnes.

Géorgiques, I, 299-304

DES FLEURS POUR LES MORTS

Ayant célébré les hommes de leur vivant, c'est tout naturellement que les fleurs continuent à les honorer une fois morts. La tradition s'en est perpétuée jusqu'à notre temps, comme le montrent les cimetières fleuris de chrysanthèmes, notamment le 1er novembre. Les guirlandes de fleurs étaient les offrandes attendues pour orner un tombeau, comme l'attestent, outre les témoignages littéraires, les motifs gravés sur les sarcophages. Les fleurs étaient également placées à l'intérieur de la tombe, recouvrant le corps. Pour les plus humbles enfin, une simple fleur poussée sur un tertre suffisait à rappeler la mémoire du disparu.

Eschyle

*La reine perse va honorer le tombeau de son époux Darios par
des offrandes liquides (lait, miel, eau, vin, huile), auxquelles elle
ajoute des guirlandes de fleurs. La « pilleuse de fleurs » est une
périphrase qui désigne l'abeille.*

OFFRANDES FUNÉRAIRES

Je reviens du palais ici, sans char, sans mon faste passé,
afin d'apporter au père de mon fils les libations apai-
santes aux morts que mon amour lui offre : le doux lait
blanc d'une vache que le joug n'a point souillée, le miel
brillant que distille la pilleuse de fleurs, joints à l'eau qui
coule d'une source vierge ; et aussi cette pure et joyeuse
liqueur, sortie d'une mère sauvage, d'une vigne antique ;
ce fruit odorant de l'olivier* blond, dont le feuillage
vivace s'épanouit en toute saison ; et des fleurs en guirlandes, filles de la terre fertile. Allons, amis, sur ces libations offertes à nos morts, faites retentir vos hymnes :
évoquez le divin Darios, tandis que je dirigerai vers les
dieux infernaux ces hommages que boira la terre.

Les Perses, 607-622

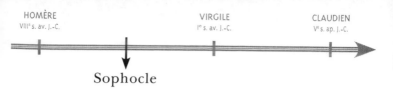

HOMÈRE
VIIIe s. av. J.-C.

VIRGILE
Ier s. av. J.-C.

CLAUDIEN
Ve s. ap. J.-C.

Sophocle

Chrysothémis annonce à sa sœur Électre la nouvelle que toutes deux attendent depuis si longtemps, celle du retour de leur frère Oreste. Qui d'autre que lui en effet aurait pu honorer la tombe de leur père Agamemnon en laissant une boucle de cheveux, offrande traditionnelle faite aux morts ?

UNE BOUCLE COUPÉE

Je vais donc te dire tout ce que j'ai vu. J'avais pris le chemin du vieux sépulcre paternel quand je m'aperçois que, du haut du tertre, coule un filet de lait frais et que la tombe de mon père se trouve couronnée des fleurs les plus diverses. Le spectacle m'étonne. Je jette les yeux tout autour de moi, anxieuse : quelqu'un serait-il là, tout près, me touchant presque ? Mais un regard m'assure qu'en ces lieux tout est calme. Je m'approche alors du tombeau et, au sommet du tertre, je reconnais une boucle coupée dans de jeunes cheveux. À peine l'ai-je vue que, brusquement, s'offre à moi l'image familière à mon pauvre cœur qui vient témoigner à mes yeux pour le plus cher de tous les hommes, Oreste° !

Électre, 892-904

HOMÈRE
VIIIe s. av. J.-C.

VIRGILE
Ier s. av. J.-C.

CLAUDIEN
Ve s. ap. J.-C.

Aristophane

Les femmes qui occupent l'Acropole et font la « grève du sexe » à leurs maris pour les contraindre à signer la paix jettent hors de l'espace scénique le garde qui a été envoyé pour les déloger, dans une parodie de cérémonie funéraire.

ENTERREMENT EXPRESS

Lysistrata. – (*Avec un regard de dédain.*) Mais toi, qu'est-ce qui te prend de ne pas mourir ? Il y a de la place ; tu achèteras un cercueil. Moi je vais de ce pas pétrir un gâteau de miel. Prends ceci. (*Elle lui jette des objets qu'elle a sous la main.*). Et ceins-toi d'une couronne.

Cléonice. – Reçois aussi les bandelettes que voilà, de ma part. (*Elle lui lance d'autres objets.*)

Myrrhine. – Prends encore la couronne que voilà. (*Elle le coiffe de poussière.*)

Lysistrata. – Que te manque-t-il ? Que désires-tu ? Va dans la barque. Charon° t'appelle ; tu l'empêches de gagner le large.

Lysistrata, 599-607

HOMÈRE
VIIIe s. av. J.-C.

VIRGILE
Ier s. av. J.-C.

CLAUDIEN
Ve s. ap. J.-C.

Suétone

À quatre siècles de distance, l'empereur Auguste rend les honneurs funèbres à son prédécesseur.

UN ROI NE MEURT JAMAIS

À la même époque, s'étant fait montrer le sarcophage et le corps d'Alexandre le Grand, que l'on retira de son tombeau, il lui rendit hommage en plaçant sur sa tête une couronne d'or et en le jonchant de fleurs, mais, comme on lui demandait s'il désirait visiter également les tombes des Ptolémées, il dit « qu'il avait voulu voir un roi et non des morts ».

Auguste, 18, 1

HOMÈRE
VIIIᵉ s. av. J.-C.

VIRGILE
Iᵉʳ s. av. J.-C.

CLAUDIEN
Vᵉ s. ap. J.-C.

Nonnos de Panopolis

Le berger Hymnos s'est épris de la nymphe Nicaia. Il tente de fléchir la cruelle. La « fleur des amours de Milax » est la salsepareille.

IL NE FAUT PAS TENTER LA NYMPHE

Qu'après ma mort ni ma flûte ni mon chalumeau ne soient déposés sur mon tombeau, n'y mets point ma houlette pastorale, emblèmes de mon état ; mais, après mon trépas, plante sur ma tombe ta flèche encore baignée de mon sang – du sang d'un amant infortuné ! Accorde-moi encore une faveur, la dernière : fais éclore sur ma tombe les fleurs de Narcisse° victime de son désir ou le charmant crocus* ou la fleur des amours de Milax°, et plante l'éphémère anémone* du printemps, afin qu'à tous elle annonce combien fut éphémère ma jeunesse ; si tu n'es pas fille de la nymphe impitoyable ou des rocs, verse sur moi quelques larmes, juste assez pour que leur rosée humecte les contours de rose* de ta joue chérie et, de ta main, grave ces mots avec le vermillon funéraire :

Ci-gît le pâtre Hymnos ; lui refusant sa couche,
La vierge Nicaia l'occit et l'enterra.

Ces paroles excitent l'ire de Nicaia : furieuse, elle ôte le couvercle fatal de son carquois empli de flèches et elle en tire un trait qui va droit au but.

Les Dionysiaques, XV, 342-362

DES FLEURS POUR LES DIEUX

Plus encore que les hommes, les dieux ne sauraient se passer de fleurs. Modestes ou grandioses, dans les plus humbles endroits comme sur les autels des sanctuaires les plus renommés, les offrandes florales qui leur sont faites rehaussent de leur éclat le culte qu'on leur rend. Certaines divinités requièrent des fleurs particulières : on offre bien évidemment des roses à Aphrodite tandis qu'Artémis reçoit des couronnes de fleurs sauvages. Les Muses qui inspirent la poésie ne sont pas en reste, pas plus que la Déesse Universelle, identifiée avec Dame Nature ruisselante de fleurs. Ce sont aussi des lieux préservés, bois sacrés et vallées humides, où les fleurs croissent librement pour le plaisir des dieux et des hommes qui viennent s'y réfugier.

HOMÈRE
VIIIe s. av. J.-C.

VIRGILE
Ier s. av. J.-C.

CLAUDIEN
Ve s. ap. J.-C.

Aristophane

Dans cette comédie, les femmes se sont réunies en assemblée pour condamner le poète tragique Euripide, coupable de misogynie et de bien d'autres crimes encore. L'allusion à ses origines modestes tient à ce que le poète comique fait du poète tragique le fils d'une marchande de légumes. Fort heureusement pour la mère courage dont il est question ici, si les couronnes de fleurs ne se vendent plus pour les dieux, le marché des décorations festives – ici, pour un banquet – n'a, lui, pas été affecté.

PAS DE DIEUX, PAS DE FLEURS

UNE SECONDE FEMME. – C'est pour dire quelques mots seulement que je m'avance à mon tour. [...] Ce que personnellement j'ai éprouvé, je veux vous le dire. Mon mari est mort à Chypre° en me laissant cinq petits enfants, que j'avais grand-peine à nourrir en tressant des couronnes sur le marché aux myrtes*. Jusqu'alors je gagnais ma vie tant bien que mal. Mais aujourd'hui ce poète qui travaille dans les tragédies a persuadé aux hommes qu'il n'y a pas de dieux ; aussi notre commerce a-t-il diminué de plus de moitié. En conséquence, à toutes je recommande et dis de châtier cet homme pour mille raisons, car sauvages sont ses attaques à notre endroit, ô femmes, attendu que c'est parmi les herbes sauvages qu'il fut élevé. Mais je m'en vais à l'agora ; car j'ai à tresser pour des hommes vingt couronnes – c'est une commande.

Les Thesmophories, 443-458

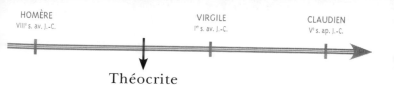

HOMÈRE
VIIIe s. av. J.-C.

VIRGILE
Ier s. av. J.-C.

CLAUDIEN
Ve s. ap. J.-C.

Théocrite

Dans son poème-calligramme en forme de syrinx (flûte de Pan), le poète bucolique désigne en ces termes celle qui l'inspire :

... la Muse couronnée de violettes*...

Anthologie grecque, XV, 21, 7

Le seigneur de Delphes, Apollon, vainquit le serpent Pythô (d'où son nom d'Apollon Pythien) afin d'établir en ce lieu son propre oracle. L'offrande est toute fraîche encore des parfums de la montagne.

APOLLON À DELPHES

Ces roses* humides de rosée et ce serpolet* touffu sont consacrés aux Muses° de l'Hélicon° ; ce laurier* au feuillage sombre t'est dû, Apollon° Pythien, puisque c'est pour t'en parer que le rocher de Delphes° l'a fait croître ; et sur ton autel coulera le sang de ce bouc cornu, de ce bouc blanc qui broute sa dernière branche de térébinthe*.

Anthologie grecque, VI, 336

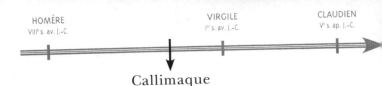

HOMÈRE
VIIIᵉ s. av. J.-C.

VIRGILE
Iᵉʳ s. av. J.-C.

CLAUDIEN
Vᵉ s. ap. J.-C.

Callimaque

Apollon était également vénéré à Cyrène, patrie du poète, en référence à la fête spartiate des Carnéia qui exaltaient les valeurs agraires et pastorales du dieu.

APOLLON À CYRÈNE

Ié, ié, Carnéien, dieu de tant de prières, tes autels au printemps sont chargés de toutes les fleurs que les Heures° font naître sous le Zéphyr° au souffle de rosée, et en hiver du doux safran*.

Hymne à Apollon, 80-83

À Délos (aussi nommée Astéria), île sacrée où naquirent Artémis et Apollon, les célébrations religieuses incluent de parer de fleurs les représentations de dieux. Ayant échappé au Minotaure, produit des amours de Pasiphaé la femme de Minos et du taureau, Thésée ramena de Crète les enfants du couple royal, Phèdre et son jeune frère mais aussi Ariane.

APHRODITE CEINTE DE ROSES

Astéria°, parfumée d'encens, autour de toi les îles forment cercle, autour de toi font comme un chœur de danse. [...] Là dansent les femmes, frappant de leurs pieds le sol résistant. Et l'on charge de couronnes l'image sainte et vénérée de l'antique Cypris°, que Thésée° consacra, avec les jeunes enfants, au retour de Crète° : échappés au monstre mugissant, rejeton féroce de Pasiphaé, sortis des détours du tortueux labyrinthe, ils dansaient.

Hymne à Délos, 300-311

HOMÈRE
VIIIᵉ s. av. J.-C.

VIRGILE
Iᵉʳ s. av. J.-C.

CLAUDIEN
Vᵉ s. ap. J.-C.

Euripide

Hippolyte consacre sur un autel champêtre d'Artémis une couronne de fleurs en gage de sa chasteté et de sa fidélité au mode de vie de la déesse vierge et chasseresse qui le tient éloigné de la société des femmes.

OFFRANDE À ARTÉMIS

C'est à toi, maîtresse, que j'apporte cette couronne tressée par mes soins. Elle vient d'une prairie sans tache, où le berger n'ose paître son troupeau, où le fer n'a jamais passé. Cette prairie sans tache, l'abeille la parcourt au printemps, et Pudeur l'entretient de la rosée des eaux vives pour ceux qui, sans étude, ont naturellement en partage une vertu étendue à toutes choses ; à eux de la moissonner : les pervers n'y ont point droit. Donc, chère maîtresse, pour ta chevelure d'or accepte ce bandeau d'une main pieuse. Car, seul entre les mortels, j'ai le privilège de vivre à tes côtés et de converser avec toi ; j'entends ta voix, si je ne vois pas ton visage. Puissé-je tourner la dernière borne comme j'ai commencé ma vie !

Hippolyte, 73-87

HOMÈRE
VIIIᵉ s. av. J.-C.

VIRGILE
Iᵉʳ s. av. J.-C.

CLAUDIEN
Vᵉ s. ap. J.-C.

Apulée

D'autres divinités plus modestes font aussi l'objet d'un culte floral. Dans le monde romain, il était ainsi courant qu'une statuette de la déesse celto-gauloise Épone protège les chevaux dans une écurie. L'âne-Lucius qui parle ici a donc une double raison de s'y intéresser, en tant qu'équidé mais qui ne pense qu'à redevenir homme en broutant les roses dont celle-ci est parée.

ÉPONE

J'aperçus, à peu près à mi-hauteur du pilier central qui soutenait les poutres du bâtiment, une statue de la déesse Épone° assise dans une niche et dévotement ornée de couronnes de roses* toutes fraîches.

*Les Métamorphoses
ou l'Âne d'or, III, 27, 2*

À la fin du roman, Lucius a la vision de la déesse-mère qui, sous la forme d'Isis, lui révèle comment mettre fin au sortilège dont il a été la victime pendant si longtemps. Dans cette épiphanie, les fleurs tiennent une place de choix.

CE FUT COMME UNE APPARITION

La chevelure, d'abord, abondante à l'extrême, ondulait légèrement en longues mèches éparses qui flottaient sur sa nuque divine en un mol épanchement. Le sommet de la tête était couronné d'un assemblage de fleurs variées, avec au milieu, juste au-dessus du front, un disque plat, brillant d'une lumière blanche à la façon d'un miroir, ou plutôt à l'instar de la lune, encadré à droite et à gauche par les replis de deux vipères à tête dressée, et surmonté d'une couche d'épis de blés. Une

198

robe à chatoiements, entièrement tissée de batiste fine, tantôt s'illuminait d'une diaphane blancheur, tantôt jetait une flamme jaune comme la fleur du crocus*, tantôt brasillait telle une rose* rouge. [...] Tout au long de la bordure brodée et sur toute la surface du tissu scintillait un semis d'étoiles au milieu desquelles une lune dans son plein soufflait un feu ardent, cependant que, tout autour de la partie haute d'où retombait le drapé de cette extraordinaire mantille, était attachée une guirlande de plusieurs rangées de fleurs et de fruits de toutes espèces.

Les Métamorphoses
ou l'Âne d'or, XI, 3, 4-4, 1

HOMÈRE
VIIIe s. av. J.-C.

VIRGILE
Ier s. av. J.-C.

CLAUDIEN
Ve s. ap. J.-C.

Luxorius

Original par son sujet (une statue de Vénus sur la tête de laquelle ont poussé des violettes) ce poème l'est aussi par son traitement : on appréciera la pointe qui suggère que bientôt, ce sont les roses de la déesse qui couvriront la sienne.

LA TÊTE DANS LES VIOLETTES

Cypris°, reproduite dans un marbre éclatant,
A montré par son corps que, quoique inanimée, elle était réelle :
Elle a répandu sur ses membres sa propre chaleur,
Pour vivre, à travers la fleur, dans sa statue.
Et le lieu où fleurissent les violettes* n'est pas trompeur :
Il gardera des roses* pour servir à son aine.

Anthologie latine, 356

HOMÈRE
VIIIe s. av. J.-C.

VIRGILE
Ier s. av. J.-C.

CLAUDIEN
Ve s. ap. J.-C.

Strabon

Les vallées de Grèce arrosées par les nombreux cours d'eau qui les sillonnent sont propices à une flore abondante que l'on laisse à l'état sauvage dans les endroits consacrés, par exemple le long des berges arrosées par le fleuve Alphée, divinisé dans l'Antiquité, le plus long du Péloponnèse.

L'ALPHÉE

À son embouchure se trouve l'enceinte consacrée à Artémis° Alphéionia ou Alphéiousa (les deux se disent) distante de quatre-vingts stades environ d'Olympie° ; à Olympie également, un grand rassemblement de fidèles célèbre tous les ans la fête de cette déesse, de même que celle d'Artémis Élaphaia et Daphnia.

Toute cette région est pleine d'enclos consacrés à Artémis, à Aphrodite° et aux nymphes, où l'humidité du sol fait pousser généralement des fleurs abondantes ; nombreux au bord des routes sont aussi les piliers consacrés à Hermès° et sur les caps les lieux de culte dédiés à Poséidon°.

Géographie, VIII, 3, 12 (C 343)

HOMÈRE
VIIIᵉ s. av. J.-C.

VIRGILE
Iᵉʳ s. av. J.-C.

CLAUDIEN
Vᵉ s. ap. J.-C.

Sophocle

Respectant l'unité de lieu, toute la tragédie se passe à l'orée d'un bois consacré aux Euménides (le nom apotropaïque des Érinyes) dans un lieu voisin d'Athènes, où est honoré le héros éponyme Colone. C'est dans ce cadre apaisé qu'Œdipe, conduit dans son exil par sa fille Antigone, trouve le terme de ses souffrances.

LE BOSQUET SACRÉ

Antigone. – Mon pauvre père, Œdipe, j'aperçois des remparts autour d'une acropole ; mais ils sont encore, si j'en crois mes yeux, à bonne distance. Ici, nous nous trouvons dans un lieu consacré. On ne peut s'y tromper : il abonde en lauriers*, en oliviers*, en vignes*, et, sous ce feuillage, un monde ailé de rossignols fait entendre un concert de chants. Repose-toi ici sur cette pierre fruste. Tu as fait une étape longue pour un vieillard. [...]

Le chœur. – En ce pays de bons chevaux, tu as rencontré, étranger, le plus beau séjour de la terre.

C'est ici la blanche Colone, où l'harmonieux rossignol plus qu'ailleurs se plaît à chanter, au fond des vallons verdoyants.

Il habite le lierre sombre, l'inviolable ramée du dieu, que son épaisse frondaison protège en même temps du soleil et du vent,

Du vent de toute tempête. C'est ici que fréquente Dionysos° le Bacchant, ici qu'il vient rendre des soins aux déesses qui l'ont nourri.

Ici, sous la rosée du ciel, avec constance, chaque jour, fleurissent, en grappes superbes,

Le narcisse*, couronne antique au front des deux Grandes Déesses, et le safran* aux reflets d'or [...]

Œdipe à Colone, 14-20 ; 668-685

L'HARMONIE MENACÉE

La mort des fleurs est pleurée comme celle des hommes. Le triste spectacle d'un jardin saccagé, de jeunes pousses détruites avant d'arriver à la floraison, les ravages des éléments naturels ou de la main de l'homme sur la nature brisent le cœur des hommes et des dieux. Ces événements funestes donnent cependant l'occasion aux auteurs d'exercer leur talent de description sur un sujet contraire de celui habituellement célébré : à l'harmonie des parterres, à la beauté des nappes de fleurs ondulant dans les champs succède la peinture du chaos, qui n'est pas sans posséder une valeur esthétique certaine.

Dans une perspective inversée, c'est toute la nature qui se met en deuil pour pleurer la disparition d'un jeune homme. La mort de Daphnis, le jeune berger qui aimait tant les fleurs des champs, est marquée par le dérèglement de la nature, la fleur de chaque espèce poussant sur une autre. En un jeu de miroir, les fleurs se lamentent aussi sur la mort du poète Bion, qui avait lui-même composé un chant de deuil pour la nature à la mort d'Adonis.

HOMÈRE
VIIIᵉ s. av. J.-C.

VIRGILE
Iᵉʳ s. av. J.-C.

CLAUDIEN
Vᵉ s. ap. J.-C.

Longus

Pour Lamon le jardinier, sa femme Myrtalé et leur fils Daphnis, c'est la désolation : un malfaisant a saccagé le jardin de leur maître, objet de tous leurs soins.

SACCAGE

Sachant également que celui-ci tenait beaucoup à son parc, il décida de l'abîmer, de le saccager autant qu'il pourrait. Comme en coupant des arbres il risquait de se faire prendre à cause du bruit, il s'attaqua aux fleurs pour les abîmer. Il attendit la nuit, franchit la clôture et puis déterra les unes, en brisa d'autres et piétina le reste, comme un sanglier. Sans se faire voir il était reparti. Or Lamon, le lendemain, en entrant dans le jardin, s'apprêtait à arroser ces fleurs avec l'eau de la source. Lorsqu'il vit tout le terrain ravagé, comme si un ennemi, et non pas seulement un brigand, avait commis le dégât, il déchira aussitôt sa tunique et, à grands cris, se mit à appeler les dieux à son secours, si fort que Myrtalé lâcha ce qu'elle tenait en mains et sortit en courant et que Daphnis abandonna ses chèvres et monta lui aussi en courant. À cette vue, ils criaient et, en criant pleuraient.

C'est ainsi, chose étrange, qu'on menait le deuil sur des fleurs. Sans doute ces gens pleuraient-ils par crainte du maître, mais auraient également pleuré un étranger qui serait survenu. L'endroit était saccagé : il n'y restait plus qu'une terre boueuse. Pourtant, si quelques fleurs avaient échappé à la destruction, elles essayaient de reprendre leur éclat et restaient jolies, même à terre. Les abeilles s'y posaient constamment, bourdonnant sans cesse comme des pleureuses. Quant à Lamon, frappé d'épouvante, il disait : « Hélas, mes roses*, comme elles ont été détruites, hélas, mes violettes*, comme elles ont été piétinées, hélas, mes jacinthes* et mes narcisses* qu'un scélérat m'a déterrés ! Viendra le printemps, et ces fleurs ne fleuriront pas ; ce sera l'été, et elles ne s'épanouiront pas, un autre automne, et elles ne feront de couronnes pour personne. Et toi, Dionysos°, mon maître, tu n'as pas non plus pris en pitié ces malheureuses fleurs, dont tu étais voisin, que tu voyais, et dont j'étais heureux de te couronner si souvent [...]. »

À ces mots ils se mirent à pleurer à plus chaudes larmes : ils ne se lamentaient plus sur les fleurs, mais sur leur propre personne.

Pastorales. Daphnis et Chloé, IV, 7, 2-9, 1

HOMÈRE
VIIIᵉ s. av. J.-C.

VIRGILE
Iᵉ s. av. J.-C.

CLAUDIEN
Vᵉ s. ap. J.-C.

Ovide

Flora raconte un épisode qui peut être mis en parallèle avec celui de Déméter-Cérès, qui, affligée par la perte de sa fille Perséphone-Proserpine, cesse de faire pousser les plantes cultivées. L'absence de floraison est un désastre pour les récoltes à venir.

AUTO-DESTRUCTION

J'avais cru que ces jeux étaient annuels ; [Flora] me détrompa et poursuivit en ces termes : « Nous aussi, nous sommes sensibles aux honneurs : nous aimons les fêtes et les autels et nous sommes, dans le ciel, une foule exigeante. [...] Mais, si on nous néglige, des peines sévères vengent notre injure et notre colère passe la juste mesure. [...] Moi aussi, le Sénat romain un jour me négligea. Que faire ? Comment manifester mon ressentiment ? Quelle punition exiger pour cet affront ? Dans mon affliction, j'oubliai de remplir mon office : je ne veillais plus sur la campagne et mon jardin fertile m'était devenu indifférent ; les lis* avaient péri, on pouvait voir les violettes* se dessécher, et languir les étamines du safran* orangé. Souvent Zéphyr° me dit : « Ne détruis pas ta dot de tes propres mains », mais peu m'importait ma dot. Les oliviers* étaient en fleur : des vents impétueux les ravagèrent ; les récoltes étaient en fleur : la grêle dévasta les récoltes ; la vigne* promettait : le ciel noircit au souffle des vents du midi et soudain une averse dépouilla la vigne de ses feuilles. Je ne voulais pas cela, et la colère ne me rend pas cruelle, mais je ne me souciai nullement de détourner ces maux. Le Sénat se réunit et fait le vœu d'offrir une fête annuelle à ma divinité, si la récolte a une belle floraison. Je ratifiai le vœu ; le consul Laenas et son collègue Postumius célébrèrent en mon honneur les jeux promis. »

Les Fastes, V, 297-330

HOMÈRE
VIII⁰ s. av. J.-C.

VIRGILE
I⁰ s. av. J.-C.

CLAUDIEN
V⁰ s. ap. J.-C.

Nonnos de Panopolis

Les divinités de la nature déplorent les ravages de Typhon.

TYPHON

Les arbres sont arrachés de leurs souches ; leurs fruits tombent sur le sol avant la saison ; le jardin à peine en fleur est anéanti ; le parterre de roses* n'est plus que poussière. Et le Zéphyr° frémit, bouleversé, quand les cyprès roulent avec leurs feuillages desséchés. Dans un chant funèbre, Phoibos° entonne sa plainte à la vue des jacinthes* saccagées : pour elles, il a tressé un chant de deuil ; mais, plus encore que sur les bouquets d'Amyclées°, il gémit sur le laurier brisé à leurs côtés. Pan désolé redresse son pin abattu. Et, en souvenir de Moria, la nymphe attique qui lui fit don d'une cité, la déesse aux yeux pers se lamente sur l'olivier coupé. Et la Paphienne° pleure, car l'anémone* gît dans la poussière ; sanglotant sans trêve sur les boutons de la rose*, chevelure parfumée, elle arrache ses boucles délicates, car le rosier gît dans la poussière. Et Déô° pleure l'épi détruit à demi mûr : elle ne célébrera plus la fête des moissons. Cependant les nymphes adryades° se désolent sur les arbres, leurs compagnons d'enfance qui ont perdu leur ombre.

Les Dionysiaques, II, 77-93

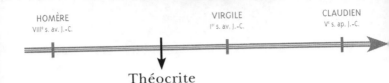

HOMÈRE
VIIIe s. av. J.-C.

VIRGILE
Ier s. av. J.-C.

CLAUDIEN
Ve s. ap. J.-C.

Théocrite

Ce passage d'un chant de deuil est construit sur les figures rhétoriques de l'antithèse et de l'adynaton, c'est-à-dire de ce qui est impossible, comme ici l'idée même de la mort du jeune berger.

LA MORT DE DAPHNIS (I)

Arrêtez, Muses°, il est temps, arrêtez le chant bucolique.
Portez maintenant, ronces, buissons, des violettes* ;
Narcisses*, fleurissez sur tes genévriers ;
Que tout soit à l'envers ; vous, pins, portez des poires,
Puisque Daphnis périt ; cerfs, harcelez les chiens ;
Hiboux des monts, luttez contre les rossignols.
Arrêtez, Muses, il est temps, arrêtez le chant bucolique.

Idylles, I, 131-137

HOMÈRE
VIIIe s. av. J.-C.

VIRGILE
Ier s. av. J.-C.

CLAUDIEN
Ve s. ap. J.-C.

Virgile

Ménalque invite le jeune Mopsus à faire concurrence à Amyntas pour le chant bucolique mêlé de musique. Ce dernier choisit comme sujet la mort de Daphnis, symbole des fleurs des champs.

LA MORT DE DAPHNIS (II)

MÉNALQUE. – Autant le flexible saule le cède au pâle olivier, autant la valériane* naine le cède aux roseraies* pourpres, autant, à mon sens, Amyntas le cède à toi. Mais trêve de propos, mon petit ; nous sommes entrés dans la grotte.

MOPSUS. – [...] Depuis que les destins t'ont ravi [Daphnis], Palès° elle-même, Apollon° lui-même ont quitté les champs. Les sillons auxquels nous avons souvent confié des grains d'orge magnifiques donnent naissance à l'ivraie stérile et à la folle avoine ; au lieu de la tendre violette*, au lieu du narcisse* pourpré surgissent le chardon et l'épine aux piquants aigus.

Bucoliques, V, 1-39

HOMÈRE
VIII⁰ s. av. J.-C.

VIRGILE
I⁰ s. av. J.-C.

CLAUDIEN
V⁰ s. ap. J.-C.

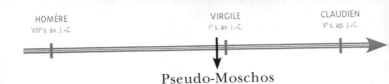

Pseudo-Moschos

L'auteur entame son chant funèbre adressé à Bion, son maître en poésie en demandant à la nature tout entière de se mettre en deuil.

LE LAMENTO DES FLEURS

Gémissez tristement, vallons, onde dorienne ; et vous, fleuves, pleurez l'aimable Bion. Maintenant, plantes, affligez-vous ; maintenant, lamentez-vous, bocages ; fleurs, que votre parfum s'exhale maintenant de grappes attristées ; maintenant, que votre pourpre exprime le deuil, roses* et anémones* ; maintenant, hyacinthe*, profère ce que tu portes écrit, et reçois plus d'« hélas » sur tes pétales ; il est mort, l'excellent musicien.

Commencez, Muses° de Sicile, commencez à mener le deuil.

Chant funèbre en l'honneur de Bion, 1-7

LA FÊTE DES FLEURS

Bien que les fleurs aient été la composante nécessaire à toute célébration, le monde grec n'a pas connu en tant que tel un festival institutionnalisé qui leur ait été spécifiquement consacré, à part peut-être dans le cadre des rites tenus secrets des deux déesses d'Éleusis. Le caractère floral de certaines fêtes était cependant plus marqué selon la divinité concernée ; celles consacrées à Adonis en particulier, qui symbolisait le renouveau cyclique de la végétation. Dans le monde latin aussi, certaines fêtes demandaient plus que d'autres des offrandes spécifiques de fleurs.

Les *floralia* ou *ludi florales* furent quant à eux fondés à Rome en 240 ou 238 avant J.-C. Ils devinrent annuels en 173, année du consulat de L. Postumius Albinus et M. Popilius Laenas. La réputation de ces célébrations vit son importance croître au fil du temps, notamment en raison de son caractère licencieux : les débordements, en temps normal réprimés, y étaient en effet admis pendant les quelques jours (et les quelques nuits) où se tenait la fête.

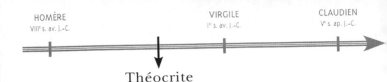

HOMÈRE
VIIIe s. av. J.-C.

VIRGILE
Ier s. av. J.-C.

CLAUDIEN
Ve s. ap. J.-C.

Théocrite

En l'honneur de la fête d'Adonis, le palais de Syracuse a été ouvert à la foule qui s'y presse pour écouter une chanteuse célébrer l'amant de la déesse de l'amour. De même que Perséphone entre son mari Hadès et sa mère Déméter, Adonis partageait son temps entre cette même Perséphone aux Enfers et Aphrodite sur terre.

LA FÊTE D'ADONIS

Reine, qui chéris Golgoi° et Idalion° et le haut mont Éryx°, Aphrodite° qui joues avec l'or, qu'il est beau, l'Adonis° que les Heures° aux pieds délicats te ramènent avec le douzième mois de l'intarissable Achéron° [...]

Auprès d'[Adonis] sont déposés tous les fruits de la saison, tous les fruits que portent les arbres ; auprès de lui, de délicats jardins conservés dans des corbeilles d'argent, des alabastres d'or pleins de parfum de Syrie ; et toutes les pâtisseries que les femmes travaillent sur un plateau, avec la blanche farine mélangée à mille essences de fleurs, avec le doux miel ou dans l'huile liquide, en forme d'animaux qui volent ou qui marchent, toutes sont ici près de lui. Des berceaux verdoyants sont formés de souple aneth* qui retombe ; en haut volent les Amours enfants, tels des rossignolets qui, sur un arbre, essaient leurs ailes grandissantes en volant de rameau en rameau. De l'ébène et de l'or ! Des aigles de blanc ivoire qui, au fils de Cronos, à Zeus, portent son jeune échanson ! [...]

Lui, appartient à Cypris° ; elle, à Adonis aux bras de rose*.

Idylles, XV, 100-128

212

HOMÈRE
VIIIe s. av. J.-C.

VIRGILE
Ier s. av. J.-C.

CLAUDIEN
Ve s. ap. J.-C.

Horace

Le poète met au défi son patron et ami Mécène, pourtant érudit accompli, de trouver dans toute la littérature gréco-latine une légende pouvant expliquer pourquoi il participe à la fête des Matronalia *réservée aux femmes mariées, lors de laquelle celles-ci honoraient Junon Lucina qui préside aux accouchements en lui offrant des guirlandes de fleurs. En fait, il s'agit bien d'un anniversaire, mais du jour où le poète échappa à la mort. Le vin fumé dont il est question ici a été mis en amphore quelque trente-sept ans auparavant, sous le consulat de Marcus Tullus Cicero. Un cyathe est une unité de mesure monétaire en argent.*

ANNIVERSAIRE

Ce que je fais, moi, célibataire, aux calendes de Mars, ce que veulent dire ces fleurs, cette boîte pleine d'encens, cette braise posée sur un autel de gazon vert, tu te le demandes avec surprise,

Toi, savant dans les écrits de l'une et l'autre langue. J'avais voué à Liber° un doux festin et un bouc blanc lorsque me mit presque au tombeau la chute d'un arbre.

Ce jour de fête, au retour de l'année, ôtera le liège, fixé avec la poix, d'une amphore qui apprit à boire la fumée sous le consulat de Tullus.

Prends cent cyathes, Mécène, à la santé de ton ami sauvé, et consens que les flambeaux veillent jusqu'au jour ; loin d'ici tout cri, toute colère.

Odes, III, 8

À travers ces vers est immortalisée une fontaine qui se trouvait peut-être dans la propriété du poète. La célébration dont il est question ici est celle des Fontanalia. *Varron (*De lingua latina, *VI, 22) y fait également référence en indiquant que des couronnes de fleurs étaient à cette occasion jetées dans les sources et disposées sur les puits.*

OFFRANDE À LA FONTAINE

Ô fontaine de Bandusie, plus limpide que le verre, toi qui mérites un doux vin et des fleurs, tu recevras demain l'offrande d'un chevreau, à qui son front gonflé de cornes naissantes promet Vénus° et les combats : vainement, car il va teindre, de la rougeur de son sang, le cours de tes eaux glacées, ce rejeton d'un troupeau folâtre.

Fontaine, la saison impitoyable de la Canicule embrasée ne saurait t'atteindre, tu offres une aimable fraîcheur aux taureaux fatigués de la charrue et au bétail errant.

Tu prendras place, toi aussi, parmi les fontaines célèbres, puisque je dis l'yeuse* posée sur les rochers creux d'où s'échappent en bondissant tes eaux babillardes.

Odes, III, 13

HOMÈRE
VIIIᵉ s. av. J.-C.

VIRGILE
Iᵉ s. av. J.-C.

CLAUDIEN
Vᵉ s. ap. J.-C.

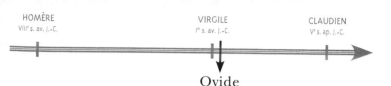

Ovide

La déesse Flora poursuit ses explications à destination du poète qui l'interroge maintenant sur l'origine des jeux célébrés chaque année en son honneur. Le produit des amendes fut également employé pour construire un temple à Flora non loin du Circus Maximus.

LA VERSION OFFICIELLE

Tandis qu'elle parlait, je l'admirais en silence ; mais elle : « Tu as le droit d'apprendre, dit-elle, ce que tu veux savoir. – Dis-moi, déesse, demandai-je, quelle est l'origine de tes jeux ? » À peine avais-je terminé qu'elle me répondit : « Les autres instruments du luxe n'étaient pas encore en vogue ; on était riche quand on possédait du bétail [*pecus*] ou de vastes domaines ; c'est de là que vient le mot qui veut dire riche : *locuples* [riche en terres], et même le mot qui veut dire argent [*pecunia*] ; mais déjà chacun s'enrichissait dans l'illégalité. On avait pris l'habitude de faire paître sur le domaine public, et cela fut longtemps toléré, sans qu'il y eût aucune sanction ; le peuple n'avait personne pour défendre ses droits sur les terres publiques, et il fallait être un sot pour faire paître son troupeau sur ses propres terres. Une telle licence fut dénoncée aux édiles plébéiens, les Publici : personne jusque-là n'avait eu ce courage. L'affaire fut portée devant le peuple, les coupables furent punis d'une amende ; les champions du bien public furent à l'honneur. Une partie de l'amende me fut attribuée et les vainqueurs du procès, avec l'approbation générale, instituèrent de nouveaux jeux. »

Les Fastes, V, 275-292

HOMÈRE
VIIIᵉ s. av. J.-C.

VIRGILE
Iᵉʳ s. av. J.-C.

CLAUDIEN
Vᵉ s. ap. J.-C.

Lactance

Plusieurs siècles après Ovide, l'auteur chrétien entreprend de révéler les dessous peu avouables des cultes traditionnels. On apprend ainsi que la légende de Flora dissimule une réalité bien plus prosaïque.

LA VERSION OFFICIEUSE

Quelle valeur doit-on attribuer, dès lors, à cette immortalité qu'obtiennent même les prostituées ? Flora°, qui avait amassé de grandes richesses en pratiquant le métier de prostituée, désigna le peuple comme son héritier et légua un capital dont l'intérêt annuel servirait à donner, en l'honneur de son anniversaire, des jeux que l'on appela *Floralies*. Mais, comme l'affaire semblait scandaleuse au Sénat, on décida de tirer précisément de son nom un argument qui pût donner un peu de dignité à une affaire bien scabreuse : on feignit de la prendre pour une déesse qui présidait à la floraison, et qu'il fallait rendre propice pour permettre aux moissons, ainsi qu'aux arbres et aux vignes, d'avoir une floraison heureuse et prospère.

Dans les *Fastes*, le poète a repris cet arrangement et raconte qu'il y avait une nymphe assez connue, appelée Chloris° : mariée à Zéphyr°, elle avait reçu de son mari, en guise de cadeau de mariage, d'avoir puissance sur toutes les fleurs. L'affaire est ainsi racontée de manière honnête, mais les croyances sont malhonnêtes et honteuses : on ne doit pas, quand on recherche la vérité, se laisser prendre à pareilles dissimulations.

Institutions divines, I, 20, 5-8

VII

MÉTAPHORES FLORALES

L'œil de bœuf

FLEURS-SYMBOLES

Comme on l'a vu tout au long de ce recueil, les fleurs possèdent une charge métaphorique forte. C'est donc sans surprise que certaines d'entre elles sont érigées au rang de symboles efficaces. À la seconde où Perséphone cueille la fleur interdite objet de son désir, un narcisse merveilleux ayant poussé au milieu de la prairie, le sol s'ouvre sous ses pas et engloutit l'enfant innocente qui devient femme au côté du roi des Enfers. Flora possède la fleur magique qui rend toute femme mère sans qu'il soit besoin de l'intervention d'un homme. Enfin, l'âne-Lucius trouve, en mangeant des roses qui lui rendent sa forme première, le terme de ses tribulations.

HOMÈRE
VIIIᵉ s. av. J.-C.

VIRGILE
Iᵉʳ s. av. J.-C.

CLAUDIEN
Vᵉ s. ap. J.-C.

Hymnes homériques

Perséphone, fille de Déméter la déesse des cultures, est une innocente jeune fille. Elle-même comparée à une fleur, elle ne pense pas à mal lorsqu'elle tente de cueillir la fleur merveilleuse qui sera l'instrument de sa perte, ou plutôt celle de sa virginité. Le rapt et le viol qui la consacrent reine des Enfers aux côtés d'Hadès (le « Cronide » car fils de Cronos) apparaissent comme la conséquence de son désir, même « inconscient ».

LA FLEUR INTERDITE

Pour commencer, je chante Déméter° aux beaux cheveux, l'auguste déesse, elle et sa fille aux longues chevilles qui fut ravie par Aïdôneus° – du consentement de Zeus° dont la vaste voix gronde sourdement – tandis que, loin de Déméter au glaive d'or qui donne les splendides récoltes, elle jouait avec les jeunes Océanides à l'ample poitrine et cueillait des fleurs – des roses*, des crocus* et de belles violettes* –, dans une tendre prairie – des iris*, des jacinthes* et aussi le narcisse* que, par ruse, Terre fit croître pour l'enfant fraîche comme une corolle, selon les desseins de Zeus, afin de complaire à Celui qui reçoit bien des hôtes. La fleur brillait d'un éclat merveilleux et frappa d'étonnement tous ceux qui la virent alors, dieux immortels ainsi qu'hommes mortels. Il était poussé de sa racine une tige à cent têtes et, au parfum de cette boule de fleurs, tout le vaste Ciel d'en haut sourit, et toute la terre, et l'âcre gonflement de la vague marine. Étonnée, l'enfant étendit à la fois ses deux bras pour saisir le beau jouet : mais la terre aux vastes chemins s'ouvrit dans la plaine nysienne, et il en surgit, avec ses chevaux immortels, le Seigneur de tant d'hôtes, le Cronide invoqué sous tant de noms. Il l'enleva et, malgré sa résistance, l'entraîna tout en pleurs sur son char d'or.

À Déméter, 1-20

HOMÈRE
VIIIᵉ s. av. J.-C.

VIRGILE
Iᵉʳ s. av. J.-C.

CLAUDIEN
Vᵉ s. ap. J.-C.

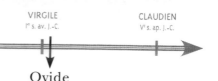

Ovide

Le poète latin est le seul à donner cette version de la légende de Junon concevant d'elle-même Mars, alors que l'Arès de la mythologie grecque est traditionnellement le fils de Zeus et d'Héra. L'histoire se focalise sur un objet-magique – en l'occurrence une fleur. C'est Flora elle-même qui en fait le récit.

AF-FLEUREMENT

Mars aussi – tu l'ignores peut-être – a vu le jour grâce à mon art ; puisse Jupiter°, qui l'ignore, ne le savoir jamais, telle est ma prière. L'auguste Junon°, quand Minerve° fut née sans mère, s'affligea de ce que Jupiter s'était passé de ses services. Elle allait se plaindre à Océan de la conduite de son mari ; fatiguée du voyage, elle fit halte à ma porte. Dès que je l'aperçus : « Fille de Saturne°, lui dis-je, quelle affaire t'amène ? » Elle m'apprend le but de son voyage, elle m'en dit aussi la raison. J'essayais de la consoler par des paroles amicales. « Ce n'est pas avec des paroles, dit-elle, qu'il faut apaiser mon chagrin. Si Jupiter est devenu père sans avoir besoin de sa femme, s'il possède à lui seul les deux noms [de père et de mère], pourquoi désespérer de devenir mère sans époux, et d'enfanter sans que mon mari me touche, tout en gardant la chasteté ? J'essaierai tous les philtres dans le vaste monde, je fouillerai les mers et les profondeurs du Tartare. » Elle allait continuer, mais l'hésitation se lisait sur mon visage. « On dirait, nymphe, que tu peux faire quelque chose pour moi », dit-elle. Trois fois je voulus lui promettre mon assistance, trois fois ma langue fut paralysée : je redoutais le courroux du grand Jupiter. « Viens à mon aide, je t'en prie, dit-elle, le nom de qui me conseillera restera secret et je prendrai à témoin [de mon serment] la divinité du Styx°. – Ce que tu demandes, dis-je, une fleur que j'ai reçue des champs d'Olène° te le donnera ; elle

221

est unique en mes jardins. Celui qui m'en fit don me dit : "Touche de cette fleur une génisse ; même stérile, elle sera mère." Je la touchai : à l'instant la génisse était mère. » Aussitôt, avec le pouce, je détachai de sa tige la fleur qui me résistait ; j'en touchai Junon et elle conçut quand son sein fut touché. Enceinte déjà, elle pénètre en Thrace et sur la rive gauche de la Propontide ; son vœu est exaucé ; Mars était né. Et lui, se souvenant qu'il me doit sa naissance : « Toi aussi, me dit-il, prends place dans la ville de Romulus°. »

Les Fastes, V, 229-260

HOMÈRE
VIIIe s. av. J.-C.

VIRGILE
Ier s. av. J.-C.

CLAUDIEN
Ve s. ap. J.-C.

Apulée

Arrivé au terme de ses tribulations, Lucius est enfin délivré de l'enchantement qui l'avait fait âne et retrouve sa forme humaine grâce à une couronne de roses.

RÉDEMPTION

Pendant que le public en liesse se répandait et batifolait en désordre, la procession officielle de la déesse libératrice avait pris le départ. C'étaient des femmes en drapés d'un blanc resplendissant, égayées d'ornements variés, fleuries de couronnes printanières, qui jonchaient de petites fleurs tirées de leur corsage le sol du parcours que devait suivre le cortège sacré, d'autres qui avaient au dos de brillants miroirs tournés vers l'arrière pour faire voir à la déesse en marche la foule des fidèles venus à sa rencontre, ou qui tenaient des peignes d'ivoire et par leurs mouvements des bras et leurs flexions des doigts feignaient de coiffer et d'arranger la chevelure de la Reine, d'autres encore qui secouaient des fioles de myrrhe nuptiale et de parfums de toutes essences pour en arroser goutte à goutte les avenues. [...]

Le prêtre [...], émerveillé que tout se déroulât comme indiqué dans sa mission, fit sur-le-champ halte, me tendit de lui-même la main droite et mit la couronne juste devant ma bouche. Moi alors, tremblant, le cœur battant d'un pouls convulsif, la couronne, tressée de roses* délicieuses et flamboyantes, d'une bouche avidement tendue sous elle je la happai, et, grillant de voir accomplir la promesse, la dévorai. Et elle ne me manqua pas, la céleste promesse : en un instant tomba ma hideuse défroque de bête. Mon gros poil rêche se détacha d'abord, puis mon cuir épais s'amincit, mon ventre obèse se résorba, l'assise de mes pieds, de sabots, redevint ongles, mes pattes antérieures s'allongèrent en mains et se réadaptèrent à la station debout, mon long col s'étrécit, ma bouche et ma tête s'arrondirent, mes énormes oreilles se refirent menues comme devant, les pavés qui me servaient de dents retrouvèrent un format humain, enfin, suprême torture et suprême levée d'écrou, plus de queue ! Le public s'émerveilla, les fidèles tendirent leurs mains au ciel en hommage à la si manifeste puissance de la Très Grande Divinité et à la facilité sensationnelle, à l'égal des apparitions de la nuit, de mon retour à ma forme première, et témoignèrent en chœur, à haute et intelligible voix, du si éclatant bienfait de la déesse.

Les Métamorphoses
ou l'Âne d'or, XI, 9, 1-13, 6

EN SA FLEUR

Pour rendre compte de la fraîcheur et de la splendeur des jeunes gens, filles et garçons, les auteurs comparent spontanément telle ou telle partie de leur visage ou de leur corps à des fleurs. Lèvres de roses, bras de lis, yeux de violettes, voilà le portrait d'une beauté parfaite ! Certains rapprochements sont cependant plus inattendus que d'autres. Qui eût songé à s'éprendre d'un jeune homme à la barbe d'hélichryse ou aux cheveux d'hyacinthe ?

Les métaphores florales pleuvent sur les jeunes gens comme sur les jardins dans toute la grâce de leur floraison printanière. Comme les fleurs, la beauté s'altère pourtant au gré des circonstances, de même qu'avec le temps elle se fane. Une violette flétrie, la pâleur d'une joue désertée par la rose, et voilà la fleur de la jeunesse passée.

HOMÈRE
VIIIe s. av. J.-C.

VIRGILE
Ier s. av. J.-C.

CLAUDIEN
Ve s. ap. J.-C.

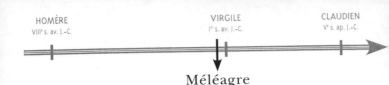

Méléagre

La comparaison entre les fleurs et une jeune fille dans sa fleur est toujours à l'avantage de cette dernière. Peithô est la divinité qui personnifie la persuasion. Elle fait partie du cortège d'Aphrodite.

PLUS BELLE QUE FLEUR

Voici que la giroflée* fleurit, que fleurit le narcisse* avide de pluie et que fleurissent les lis* sur les collines. Voici de même que, fleur fraîche éclose parmi les fleurs, s'est épanouie l'aimable Zénophila, douce rose* de Peithô. Prairies, pourquoi rire ainsi sans raison, pourquoi vous moquer en agitant vos chevelure ? Oui, oui, l'enfant vaut mieux que des couronnes parfumées.

Anthologie grecque, V, 144

HOMÈRE
VIIIᵉ s. av. J.-C.

VIRGILE
Iᵉʳ s. av. J.-C.

CLAUDIEN
Vᵉ s. ap. J.-C.

Achille Tatius

Pour l'amoureux, la plus belle fleur, c'est la jeune fille dont il est épris.

LÈVRES DE ROSES

Voici que m'apparaît [...] une jeune fille dont le visage éblouit mes yeux. Telle j'avais vu un jour Séléné° représentée sur un taureau, le regard vif et doux, la chevelure blonde aux blondes boucles, le sourcil noir, d'un noir sans mélange, la blanche joue dont le blanc se teintait de vermeil au centre et imitait la pourpre, comme celle qu'emploie la Lydienne pour teindre l'ivoire ; sa bouche avait l'éclat des roses*, lorsque la rose commence à ouvrir les lèvres de ses pétales. Dès que je la vis, je fus perdu, car la beauté blesse, plus perçante qu'un trait et fond sur l'âme par les yeux : c'est l'œil qui livre passage à l'amoureuse blessure.

Le Roman de Leucippé et Clitophon, I, 4, 2-4

YEUX DE VIOLETTE

La beauté éclatante du paon me semblait moindre que celle du visage de Leucippé. La beauté de son corps rivalisait avec les fleurs de la prairie. C'est de la couleur du narcisse* que resplendissait son visage, une rose* apparaissait sur ses joues, la lumière de ses yeux brillait comme une violette*, ses cheveux formaient plus de boucles que le lierre* : tel était le visage fleuri de Leucippé, semblable à une prairie.

Le Roman de Leucippé et Clitophon, I, 19, 1-2

HOMÈRE
VIIIᵉ s. av. J.-C.

VIRGILE
Iᵉʳ s. av. J.-C.

CLAUDIEN
Vᵉ s. ap. J.-C.

Nonnos de Panopolis

Dionysos détaille les charmes de la farouche nymphe Nicaia.

BRAS DE LIS

Et un jour, cheminant dans une prairie embaumée, il contemple toutes les fleurs épanouies qui ont l'éclat de la jouvencelle et il adresse ces mots aux souffles aériens : « Je viens enfin, Nicaia, de découvrir ici ta beauté : tes charmes se sont-ils changés en fleurs ? Oui, en admirant la beauté des roses*, j'ai reconnu tes joues ; mais tes roses restent toujours épanouies ! Oui, la nature t'a parée d'anémones* dont l'incarnat ne se fane jamais ; en jetant les yeux sur le lis*, je vois tes bras de neige ; en regardant l'hyacinthe*, je vois ta sombre chevelure ! Laisse-moi t'accompagner à la chasse ! Si tel est ton désir, moi-même je porterai tes pieux – doux fardeau ! ; moi-même, je porterai tes brodequins et ton arc et tes traits, objets de mes désirs, oui, moi-même !

Les Dionysiaques, XVI, 72-85

HOMÈRE
VIII° s. av. J.-C.

VIRGILE
I°° s. av. J.-C.

CLAUDIEN
V° s. ap. J.-C.

Théocrite

Il n'y a pas que le corps des femmes qui inspire des compa-
raisons florales. Celui des hommes provoque le même désir. Une
amoureuse raconte ainsi à la Lune quel détail physique l'a fait
chavirer.

BARBE D'OR

Déjà j'étais à moitié du chemin, là où sont les maisons
de Lycon ; je vis Delphis et Eudamippos qui cheminaient
ensemble ; leurs barbes étaient plus blondes que l'hélichryse* ; leurs poitrines, Séléné°, brillaient bien plus que
toi ; car ils venaient de quitter le gymnase et ses nobles
travaux.

Connais mon amour, d'où il est venu, auguste Séléné.

Je vis ; et aussitôt quel délire me saisit, quel coup
m'assaillit et me blessa le cœur, malheureuse ! Ma beauté
se flétrit ; cette procession, je n'y pris même pas garde.

Idylles, II, 70-84

HOMÈRE
VIIIᵉ s. av. J.-C.

VIRGILE
Iᵉʳ s. av. J.-C.

CLAUDIEN
Vᵉ s. ap. J.-C.

Homère

Par deux fois, Athéna redonne à Ulysse son apparence de jeune homme (aux boucles noires) d'abord devant la jeune princesse phéacienne Nausicaa, puis, enfin de retour chez lui, devant sa femme Pénélope qui n'a cessé de l'attendre.

NOIR DE CORBEAU

… des boucles de cheveux aux reflets d'hyacinthe*…

Odyssée, VI, 231
Odyssée, XXIII, 158

HOMÈRE
VIII° s. av. J.-C.

VIRGILE
I°° s. av. J.-C.

CLAUDIEN
V° s. ap. J.-C.

Nonnos de Panopolis

Sous les traits d'une compagne de sa fille Harmonie, Aphrodite vante les charmes de Cadmos en s'en prétendant elle-même amoureuse.

UN CORPS DE RÊVE

Jamais pareille fleur ne m'était apparue : c'est une prairie, avec la parure spontanée du printemps, que la nature a offerte à Cadmos. Oui, j'ai vu sa main aux doigts de rose* ; j'ai vu ses regards qui distillent un miel suave ; sur son visage où naît l'amour, ses joues ont l'incarnat de la rose ; quand il marche, deux nuances se marient à ses pieds, de neige étincelante sur leurs contours, en leur milieu de pourpre ; et ses bras sont comme lis*. Je laisserai les boucles de ses cheveux, pour ne pas irriter Phoibos°, car j'en remontrerais au coloris de la jacinthe* de Thérapnai°. Qu'il porte à la ronde ses grands yeux, enchantant les cœurs, et promène ses regards, alors c'est l'éclat de la Lune en son plein, qui brille de tous ses rayons ; qu'il secoue ses boucles et découvre la nuque, c'est l'Étoile du Matin qui apparaît. Je ne saurais parler de ses lèvres… mais, sur sa bouche, passage des Amours, Persuasion a fixé sa demeure et laisse couler une voix douce comme le miel. Et son corps tout entier est le domaine des Grâces°.

Les Dionysiaques, IV, 126-142

Dionysos s'éprend de la beauté toute florale du jeune Ampélos dont le nom signifie « vigne » et qui sera effectivement immortalisé sous cette forme.

LE BEL ADOLESCENT

Un jour, tandis que Dionysos° chasse au pied d'un escarpement ombragé d'arbres, il est charmé par le corps de rose* d'un adolescent de son âge. Déjà en effet, au pied des monts phrygiens, un jeune garçon a grandi dans les jeux, Ampélos, rejeton frais éclos des Amours ; et le tendre duvet qui rougit les mentons, fleur dorée de la jeunesse, n'a pas encore coloré la lisse pommette de sa joue de neige. Rejetées en arrière, les grappes bouclées de sa chevelure courent sur ses blanches épaules, dénouées, et, en frémissant sous le murmure de la brise, se soulèvent à son haleine ; et, quand ses cheveux s'écartent, on voit poindre, à peine visible au milieu d'eux, son cou nu dont le lumineux éclat dissipe l'ombre, telle la Lune à demi visible quand sa lumière déchire une humide nuée. Sa bouche de rose laisse couler une voix au parfum de miel. Sur son corps brille le printemps tout entier. Et quand il marche, sous son pied d'argent naît un pourpre jardin de roses ; et quand il porte ses regards à l'entour avec la prunelle lumineuse de ses grands yeux, c'est la lune en son plein qui jette tous ses feux.

Les Dionysiaques, X, 175-193

HOMÈRE
VIIIe s. av. J.-C.

VIRGILE
Ier s. av. J.-C.

CLAUDIEN
Ve s. ap. J.-C.

Théocrite

Quand tant les filles que les garçons resplendissent de leur beauté en fleur, un chevrier et un berger comparent leurs amours – et leurs préférences – respectives.

PILE OU FACE ?

LACON. – Bah, bah ! Lacon remplit vingt clayons de fromage,
Ou presque, et sur les fleurs pelote le jeune enfant.

COMATAS. – Cléariste, elle, jette au chevrier des pommes
S'il passe avec ses chèvres, et doucement murmure.

LACON. – Cratidas vient à moi, le berger ; sa joue lisse
M'affole ; sur son cou flottent, brillants, ses cheveux.

COMATAS. – Il ne faut comparer ronce ni anémone*
Aux roses*, dont les plants poussent le long des murs.

LACON. – Ni les pommes de montagne aux glands ; ils ont, du chêne,
Une écorce rugueuse ; elles, une peau de miel.

Idylles, V, 86-95

La beauté peut être plus atypique. Le moissonneur Boucaios célèbre ainsi le teint sombre de celle dont il est amoureux.

COULEUR DE MIEL

Piérides°, avec moi chantez la svelte enfant ;
Tout ce que vous touchez devient beau, ô déesses.
Charmante Bombyca, tous te disent noiraude,
Desséchée et brûlée ; moi seul, couleur de miel.
Sombre est la violette* et l'hyacinthe* inscrite ;
Pourtant, pour les couronnes, on les choisit d'abord.
Le loup poursuit la chèvre ; la chèvre, le cytise* ;
La grue suit la charrue ; moi, je suis fou de toi.

Idylles, X, 24-31

HOMÈRE
VIIIe s. av. J.-C.

VIRGILE
Ier s. av. J.-C.

CLAUDIEN
Ve s. ap. J.-C.

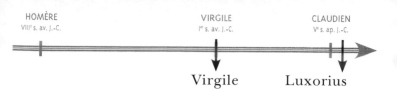

Virgile   Luxorius

Les garçons à la peau mate inspirent eux aussi l'amour.

BEAU BRUN

Amyntas est basané : et après ? Noires sont les violettes*
et les vaciets* sont noirs.

Bucoliques, X, 38

*Le même vers fameux est repris dans un poème de l'*Anthologie latine, *à propos d'un homme d'origine égyptienne.*

Charmante joie de la vue et objet de la faveur populaire,
Chasseur Olympius, rendu plus fort par tes innombrables victoires,
Tu confirmes par la vigueur de tes membres la justesse de ton nom,
Alcide par ton cou, tes épaules, ta nuque, tes bras,
Admirable, audacieux, rapide, énergique, toujours prêt.
Ton corps obscurci par un teint foncé ne te nuit en rien.
Ainsi la nature a créé l'ébène sombre et précieuse,
Ainsi la pourpre brille au fond du noble murex,
Ainsi les violettes* foncées fleurissent sur l'herbe tendre,
Ainsi une certaine grâce relève les pierres noires,
Ainsi l'éléphant énorme plaît par ses membres bruns,
Ainsi la couleur foncée de l'encens et du poivre indien est plaisante.
Enfin par l'amour puissant du public tu deviens aussi beau
Qu'un autre, beau mais sans ta force, devient laid.

Anthologie latine, 353

235

Achille Tatius

Telle la fleur, pourtant, la beauté est chose fragile. Dans la description d'un tableau représentant Andromède livrée au monstre marin, c'est l'altération du teint de la jeune fille qui est donnée à voir.

LA VIOLETTE FLÉTRIE

Le roc avait été creusé à la mesure de la jeune fille ; l'aspect de ce creux indiquait que ce n'était pas une main d'homme qui l'avait fait, mais qu'il était naturel ; le peintre avait en effet rendu l'irrégularité de la cavité de pierre telle que la terre l'avait produite. Andromède était assise dans cet abri ; ce que l'on voyait ressemblait, si l'on portait attention à la beauté, à une statue toute neuve, mais si l'on portait attention aux chaînes et au monstre, à un tableau improvisé. Et, sur son visage, beauté et frayeur étaient mêlées : sur ses joues résidait la frayeur, et de ses yeux rayonnait la beauté. La pâleur de ses joues n'était pas totalement dépourvue d'incarnat mais légèrement teintée de rouge, et l'éclat de ses yeux n'était pas non plus sans inquiétude, mais ressemblait aux violettes* récemment flétries ; c'est ainsi que le peintre l'avait parée d'une terreur qui l'embellissait.

Le Roman de Leucippé et Clitophon, III, 7, 1-3

HOMÈRE
VIIIᵉ s. av. J.-C.

VIRGILE
Iᵉʳ s. av. J.-C.

CLAUDIEN
Vᵉ s. ap. J.-C.

Nonnos de Panopolis

La perte de la virginité détruit la fraîcheur de l'innocence. Ayant pris les traits de la vieille nourrice de la jeune fille, Héra, la jalousie au cœur, va trouver dans sa chambre Sémélé enceinte des œuvres de Zeus afin d'instiller en elle le désir qui causera sa perte : voir le roi des dieux dans toute sa splendeur.

LA PÂLEUR D'UNE FEMME ENCEINTE

La déesse est assise là, tout près de Sémélé, ourdissant sa ruse. Elle a trouvé la jeune fille alourdie par le fruit mûrissant qu'elle porte en son sein. Sa grossesse, qui n'a pas encore atteint le terme d'une lune, n'est pas trahie par son ventre, mais proclamée par la pâleur de ses joues, et la pâleur régnait sur ses membres auparavant de rose. Lorsque s'assied Héra déguisée, son corps fallacieux est agité d'un tremblement contrefait et elle courbe bien bas vers la terre, hochant la tête, ses épaules accablées, ployant sa vieille nuque. Elle finit par trouver un prétexte et gémit tout en parlant, essuyant sur son visage une larme adroite et, d'une voix enjôleuse, elle prononce ce discours rusé :

« Dis-moi, princesse, qu'est-ce qui fait pâlir tes joues ? Où est ta beauté d'autrefois ? Qui, jaloux de tes appâts, a terni les étincelles qui empourpraient ton visage ? Qui a transformé tes roses* en anémones* éphémères ? Et toi, pourquoi te consumer, la mine défaite ? C'est sans doute que toi aussi tu as entendu ces bruits honteux que font courir les gens de la ville ? Au diable la langue funeste des femmes d'où nous vient tout le mal ! Dis-moi, ne me cache pas qui t'a ôté ta ceinture ! Quel dieu t'a souillée ? Qui t'a ravi ta virginité ? »

Les Dionysiaques, VIII, 196-215

HOMÈRE
VIII° s. av. J.-C.

VIRGILE
I° s. av. J.-C.

CLAUDIEN
V° s. ap. J.-C.

Straton de Sardes

Courtisé, recherché, adulé, le jeune garçon en sa fleur se montre parfois méprisant pour les attentions dont il est l'objet. L'amant cependant se venge en lui rappelant que, dès le premier poil qui lui poussera au menton, ses soupirants déserteront.

MIGNON, ALLONS VOIR...

Il pousse dans les prés que caresse le Zéphyr° moins de fleurs, parure innombrable du printemps, que tu ne pourras voir, Dionysios, d'enfants bien nés, modelés par les mains de Cypris° et des Grâces°.

Au premier rang voici fleurir Milésios, une rose✱ brillante aux odorants pétales. Mais peut-être ne sait-il pas que la chaleur fera périr cette fleur si jolie, et que de même feront les poils pour sa beauté !

Anthologie grecque, XII, 195

HOMÈRE
VIIIe s. av. J.-C.

VIRGILE
Ier s. av. J.-C.

CLAUDIEN
Ve s. ap. J.-C.

Théocrite

De même que l'adolescent vaniteux dont il a été question dans le texte précédent, le vieux beau est une cible de choix pour les quolibets. L'âge n'épargne décidément personne et ce sont les femmes, d'ordinaire brocardées pour leurs tentatives désespérées visant à retarder les effets du temps, qui se moquent à leur tour.

UNE VIEILLE POIRE

En vérité, déjà il est plus mûr qu'une poire : « Eh, eh, disent les femmes, Philinos, la fleur de ta beauté est en train de passer. »

Idylles, VII, 120-121

HOMÈRE
VIIIe s. av. J.-C.

VIRGILE
Ier s. av. J.-C.

CLAUDIEN
Ve s. ap. J.-C.

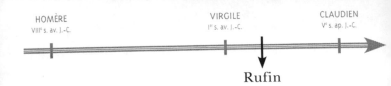

Rufin

Ce poème recèle un acrostiche sophistiqué : l'initiale de chacune des fleurs citées – dans l'ordre lis (krinon), *rose* (rhodeè), *anémone* (anemônè), *narcisse* (narkissos) *– et le nom de la dernière en entier, la violette (*ion), *forment le mot* kranion, « crâne », soit un *memento mori* inséré au cœur même des fleurs.

NE FAIS DONC PAS TANT LA FIÈRE !

Je t'envoie, Rhodocleia, cette couronne qu'avec de belles fleurs j'ai tressée de mes propres mains. Il y a des lis*, des boutons de rose*, des anémones* humides, des narcisses* flexibles, des violettes* aux sombres reflets. Mets-la sur ta tête et cesse d'être si fière : vous fleurissez et vous passez, toi comme la couronne.

Anthologie grecque, V, 74

240

FLEUR VIRGINALE,
FLEUR DÉFLORÉE

La fleur est aussi une métaphore du sexe féminin. Considérée dans son aspect juvénile et innocent, c'est un tendre bouton ; qu'on le cueille, et ce n'est plus qu'une corolle fanée dont tous se désintéressent après l'avoir pendant si longtemps adulée. Il est dans l'ordre des choses qu'alors que la jeune fille s'emploie à préserver sa fleur, le jeune homme cherche à la lui ravir. La vertu est pourtant le dernier bien qui reste aux jeunes filles sur lesquelles le destin s'acharne : qu'on les déflore, et elles perdent tout espoir d'une vie meilleure.

HOMÈRE
VIIIᵉ s. av. J.-C.

VIRGILE
Iᵉʳ s. av. J.-C.

CLAUDIEN
Vᵉ s. ap. J.-C.

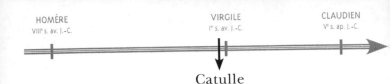

Catulle

Thésée vient d'arriver au palais de Minos. Pour Ariane, la fille du roi, c'est le coup de foudre.

FLEUR BLEUE

Il attira sur lui les regards avides de la vierge royale, que son chaste petit lit, dégageant de suaves odeurs, voyait grandir sous les tendres embrassements de sa mère, tels les myrtes* qui puisent la vie dans les eaux de l'Eurotas, ou les fleurs aux mille couleurs que fait éclore la brise printanière ; elle n'avait pas encore détaché de lui ses regards ardents que déjà la flamme l'avait pénétrée tout entière et que toutes les moelles de son corps en étaient embrasées jusqu'au fond.

Poésies, LXIV, 84-94

HOMÈRE
VIIIe s. av. J.-C.

VIRGILE
Ier s. av. J.-C.

CLAUDIEN
Ve s. ap. J.-C.

Eschyle

Danaos adjure ses filles de lui faire honneur, maintenant qu'ils sont accueillis comme hôtes – nous dirions réfugiés – en pays étranger.

CACHEZ CETTE FLEUR QUE JE NE SAURAIS VOIR

DANAOS. – Et maintenant, aux nombreuses leçons de modestie inscrites en vous par votre père, vous ajouterez celle-ci : une troupe inconnue ne se fait apprécier qu'avec le temps ; quand il s'agit d'un étranger, chacun tient prêts des mots méchants, et rien ne vient plus vite aux lèvres qu'un propos salissant. Je vous invite donc à ne pas me couvrir de honte, puisque vous possédez cette jeunesse qui attire les yeux des hommes. Le tendre fruit mûr n'est point aisé à protéger : les bêtes s'y attaquent tout comme les hommes, vous le savez, les oiseaux ailés comme les quadrupèdes. De même, des corps pleins de sève Cypris° elle-même va proclamant le prix, en invitant l'amour à cueillir la fleur de jeunesse. Aussi, sur la délicate beauté des vierges, tous les passants, succombant au désir, lancent-ils le trait charmeur du regard. Ne subissons pas un pareil destin, alors que, pour le fuir, nous avons tant souffert et labouré de notre carène une telle étendue de mer ; ne créons pas d'opprobre pour nous-mêmes, de joie pour mes ennemis. Le logis ne nous manquera pas ; deux nous sont offerts, l'un par Pélasgos, l'autre par la cité – dont nous pouvons même user sans redevance : on nous rend tout facile. Mais songez bien aux leçons paternelles : mettez la modestie plus haut que la vie.

LE CORYPHÉE. – Réservons pour d'autres vœux les dieux de l'Olympe ; s'il s'agit de ma fleur, rassure-toi, mon père : à moins que le Ciel n'ait formé des plans tout nouveaux, je ne dévierai pas de la route qu'a jusqu'ici suivie mon âme.

Les Suppliantes, 911-1016

HOMÈRE
VIIIᵉ s. av. J.-C.

VIRGILE
Iᵉʳ s. av. J.-C.

CLAUDIEN
Vᵉ s. ap. J.-C.

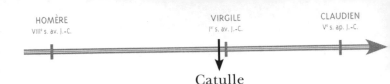

Catulle

Lors d'un mariage, deux groupes se lancent des répons : les jeunes hommes invoquent les droits du marié quand les jeunes filles défendent la virginité de la mariée.

ARRIVE VIERGE AU MARIAGE !

LES JEUNES FILLES. – Comme une fleur, à l'abri dans l'enceinte d'un jardin, croît ignorée du bétail, préservée des atteintes de la charrue ; les brises la caressent, le soleil l'affermit, la pluie la nourrit ; beaucoup de jeunes garçons, beaucoup de jeunes filles l'ont désirée ; puis, lorsque, cueillie du bout de l'ongle, elle s'est fanée, il n'y a plus de jeunes garçons ni de jeunes filles qui la désirent ; ainsi, tant qu'une vierge reste intacte, elle est chère à tous les siens ; quand une souillure a fait perdre à son corps la fleur de sa chasteté, elle n'est plus recherchée des jeunes garçons ni chérie des jeunes filles.

Hymen ô Hyménée, viens, Hymen ô Hyménée.

Poésies, LXII, 39-48

LES FLEURS MORTES

La métaphore de la fleur privée de vie se décline
selon une double image : brusquement fauchée – par une
saute de vent, par le soc de la charrue – ou au contraire
s'affaissant lentement sous le poids de sa propre corolle,
tandis qu'elle se vide lentement de son énergie vitale.
C'est l'une des comparaisons homériques les plus
fameuses que celle du héros blessé laissant partir vers la
mort sa tête lourde comme celle du pavot, alourdie par
la pluie. Les poètes latins ne s'y sont pas trompés, qui
l'ont reprise à leur tour, essayant d'en atteindre toute la
puissance et la beauté.

HOMÈRE
VIII⁰ s. av. J.-C.

VIRGILE
I⁰ s. av. J.-C.

CLAUDIEN
V⁰ s. ap. J.-C.

Homère

Le troyen Euphorbe tombe sous le trait de Ménélas.

L'OLIVIER EN FLEUR

La pointe va, tout droit, à travers le cou délicat. L'homme tombe avec fracas, et ses armes sonnent sur lui. Le sang trempe ses cheveux tout pareils à ceux des Grâces°, ses boucles, qu'enserrent et l'or et l'argent. On voit parfois un homme nourrir un plant d'olivier* magnifique, dans un lieu solitaire, un beau plant plein de sève, arrosé d'une eau abondante, vibrant à tous les vents, qu'ils soufflent d'ici ou de là, et tout couvert de blanches fleurs. Mais un vent vient soudain en puissante rafale, qui l'arrache à la terre où plonge sa racine et l'étend sur le sol. Tel apparaît le fils de Panthoos, Euphorbe à la bonne lance, que Ménélas° l'Atride vient de tuer et qu'il dépouille de ses armes.

Iliade, XVII, 49-60

HOMÈRE
VIIIᵉ s. av. J.-C.

VIRGILE
Iᵉʳ s. av. J.-C.

CLAUDIEN
Vᵉ s. ap. J.-C.

Catulle

Dernier message d'un amant trahi.

SOUS LA CHARRUE

Ô vous qui dans toutes ces contrées êtes prêts à affronter avec moi les périls auxquels m'exposera la volonté céleste, portez à ma maîtresse ces quelques paroles sans douceur.

Qu'elle vive heureuse avec ses trois cents amants qu'elle serre en même temps dans ses bras sans en aimer vraiment un seul, mais sans cesser de les éreinter tous :

Qu'elle ne compte plus, comme autrefois, sur mon amour ; par sa faute il est mort, comme, au bord d'un pré, la fleur qu'a touchée en passant la charrue.

Poésies, XI, 13-24

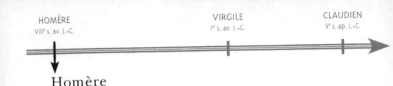

HOMÈRE
VIIIᵉ s. av. J.-C.

VIRGILE
Iᵉʳ s. av. J.-C.

CLAUDIEN
Vᵉ s. ap. J.-C.

Homère

Le grec Teucros atteint un guerrier troyen en plein cœur.

TEL UN PAVOT…

La flèche va toucher en pleine poitrine Gorgythion sans reproche, le noble fils de Priam°, à qui il est né d'une épouse venue d'Ésyme, Castianire la Belle, au corps de déesse. Tel un pavot*, dans un jardin, penche la tête de côté, sous le poids de son fruit et des pluies printanières, tel il penche son front par le casque alourdi.

Iliade, VIII, 302-308

HOMÈRE
VIIIe s. av. J.-C.

VIRGILE
Ier s. av. J.-C.

CLAUDIEN
Ve s. ap. J.-C.

Virgile

La comparaison, fameuse, fut reprise par Virgile dans sa propre épopée.

... SE COURBE SOUS LA PLUIE

L'épée poussée avec force a traversé les côtes et rompt la si blanche poitrine. Euryale roule dans la mort, le sang coule sur son corps si beau et sa tête défaillante retombe sur son épaule. Comme on voit languir et mourir une fleur vermeille tranchée par la charrue ; comme des pavots*, le cou lassé, finissent par baisser la tête si une pluie vient peser sur eux.

L'Énéide, IX, 431-437

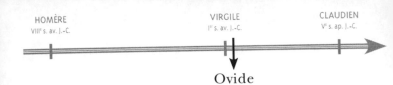

HOMÈRE
VIIIe s. av. J.-C.

VIRGILE
Ier s. av. J.-C.

CLAUDIEN
Ve s. ap. J.-C.

Ovide

Apollon ne songeait pas que ses jeux avec le jeune Hyacinthe finiraient de manière si tragique. Comme en miroir, le jeune homme s'affaisse telle la fleur qu'il s'apprête à devenir.

LA MORT D'HYACINTHE

Vite, pris par le jeu, l'imprudent Ténaride
Court ramasser le disque. Hélas, le sol durci
Renvoie le coup, il rebondit et vient t'atteindre
À la face, Hyacinthe. Aussi pâle que lui,
Le dieu reçoit le corps défaillant de l'enfant,
Tâche à le ranimer, sèche l'affreuse plaie,
Par des herbes retient son souffle qui s'en va,
Son art est impuissant, le mal est sans remède.
Lorsque dans un jardin bien irrigué l'on brise
Des violiers*, des pavots*, des lys* à pistil fauve,
Leurs fleurs d'un coup flétries s'inclinent, languissantes,
Ne se soutenant plus, et regardent le sol.
Ainsi son chef mourant s'affaisse, et sans vigueur
Son col trop lourd fléchit et tombe sur l'épaule.

Les Métamorphoses, X, 182-195

VARIATIONS

Les métaphores florales sont aussi innombrables que les fleurs d'une prairie, aussi variées que les espèces produites par l'imagination débridée de la nature. Seul un choix a pu en être présenté ici. Outre les formules incontournables ayant trait aux fleurs, il faut avoir lu d'Homère la comparaison qui fait des Grecs se répandant dans la plaine de Troie un essaim d'abeilles partant butiner, ou encore les mille et mille pousses qui fleurissent soudain au printemps. Le poète lyrique Pindare est celui qui mentionne le plus d'images florales : fleurs de jeunesse, fleurs poétiques, fleurs de gloire ou de vertu partout chez lui s'épanouissent.

La richesse de la langue grecque réserve aussi quelques surprises : ainsi, pour dire que l'on s'est fait un hématome, c'est le terme *anthos* (fleur) que l'on emploie. À ne pas confondre avec l'expression moderne « (se) faire une fleur », donc. À l'opposé de cette expression triviale croît sur les hauteurs de la philosophie néoplatonicienne la « fleur de l'Intellect ». C'est encore l'antiphrase qui appelle les insultes des roses, ou un réquisitoire contre l'école qui va à vau-l'eau.

HOMÈRE
VIIIe s. av. J.-C.

VIRGILE
Ier s. av. J.-C.

CLAUDIEN
Ve s. ap. J.-C.

Homère

*Les plus célèbres formules homériques mentionnent des fleurs :
c'est l'Aurore « aux doigts de rose » (*rhododactylos*), qui se lève
« en robe safran » (*krokopeplos*). Les comparaisons ne sont pas
en reste.*

COMME LES ABEILLES AU-DESSUS DES FLEURS

Comme on voit les abeilles, par troupes compactes,
sortir d'un antre creux, à flots toujours nouveaux, pour
former une grappe, qui bientôt voltige au-dessus des
fleurs du printemps, tandis que beaucoup d'autres s'en
vont voletant, les unes par-ci, les autres par-là ; ainsi, des
nefs et des baraques, des troupes sans nombre viennent
se ranger, par groupes serrés, en avant du rivage bas,
pour prendre part à l'assemblée.

Iliade, II, 87-93

INNOMBRABLES
COMME FEUILLES ET FLEURS AU PRINTEMPS

Ainsi, des nefs et des baraques, des troupes sans
nombre se répandent dans la plaine du Scamandre° ; le
sol terriblement résonne sous les pas des guerriers et des
chevaux. Elles font halte dans la prairie fleurie qu'arrose
le Scamandre, innombrables comme feuilles et fleurs au
printemps.

Iliade, II, 464-468

HOMÈRE
VIIIᵉ s. av. J.-C.

VIRGILE
Iᵉʳ s. av. J.-C.

CLAUDIEN
Vᵉ s. ap. J.-C.

Pindare

FLEURS DE JEUNESSE

Le prix de la course est une belle jeune fille.

Car admirable était sa beauté, et tous ces jeunes gens brûlaient de cueillir la fleur épanouie de sa jeunesse couronnée d'or.

Pythiques, IX, 191-194

Pour obtenir que Jason parte en quête de la Toison d'or, Pélias s'adresse à lui en ces termes :

« Mais voici que déjà l'âge de la vieillesse m'environne, tandis que ta jeunesse s'épanouit en sa fleur. »

Pythiques, IV, 279-281

FLEURS POÉTIQUES

L'hymne, fleur des Charites.

Isthmiques, VIII, 36

Maître de la mer, rends prompte la traversée, préserve-la de toute épreuve, époux d'Amphitrite° à la quenouille d'or – et fais croître la fleur charmante de mes hymnes !

Olympiques, VI, 176-180

Tresser des fleurs en couronnes, tâche facile. Rejette-la ! La Muse°, elle assemble l'or avec l'ivoire blanc et la fleur du lys* qu'elle a soustraite à la rosée marine.

Néméennes, VII, 113-117

Louons le vin vieux et la fleur des hymnes nouveaux !

Olympiques, IX, 73-75

Là fleurit la Muse° harmonieuse ; là, par les lances meurtrières des jeunes guerriers, fleurit Arès°.

Olympiques, XIII, 31-33

FLEURS DE GLOIRE

On dit que d'Hector la gloire a fleuri sur les bords du Scamandre.

Néméennes, IX, 93-94

Théron, [...] fleur issue d'une illustre lignée.

Olympiques, II, 13-14

FLEURS DE VERTU

Célébrer ta vertu, c'est m'embarquer sur un navire paré de fleurs.

Pythiques, II, 113-115

HOMÈRE
VIIIᵉ s. av. J.-C.

VIRGILE
Iᵉ s. av. J.-C.

CLAUDIEN
Vᵉ s. ap. J.-C.

Achille Tatius

En grec, le mot fleur (anthos) *a des emplois extrêmement variés. Il peut par exemple désigner ce que nous appelons, en langage courant, un bleu.*

DES BLEUS À L'ÂME

De même que, dans les blessures du corps, la meurtrissure n'apparaît pas tout de suite et que le coup ne produit pas immédiatement de bleu [*anthos*], mais enfle peu après, qu'un homme qui a été frappé par la dent d'un sanglier cherche aussitôt la blessure mais n'arrive pas à la trouver, car elle est encore enfouie et dissimule, en se formant lentement, la trace du coup, mais que, après, soudain, apparaît une trace blanche qui annonce le sang, et que, au bout de quelques instants, celui-ci arrive et coule à flots ; de même, une âme frappée par le trait du chagrin que provoque une parole que l'on a décochée se trouve déjà blessée et a une plaie, mais la rapidité du choc ne fait pas encore s'ouvrir la blessure et chasse les larmes loin des yeux ; les larmes sont en effet le sang des blessures de l'âme. Lorsque la dent du chagrin a peu à peu dévoré le cœur, la blessure de l'âme se déchire, dans les yeux la porte des larmes s'ouvre et, peu après son ouverture, celles-ci jaillissent.

Le Roman de Leucippé et Clitophon, VII, 4, 4-5

HOMÈRE
VIIIᵉ s. av. J.-C.

VIRGILE
Iᵉʳ s. av. J.-C.

CLAUDIEN
Vᵉ s. ap. J.-C.

Proclus

L'image de la fleur peut parcourir toute la gamme du plus matériel (cf. le texte précédent) au plus spirituel. Aiôn est le Temps conçu dans sa dimension créatrice de renouvellement cyclique.

LA FLEUR DE L'INTELLECT

Ayant seul tiré de la force du Père et cueilli en abondance la Fleur de l'Intellect, [l'Aiôn] a la faculté de penser l'Intellect paternel et de répandre de l'intelligence dans toutes les Sources et tous les Principes, et de les faire à la fois demeurer éternellement en repos et éternellement tourner dans un tourbillon sans fin.

Commentaire au Timée de Platon, III, 14, 11-13

HOMÈRE
VIIIᵉ s. av. J.-C.

VIRGILE
Iᵉʳ s. av. J.-C.

CLAUDIEN
Vᵉ s. ap. J.-C.

Aristophane

*L'antiphrase est un ressort comique puissant, comme le
montre ce passage dans lequel les allégories du Raisonnement
Juste et du Raisonnement Injuste s'affrontent dans ce qui peut
apparaître scéniquement comme un combat de coqs.*

JETTE-MOI DES FLEURS !

Le raisonnement juste. – Pouah ! Voilà déjà que le mal fait
son effet : donnez-moi une cuvette.

Le raisonnement injuste. – Tu es un vieil imbécile, un
déséquilibré.

Le raisonnement juste. – Tu es un inverti, un effronté…

Le raisonnement injuste. – Des roses*, ce que tu me dis là !

Le raisonnement juste. – … Un sacripant…

Le raisonnement injuste. – Tu me couronnes de lys*.

Le raisonnement juste. – … Un parricide…

Le raisonnement injuste. – Tu me saupoudres d'or sans
t'en douter.

Les Nuées, 906-912

*Le même procédé est repris lors de la bagarre entre le père
(Strepsiade) et le fils (Phidippide).*

Strepsiade. – Canaille, parricide, perceur de murailles.

Phidippide. – Redis-moi ces mêmes qualificatifs et plus
encore. Sais-tu que j'ai plaisir à entendre tant d'injures ?

Strepsiade. – Cul béant !

Phidippide. – Répands à profusion tes roses*.

Les Nuées, 1327-1330

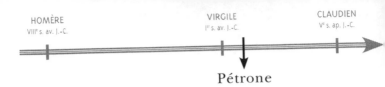

HOMÈRE
VIIIe s. av. J.-C.

VIRGILE
Ier s. av. J.-C.

CLAUDIEN
Ve s. ap. J.-C.

Pétrone

Dans ce réquisitoire contre les dérives de l'éducation plus que jamais d'actualité, l'auteur dénonce les discours enflés et creux des maîtres qui flattent la paresse et la médiocrité des élèves, reflets de la négligence des parents. Les « fleurs de rhétorique » sont ici entendues dans un sens péjoratif, comme un saupoudrage qui ne suffit pas à masquer les lacunes béantes de tout un système éducatif.

L'ÉCOLE EST FINIE

Et les déclamateurs ! Les Furies° ne les font-elles pas délirer ? Écoutez-les hurler : « Voilà les blessures que j'ai reçues pour la liberté de l'État, voilà l'œil que j'ai sacrifié pour vous ! Donnez-moi un guide pour m'emmener voir mes enfants, je ne tiens plus sur mes jambes, j'ai eu les jarrets coupés ! » Passe encore si les élèves y trouvaient des recettes d'éloquence. Mais ce blablabla boursouflé de formules creuses ne leur servira qu'à se croire tombés sur une autre planète lorsqu'ils iront plaider au forum. Si nos écoles crétinisent la jeunesse, à mon avis, c'est à cause de ça. Ils n'y voient ni n'y entendent rien de la vie de tous les jours, seulement des histoires de pirates guettant leurs proies sur un rivage pour les enchaîner, de tyrans fulminant des oukases condamnant des fils à décapiter leur père, d'oracles ordonnant de commencer par immoler trois vierges pour enrayer une épidémie, où les mots sont soufflés comme des beignets au miel et où tout, forme et fond, est saupoudré de sésame et de pavot*. Nourris de ça ils n'ont pas plus de chance d'avoir du goût qu'un marmiton de ne pas puer le graillon. Laissez-moi vous le dire, les premiers naufrageurs de l'éloquence, c'est vous. À force de chercher à chatouiller l'oreille par des afféteries et des sonorités vides de sens vous avez châtré et tué le discours.

Satiricon, 1-2

ANTHOLOGIE

La métaphore florale qui a sans doute eu la fortune la plus brillante est celle de l'anthologie. L'étymologie du terme (*anthos*, « fleur » et *legô*, « cueillir ») indique qu'il s'agit de choisir et d'arranger de la manière la plus plaisante qui soit des pièces de littérature, telle une composition de fleurs dont chacune contribue à la beauté de l'ensemble. Le terme même d'« anthologie » est tardif. Il s'applique par exemple au recueil de Jean Stobée, un compilateur du Vᵉ siècle de notre ère qui sélectionna et rassembla en chapitres thématiques de très nombreux extraits de textes tirés de toute la littérature grecque dont beaucoup sans lui auraient été perdus. Dans le domaine de la poésie, une anthologie nous a transmis ce qu'il nous reste de la poésie grecque ; l'*Anthologie grecque*, qui regroupe en fait deux arrangements d'épigrammes divers. La métaphore des fleurs poétiques était déjà connue de Sappho qui chantait les « roses de Piérie » (*fr.* 69 Hiller-Crusius conservé dans Stobée, *Anthologion* IV, 12), c'est-à-dire la beauté des vers de la Muse de la poésie (cf. p. 107), ou encore d'Antipater de Sidon louant la « guirlande des Muses » (*Anthologie grecque* VII, 14, 3-4). Les trois préfaces correspondant à trois états de l'*Anthologie grecque* reprennent en la systématisant l'image de l'arrangement de fleurs poétiques. Ce sont ces textes, les deux premiers dans leur intégralité et un passage du troisième, qui sont proposés en guise de conclusion à ce volume, une anthologie lui aussi, bien que d'envergure plus modeste.

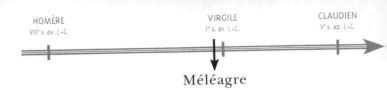

HOMÈRE
VIIIᵉ s. av. J.-C.

VIRGILE
Iᵉʳ s. av. J.-C.

CLAUDIEN
Vᵉ s. ap. J.-C.

Méléagre

L'œuvre de chaque poète représenté dans cette « couronne »
est symbolisée par une fleur qui en définit le style mieux que ne le
ferait une quelconque étude critique.

LA COURONNE

Muse aimée, à qui apportes-tu tous ces fruits réunis dans un chant ? Qui donc, pourrais-je dire encore, a tressé cette couronne de poètes ? Celui qui l'a faite, c'est Méléagre ; et c'est à l'illustre Dioclès qu'il adresse ce souvenir, c'est pour lui qu'il a composé cette magnifique offrande. Il y a entrelacé beaucoup de lis* rouges d'Anytê, beaucoup de lis* blancs de Mœro ; de Sappho, peu de chose, mais ce sont des roses* ; puis, le narcisse* de Mélanippide, fécond en hymnes harmonieux, et les jeunes sarments de la vigne* de Simonide. Il y a inséré, pêle-mêle, le bel iris* embaumé de Nossis, dont les tablettes de cire furent amollies par Éros, ainsi que la marjolaine* odorante de Rhianos, et le doux safran* d'Érinna, fleur au teint virginal, et l'hyacinthe* d'Alcée, à qui les poètes reconnaissent le don de la parole, et les rameaux du laurier* de Samios, avec leur feuillage noir. Il y a ajouté des grappes vigoureuses du lierre* de Léonidas et la chevelure du pin de Mnasalcas aux aiguilles piquantes. Il a coupé quelques branches du platane tordu de Pamphilos, pour les mêler à celles du noyer de Pancratès, au beau feuillage du peuplier blanc de Tymnès, à la menthe* verdoyante de Nicias, à l'euphorbe* marine d'Euphémos, qui pousse dans le sable. Il y a mis la violette* sombre de Damagétos, et le doux myrte* de Callimaque, toujours gonflé d'un lait bien amer, et le lychnis* d'Euphorion et le cinname*, cher aux Muses, du poète qui doit son nom aux Dioscures. Avec ces fleurs il a encore tressé le raisin enivrant d'Hégésippos et une moisson des joncs odorants de Persès ; il y a joint une pomme douce cueillie sur l'arbre de Diotimos, et les premières fleurs du grenadier* de Ménécratès, et quelques rameaux du myrte* de Nicainétos, et le térébinthe* de Phaennos, et le grand poirier sauvage de Simias ; il y a ajouté l'ache* de la merveilleuse prairie de Parthénis, dont il a arraché quelques tiges, et – restes d'une abondante moisson dont les Muses distillent leur miel – de blonds épis glanés dans les chaumes de Bacchylide. Puis c'est Anacréon, avec ses chansons douces comme le nectar et la nigelle* sauvage de ses vers élégiaques ; c'est l'acanthe* d'Archiloque, cueillie dans ses prairies luxuriantes : à peine quelques gouttes d'un immense océan ! À ces fleurs il a joint les jeunes pousses de l'olivier* d'Alexandre et la fève pourprée de Polycleitos. Il y a mis aussi l'amaracus* de Polystratos, fleur de la poésie, et le jeune troène phénicien d'Antipater ; puis le nard* syrien, couronné d'épis, de ce poète qu'en vers on nomme « présent d'Hermès ». Il n'a pas manqué d'y insérer les fleurs champêtres de Posidippe et d'Hédylos, et celles du Sicilien, qui naissent au souffle des vents ; puis le rameau toujours resplendissant du divin Platon, auquel la vertu communique partout son éclat. Il y a ajouté Aratos, le poète instruit dans la science des astres, ce palmier qui s'élève jusqu'au ciel, dont il a détaché les premiers bourgeons. Puis le lotus* chevelu de Chérémon, mêlé au phlox* de Phaidimos et au flexible œil-de-bœuf* d'Antagoras, le serpolet* frais éclos de Théodoridas, ami du vin, et les bleuets* de Phanias, et beaucoup d'autres fleurs encore, mais, celles-là, inédites. De sa propre Muse, enfin, il y a ajouté de précoces giroflées*.

C'est à mes amis que je dédie cette offrande ; mais elle est destinée également à tous les initiés, cette couronne des Muses au langage harmonieux.

Anthologie grecque, IV, 1

Autre pièce liminaire, attribuée au même poète. Cette fois-ci, il s'agit non plus d'un bouquet composé d'auteurs mais bien d'enfants. Le genre de la poésie pédérastique ne suscitait pas alors les mêmes réserves qu'elle ne le ferait de nos jours.

Ô Cypris°, de ce riche bouquet d'enfants qu'il a cueilli lui-même, Éros° t'a composé une couronne, un piège pour les cœurs. Il a mis pour la tresser le doux lys*, Diodore, et Asclépiade, la suave giroflée* ; bien sûr, il entrelaçait Héraclite, rose* arrachée aux épines, et Dion avait le frais éclat de la clématite*. Il ajouta Théron, crocus* aux cheveux d'or, et y inséra un brin de serpolet*, Ouliade. Et Myiscos à l'abondante chevelure, ce jeune plant d'olivier* toujours vert, branches si désirées qui sont le prix de la valeur, il le cueillait.

Oh ! La plus fortunée des îles, Tyr° la sainte : elle possède ce parc embaumé de parfums, qui voit fleurir les enfants de Cypris°.

Anthologie grecque, XII, 256

HOMÈRE
VIIIe s. av. J.-C.

VIRGILE
Ier s. av. J.-C.

CLAUDIEN
Ve s. ap. J.-C.

Philippe de Thessalonique

Quelques siècles plus tard, la métaphore des fleurs de poésie a fait florès au point de faire figure de passage obligé dans les préfaces de ce type de recueil.

LA GUIRLANDE

J'ai cueilli pour toi des fleurs de l'Hélicon° ; j'ai coupé des boutons fraîchement éclos de la Piérie° aux forêts illustres ; j'ai moissonné les épis des livres nouveaux et j'en ai à mon tour tressé une couronne, pareille à celle de Méléagre. Tu sais quelle est la gloire des Anciens, noble Camille : apprends aussi à connaître les poètes récents, que je vais te nommer en quelques vers.

Antipater, dans ma couronne, figurera l'épi ; Crinagoras y brillera comme le lierre qui porte des grappes, Antiphilos comme le raisin, Tullius comme le mélilot*, Philodème comme l'amaracus* . Notre ami Parménion y sera le myrte* ; Antiphanès, la rose* ; Automédon, le lierre* ; Zonas, le lis* ; Bianor, le chêne ; Antigonos, l'olivier* , et Diodoros, la violette*. Pour Euénos, ajoutes-y le laurier* ; et quant à ceux qui restent, compare-les à celles qu'il te plaira parmi les fleurs nouvellement écloses.

Anthologie grecque, IV, 2

Agathias

Au fil du temps, l'image de la couronne ou de la guirlande de poètes s'affadit au point qu'Agathias choisit de développer pour sa propre préface une autre métaphore, celle du banquet où chaque pièce poétique est un met soigneusement apprêté. Néanmoins, l'idée de l'anthologie poétique est désormais à ce point liée à la composition florale que l'allusion se glisse malgré tout dans le fil du texte. L'abeille, mélissa *en grec, est le symbole de la poésie. La mention de l'« élégie » renvoie quant à elle au vers de prédilection de l'épigramme qu'est le distique élégiaque.*

LA BOUCLE EST BOUCLÉE

Car c'est pour toi que j'ai affronté la lutte ; c'est pour toi que j'ai exercé le métier des moissonneurs et amassé, en réunissant tout dans un seul livre, ce butin d'une abeille qui puisait à toutes les sources. J'ai recueilli toutes ces fleurs éparses de l'élégie et j'ai tressé pour toi une guirlande faite des beaux vers de Calliope° comme on consacre un chêne au fils de Cronos°, des navires à Poséidon°, un baudrier à Arès° ou un carquois à Apollon°, une lyre à Hermès° et des vignes* à Dionysos°.

Anthologie grecque, IV, 3, 2, 57-64

[Flora] avait tout dit : elle s'évanouit dans l'air léger ; son parfum demeura : on pouvait reconnaître qu'une déesse était passée.

Ovide, Les Fastes, V, 375-376

ANNEXES

GLOSSAIRE DES FLEURS
ET DES PLANTES CITÉES

Fleur se dit *anthos* en grec (nom masculin ou neutre), *flos* en latin (nom masculin). Les équivalences en termes de désignation ou de nomenclature botanique données ici le sont à titre indicatif: il est en effet difficile d'identifier avec certitude les fleurs et les plantes dont il est question dans les textes anciens. Nous renvoyons à l'ouvrage richement illustré d'H. Baumann, *Le Bouquet d'Athéna* (cf. les Suggestions bibliographiques, p. 313).

Acanthe – *Acanthus mollis.* Plante à la feuille d'une forme découpée caractéristique, stylisée en motif de sculpture, en particulier dans la décoration du chapiteau d'ordre corinthien.

Ache – *Apium.* Genre de plantes apparentées au céleri. On en tressait en particulier les couronnes des vainqueurs aux Jeux isthmiques.

Aconit – *Aconitum.* Les fleurs de cette espèce sont en forme de casque. Elles contiennent un poison hautement toxique, l'aconitine. La plus célèbre est l'aconit tue-loup (*Aconitum lycoctonum* subsp. *Vulparia*).

Aigile/égilope – *Aegilops ovata* (gr. *aigilôps*, « œil de chèvre »). Comme son nom l'indique, cette plante de la famille des Graminacées est particulièrement appréciée des troupeaux méditerranéens.

Alysse – *Alyssum.* Genre qui regroupe plusieurs dizaines de plantes à fleurs, jaunes ou blanches, ou encore roses à pourpres pour certaines espèces, de la famille des Brassicacées. La plante de rocaille la plus commune est l'*Aurinia saxatilis*, aussi appelée « corbeille d'or ».

Amandier – *Prunus dulcis.* Arbre aux fleurs d'un blanc rosé.

Amaracus – syn. *Origanum dictamnus.* Plante endémique de Crète, aux vertus curatives et antiseptiques.

Amaranthe – *Amaranthus* (gr. *amaranthos*, « immortel »). Plante et graines comestibles. Floraison en larges épis très colorés pouvant aller jusqu'au fuchsia.

Améthyste (jacinthe) – *Brimeura amethystina.* Plante de la famille des *Liliacées.* Fleurs bleu ciel, disposées en grappe de cinq à quinze fleurs campanulées.

Amome – *Amomum.* Genre de plante parfumée comportant environ trois cents espèces, importée d'Inde. Corolle blanche dont le pétale central, plus grand, est généralement jaune ou orange.

Anémone – *Anemone* (gr. *anemônè*, étym. popul. « qui s'envole dans le vent »). Le vent emporte en effet ses graines légères et plumeuses à une grande distance.

Aneth – *Anethum graveolens*. Plante herbacée de la famille des Apiacées, aussi appelée « fenouil bâtard » ou « faux anis ». Très parfumée, elle est cultivée pour ses propriétés aromatiques. Sa fleur est particulièrement appréciée par les abeilles.

Arbousier – *Arbutus unedo*. Arbuste ou petit arbre du pourtour méditerranéen aux grappes de fleurs en clochettes blanches tirant sur le vert, aux fruits comestibles.

Asphodèle – *Asphodelus* (gr. *asphodèlos*), vulg. contemp. « poireau du diable ». Plante de la famille des Liliacées associée au monde des morts.

Baccar – *Asarum europaeum*, « asaret d'Europe ; nard sauvage ». Plante odoriférante, aux petites fleurs brunes, utilisée dans la parfumerie.

Bleuet – *Centaurea cyanus*, « centaurée ; barbeau ; blavelle ; fleur de Zacharie ». Plante herbacée à fleurs bleues, des champs ou des montagnes. Souvent adventice des champs de céréales.

Casse – *Cassia*, syn. *Cinnamomum aromaticum*, « cannelier de Chine ».

Cédratier – *Citrus medica*. Arbre dont le fruit est un agrume, espèce voisine du citron. Il se diffuse en Europe à partir de l'Asie dès le IIIᵉ siècle av. J.-C.

Centaurée – *Cf.* Bleuet.

Chicorée – *Cichorium*. Genre qui comporte à la fois des espèces sauvages et des plantes cultivées, avec des variétés à feuilles (salades, endives) ou à racines (chicorée).

Cinname – *Cinnamum*, syn. *Cinnamomum*, « cinnamome ». Arbuste aromatique de la famille des Lauracées, originaire d'Asie, dont les variétés les plus fameuses produisent le camphre ou la cannelle.

Ciste – *Cistus*. Arbrisseau du pourtour méditerranéen poussant sur sol sec, de préférence siliceux. Pyrophyte, il croît de nouveau aussitôt après un incendie. Fleurs blanches ou roses à violettes, parfois rouges, au pistil et aux étamines jaune orangé, qui ne durent qu'une journée.

Clématite – *Clematis*. Genre de la famille des Renonculacées. Vivace herbacée à souche ligneuse et plante semi-grimpante. Floraison abondante, très décorative.

Cognassier – *Cydonia oblonga*. Arbre qui donne le coing, aussi « pomme d'or ; poire de Cydonie ».

Colocasie – *Colocasia esculenta*. Plante aux rhizomes et aux feuilles comestibles, plus connue sous son nom générique de « taro ». Poussant dans le delta du Nil, elle ne fut connue à Rome qu'après la conquête de l'Égypte.

Concombre – *Cucumis sativus*. On doit émonder la fleur pour laisser pousser le fruit.

Conyze – *Conyza*, « vergerette ». Plante herbacée à tige dressée, à fleurs jaunes.

Coquelicot – *Papaver rhoeas* (gr. *mèkôn*). Fleur de pavot, de couleur rouge, aux pétales à l'aspect froissé, qui croît sur les talus ou dans les champs de blés.

Crocus – *Crocus sativus*. Plante à fleurs violettes et jaunes dont est extrait le safran.

Cyprus – *Lawsonia inermis*. Arbuste épineux de la famille des Lythracées, aux fleurs petites, de blanches à bleues, dont les feuilles séchées donnent le henné.

Cytise – Vernacul. pour plusieurs plantes de la famille des Fabacées.

Euphorbe – *Euphorbia*. Plantes toxiques qui possèdent des inflorescences particulières nommées « cyathes ».

Fenouil – Vernacul. pour de nombreuses plantes de la famille des Apiacées ou Ombellifères, ainsi appelées en raison de leur inflorescence typique en ombelle.

Garou – *Daphne gnidium*, « Daphné Garou ; thymèle ; Saint-Bois ». Arbuste de la famille des Thyméléacées. Fleurs blanches, petites et tubulaires, souvent odorantes, groupées en panicules terminales.

Gattilier – *Vitex agnus castus*, vulg. « petit poivre » ou « poivre de moine ». Petit arbre portant des grappes de fleurs odorantes, de couleur violette ou blanche.

Giroflée – *Matthiola longipetala*, « matthiole ». Plante odoriférante, en particulier le soir pendant les mois d'été. Fleur mauve.

Grenadier – *Punica granatum*, « grenadier commun ». Fleurs rouges.

Gueule-de-loup – *Antirrhinum majus*, vulg. « muflier ; tête-de-mort ; tête-de-chien (*cynocéphalie*) », d'après la forme de la fleur qui, si on la pince sur les côtés, s'ouvre telle une gueule de loup. Couleur : blanc, rouge, rose ou jaune.

Hélichryse – *Helichrysum* (gr. *hélichrysos* « couleur d'or soleil »). Sous-arbrisseau qui donne l'immortelle, fleur jaune vif.

Héliotrope – *Heliotropium europaeum* (gr. *héliotropios* « qui se tourne vers le soleil »), « héliotrope d'Europe ou commun ». Plante dont les feuilles changent d'orientation suivant le cours du soleil.

Hyacinthe/Jacinthe – *Hyacinthus*, genre distinct de la *Scilla bifolia*, sauvage, ou du *Delphinium Ajacis*, cultivé. Il regroupe des plantes bulbeuses de la famille des Asparagacées.

If – *Taxus*. Arbre conifère de la famille des Taxacées souvent utilisé comme ornement dans les parcs et les jardins. Son bois est toxique.

Iris – *Iris*. Genre qui contient plus de deux cents espèces, plantes vivaces à rhizomes ou à bulbes de la famille des Iridacées, dont fait également partie le crocus.

Jonc – Vernacul. ; *Arundo donax*, « cannes de Provence ».

Laurier – Vulg. « laurier-sauce » ; *Laurus nobilis*, « laurier noble ; laurier d'Apollon », le seul qui soit comestible. Petites fleurs tirant sur le blanc.

Lentisque – *Pistacia lentiscus*, « pistachier lentisque ; arbre au mastic ». Arbuste poussant dans les garrigues et les maquis des climats méditerranéens.

Lierre – *Hedera helix*, « lierre grimpant ou commun », lat. *haerere* « être attaché ». Fleurs jaune verdâtre, regroupées en ombelle.

Lis ou **lys** – *Lilium candidum* (gr. *krinon*). Le lis-lotus est le *Nymphaea lotus* à fleurs blanches tandis que le lis-rose correspondrait plutôt au *Nymphaea nelumbo*, originaire d'Inde.

Lotus – *Nelumbo nucifera*, « lotus sacré », plante aquatique à grandes fleurs. Le *Zizyphus lotus* mentionné par Homère en *Od.* IX serait quant à lui plutôt une sorte de dattier-jujubier.

Lychnis – *Lychnis*, genre de la famille des Caryophyllacées ; le *Lychnis flos-jovis*, « fleur-de-Jupiter ; œillet de Dieu » est désormais classé parmi les silènes.

Malabathron – *cf.* Cinname.

Marjolaine – *Origanum majorana*, « origan des jardins ». Plante dont les feuilles aromatiques sont utilisées comme condiment.

Mélilot – Plante herbacée de la famille des Fabacées et du genre *Melilotus* (gr. *meli*, « miel » ; *lôtos*, « lotus »), en référence au fait que ses fleurs attirent les abeilles.

Mélisse – *Melissa officinalis* (gr. *mélissophyllon*, « feuille à abeilles »). Plante herbacée, aussi « mélisse citronnelle ». Calice de la fleur, blanche, en forme de cloche.

Menthe – *Mentha*. Genre de plantes herbacées qui comprend de nombreuses espèces.

Mûrier – *Morus*. Genre d'arbres ou d'arbustes cultivé pour son fruit (la mûre) ou sa feuille, qui sert de nourriture au ver à soie.

Myrte – *Myrtus*. Plante de la famille des Myrtacées qui sert à la confection de parfums ou de liqueurs.

Narcisse – *Narcissus*. Genre d'herbacée vivace de la famille des Amaryllidacées. Plantes à bulbes très appréciées dans les jardins, les narcisses sont cependant toxiques (galantamine). La fleur du narcisse jaune peut donner la migraine.

Nard – *Nardus indica*. Plante utilisée pour ses vertus dans la pharmacopée et en parfumerie.

Nigelle – *Nigella sativa*, « nielle » ; du lat. *niger*, « noir », en référence à la couleur des graines.

Nivéole – *Leucojum aestivum*, « estivale ». Plante des prés et des fossés humides, qui, malgré son nom, fleurit au printemps.

Noyer – *Jovis glans*, « gland de Jupiter », aux petites fleurs verdâtres.

Olivier – *Olea europea*. Arbre emblématique du monde méditerranéen. Les fleurs blanches sont auto-fertiles : leur pollen peut féconder leurs propres ovaires.

Osier – Nom générique de plusieurs types d'arbres ou d'arbustes appartenant au genre *Salix* (saule). Ses rameaux souples sont utilisés en particulier en vannerie.

Palmier – *Palma*. Arbres qui croissent dans les déserts chauds, les côtes et les paysages tropicaux. Les fleurs sont hermaphrodites.

Pampre – Tige de vigne portant feuilles, vrilles et grappes.

Panacée – gr. *pan*, « tout » et *akos*, « remède », soit « remède universel ». La centaurée, ou herbe de Chiron, était considérée comme telle.

Parthénice – gr. *parthénos*, « vierge ». Il s'agit probablement dans les textes anciens de la fleur blanche de la camomille (matricaire).

Pavot – *Papaver*, toute espèce allant du coquelicot (*Papaver rhoeas*) au pavot à opium (*Papaver somniferum*).

Persil – *Apium graveolens* (gr. *selinon*), en fait un type de céleri ou « ache des marais ».

Phlox – gr. « flamme ». Plante herbacée ainsi nommée en raison de sa couleur vive, mauve, rose ou violet.

Pimprenelle – *Sanguisorba minor*. Plante herbacée vivace de la famille des Rosacées, en fait peut-être plutôt du mouron rouge (*Anagallis arvensis*) dans certains textes.

Poirier – *Pyrus communis*.

Pommier – *Malus domestica*.

Pouliot – *Mentha pulegium*, « menthe pouliot ». Plante herbacée vivace de la famille des Lamiacées, jadis cultivée comme plante condimentaire pour ses feuilles très aromatiques. Fleurs rose lilas, parfois blanches, groupées à l'aisselle des feuilles.

Prunier – *Prunus domestica*.

Ptélée – *Ptelea*. Plante de la famille des Rutacées, ayant pour type la ptélée trifoliée ; vulg. « orme à trois feuilles ; orme de Samarie ».

Quarantaine – Giroflée d'un type particulier (*cf.* Théophraste, VI, 8, 1 ; Dioscoride, IV, 68, 2).

Romarin – *Rosmarinus*, « rose marine ». Arbuste aromatique méditerranéen, à feuilles persistantes sans pétiole, d'odeur très camphrée, aux fleurs bleu pâle à violet ou blanches, herbe condimentaire, plante mellifère.

Rose – *Rosa* (gr. *rhodon*). La rose des jardins se caractérise par la multiplication de ses pétales imbriqués qui lui donnent sa forme caractéristique. C'est, depuis l'Antiquité, l'une des plantes les plus cultivées au monde.

Rue – *Ruta graveolens*, « rue des jardins ; fétide ; à odeur forte ». Sous-arbrisseau de la famille des Rutacées, cultivé pour ses feuilles utilisées dans leurs qualités aromatiques et médicinales.

Safran – *cf.* Crocus.

Salsepareille – *Smilax aspera*, « liseron épineux ». Fleurs petites, blanc jaunâtre, réunies en ombelles.

Sapin – Arbre conifère du genre *Abies*.

Saule – *Salix*, genre d'arbres poussant principalement dans les zones fraîches et humides des régions tempérées.

Scille – Nom vernaculaire donné à diverses plantes herbacées de la famille des Hyacinthacées.

Serpolet – *Thymus serpyllum*. Plante aromatique qui fleurit en une profusion de petites fleurs bleues. *Cf.* Thym.

Souchet – *Cyperus*. Genre de la famille des Cypéracées qui regroupe des plantes aquatiques communément appelées papyrus ou souchet.

Souci – Vernacul. pour *Calendula*. Plantes herbacées de la famille des Astéracées poussant en milieu méditerranéen. Fleurs en capitules à fleurons, à corolle jaune à orangée.

Térébinthe – *Pistacia terebinthus*. Le pistachier térébinthe est une plante de la famille des Anacardiacées qui pousse dans la garrigue ou le maquis méditerranéens. Ses fleurs sont petites, en grappes serrées, de couleur rougeâtre. Sa résine est collectée depuis l'Antiquité.

Thym – *Thymus*. Plante de la famille des Lamiacées. Rampante ou en coussinet, elle porte de petites fleurs rose pâle ou blanches, renommées pour leurs vertus aromatiques et pharmaceutiques (l'huile essentielle de thym commun possède une substance bactéricide, le thymol).

Troène – *Ligustrum.* Genre d'arbustes ou de petits arbres de la famille des Oléacées.

Vaciet – Plutôt que d'un fruit (la myrtille), il semble s'agir de la traduction latine (également employée par Virgile, *Bucoliques,* II, 18) de la jacinthe à laquelle fait aussi allusion Théocrite, de couleur presque noire.

Valériane – Cette dénomination vernaculaire fait confusion entre plusieurs catégories de plantes distinctes. L'étymologie du nom est à rapprocher de la province romaine de Valeria, en Pannonie, ancienne région de l'Europe centrale. La valériane des collines (*Valeriana officinalis*), « herbe-aux-chats », « herbe de Saint Georges » ou « herbe à la meurtrie », est une plante herbacée vivace de la famille des Valérianacées utilisée pour son effet sédatif et anxiolytique. Petites fleurs de couleur blanc rosé groupées en corymbes à l'extrémité de la tige.

Verveine – *Verbena officinalis.* Plante de la famille des Verbénacées, aromatique ou ornementale. « Herbe à Vénus », elle passait pour attirer l'amour.

Vierges (fleur des) – *Cf.* Parthénice.

Vigne – *Vitis.* Plante grimpante qui s'attache à son support par des vrilles, aux grands sarments ligneux. Les fleurs, petites et de verdâtres à blanches, sont regroupées en inflorescences.

Violette – *Viola odorata* (gr. *ion*), « pensée ; herbe de la Trinité », à usage ornemental, en parfumerie et en confiserie.

Yeuse – *Quercus ilex*, « chêne vert ; chêne faux houx ».

GLOSSAIRE
DES NOMS PROPRES CITÉS

Achéloüs – Dieu-fleuve du nord-ouest de la Grèce, figure tutélaire des eaux douces courantes, tels les fleuves et les rivières.

Achille – Héros de la guerre de Troie, fils de Pélée roi de Phthie en Thessalie et de la déesse marine Thétis, chef des Myrmidons. Le sujet de l'*Iliade* est la « colère d'Achille » contre les Atrides, qui le conduit à cesser le combat.

Adonis – Fils de Cinyras et de sa propre fille Myrrha. Beau jeune homme aimé d'Aphrodite, Adonis trouve la mort sous la charge d'un sanglier envoyé par le jaloux Arès. La rose commémore cette fin tragique. Adonis était tenu pour un symbole du renouveau de la végétation, à chaque printemps.

Adryades – *cf.* Amadryades, Hamadryades.

Aïdôneus – Hadès, fils de Cronos, frère de Zeus et souverain des Enfers.

Ajax – (le Grand). Héros de la guerre de Troie, fils de Télamon roi de Salamine. Il se tue avec sa propre épée pour échapper à la honte d'une crise de folie qui lui a fait décimer des têtes de bétail, qu'il a prises pour les Atrides.

Albula – Rivière (actuel. en Suisse) qui se jette dans le Rhin postérieur.

Amadryades – *cf.* Hamadryades.

Amphitrite – Néréide, épouse de Poséidon et reine de la mer.

Amyclées – Ville de Laconie située sur l'Eurotas, au sud-est de Sparte.

Aphrodite – Cypris, Cythérée ; lat. Vénus. Déesse de l'amour, dans sa double dimension cosmique (le cycle de la nature) et charnelle (l'attraction des animaux et des humains).

Apollon – Phoibos, Phoebus. Dieu du soleil, de la santé, des arts et en particulier de la musique, il est le chef du chœur des Muses.

Arès – lat. Mars. Dieu de la guerre violente, il est l'amant d'Aphrodite.

Aréthuse – Nymphe aimée du fleuve Alphée, elle est changée en source par Artémis. Elle coule sur la presqu'île d'Ortygie, près de la ville de Syracuse.

Ariane – gr. Ariadné. Fille de Minos et de Pasiphaé, sœur du Minotaure, elle embarque avec Thésée quittant la Crète ; mais celui-ci l'abandonne, endormie, sur le rivage de l'île de Naxos. Dionysos vient la secourir et la prend pour femme.

Astéria – Autre nom de Délos.

Athènes – Capitale de l'Attique, elle connaît son âge d'or sous le stratège Périclès, au vᵉ siècle av. J.-C.

Atrée – Fils de Pélops et d'Hippodamie, roi de Mycènes, père d'Agamemnon et de Ménélas ainsi appelés « les Atrides ».

Attis – Né de Nana, la fille du dieu-fleuve Sangarios fécondée par une amande de l'arbre issu du sang de l'hermaphrodite Agdistis, lui-même produit de Zeus et de la grande déesse phrygienne Cybèle. Compagnon de cette dernière, il s'émascule dans un acte de folie. De son sang naît la violette.

Auguste – Le premier des empereurs romains, il règne de 27 av. J.-C. jusqu'en 14 apr. J.-C.

Aulis – Ville située en face de l'Eubée. Lieu du rassemblement de la flotte des Grecs avant le départ pour Troie.

Aura – Nymphe des montagnes, aimée de Dionysos.

Aurore – gr. *Eôs, Erigéneia*. Déesse qui préside au lever du jour.

Bacchos – *cf.* Dionysos.

Borée – Dieu personnifiant le vent du Nord. Il enlève la jeune Orithye fille d'Érechtée, roi légendaire d'Athènes.

Calès – Ville de Campanie, au nord de Naples.

Caligula – Empereur romain de 12 à 41 apr. J.-C.

Calliope – Muse de l'épopée, et, par extension, de la poésie.

Calypso – Nymphe marine qui retient Ulysse pendant sept ans sur son île d'Ogygie, située aux confins du monde.

Camènes – *cf.* Muses.

Caton l'Ancien – ou Caton le Censeur (IIIᵉ-IIᵉ siècle av. J.-C). Orateur et écrivain érigé en modèle du républicain réactionnaire.

Caÿstre – Fleuve de Lydie qui coule près de la ville d'Éphèse en Turquie actuelle, il est appelé en turc le « Petit Méandre ».

Céphise – Dieu-fleuve d'Attique, père de Narcisse.

Cerbère – Chien monstrueux à trois têtes, il garde la principale voie d'accès aux Enfers.

Cérès – *cf.* Déméter.

Charon – Passeur de la barque des Enfers qui fait traverser l'Achéron aux morts.

Chiron – Centaure, mentor d'Achille.

Chloris – *cf.* Flora.

Chypre – Île de la Méditerranée orientale, séjour d'Aphrodite.

Cinyras – Fils d'Apollon, il fonde la ville de Paphos et est le roi mythique de Chypre. Il participe à la quête des Argonautes mais est trop âgé pour se rendre à Troie. Il est le père d'Adonis, qu'il conçoit incestueusement de sa propre fille, Myrrha.

Clytie – Océanide changée en héliotrope par suite de son amour malheureux pour le dieu-Soleil Hélios.

Crète – Île de la Méditerranée, elle accueille les amours de Zeus changé en taureau marin et d'Europe.

Crocus – Jeune homme aimé de la nymphe Smylax (ou Mylax), qu'il méprise. Il est changé en fleur de safran tandis qu'elle devient salsepareille.

Cronos – lat. Saturne. Roi des Titans, père des Olympiens, il est supplanté par son fils Zeus. Son nom est lié à l'idée de l'âge d'or.

Cumes – Lieu situé près de Naples, où la Sibylle rendait ses oracles.

Cupidon – *cf.* Éros.

Cyllène – Mont d'Arcadie où serait né Hermès.

Cypris – *cf.* Aphrodite.

Cythérée – *cf.* Aphrodite.

Dardanos – Fils de Zeus, héros éponyme de la Dardanie.

Déméter – *Deô* ; lat. Cérès. Déesse de l'agriculture. Mère de Perséphone, elle interrompt le cycle de la nature jusqu'à ce que sa fille enlevée lui soit rendue, au moins pour la moitié de l'année.

Deô – *cf.* Déméter.

Diane – *cf.* Artémis.

Dionysos – lat. Bacchus. Dieu de la vigne, du vin et de la végétation luxuriante. Fils de Sémélé et de Zeus.

Dis Pater – ou Pluton, nom latin d'Hadès, dieu des Enfers.

Échidna – Divinité primordiale, elle s'unit à Typhon ; de leurs amours naît Cerbère.

Écho – Nymphe éprise de Narcisse. Elle dépérit d'amour jusqu'à ne plus être qu'une voix rebondissant en écho de rocher en rocher.

Endymion – Jeune homme aimé de la déesse de la lune Sémélé, il dort d'un sommeil éternel afin que son amante puisse le contempler tout à loisir.

Eôs – *cf.* Aurore.

Épona – Déesse latine, protectrice en particulier des animaux de monte et de trait, au premier rang duquel le cheval.

Érechthée – Roi mythique d'Athènes. Sa fille Orithye est enlevée par le dieu-vent Borée.

Éros – Dieu de l'amour et de la puissance créatrice, associé à Aphrodite. Il est souvent représenté sous la forme d'un enfant ou d'un tout jeune éphèbe ailé, tenant un arc et un carquois garni de flèches.

Érynies – Déesses de la vengeance, elles persécutent en particulier les parricides et les matricides, au premier rang desquels Oreste.

Éryx – Mont situé à la pointe nord-ouest de la Sicile, actuel monte S. Giuliano.

Euphrate – Fleuve d'Asie qui délimite avec le Tigre la région de la Mésopotamie.

Europe – Fille d'Agénor roi de Tyr, sœur de Cadmos, elle est enlevée par Zeus qui a pris la forme d'un taureau.

Eurydice – Nymphe, épouse d'Orphée. Ce dernier va la chercher aux Enfers mais ne peut résister à la tentation de regarder derrière lui. Il la perd alors à jamais.

Eurysakès – Fils d'Ajax de Salamine.

Évius – Bacchus.

Faunus – Dieu protecteur des troupeaux.

Favonius – *cf.* Zéphyr.

Flora – gr. *Chloris*. Nymphe personnifiant la flore, épouse de Zéphyr.

Furies – Équivalent des Érinyes grecques.

Galatée – Nymphe marine aimée du cyclope Polyphème.

Galèse – Fleuve près de la ville d'Oebalos.

Ganymède – Amant de Zeus que ce dernier enlève dans l'Olympe pour servir d'échanson aux dieux.

Golgoi – Ancienne cité de Chypre.

Grâces – gr. *Charites*, lat. *Camenae*. Déesses de la beauté, de la séduction et de la joie de vivre, compagnes d'Aphrodite.

Hamadryade – Nymphe des arbres.

Harmonie – Fille d'Aphrodite et d'Arès, épouse de Cadmos, reine de Thèbes.

Hector – Fils de Priam, il est le principal défenseur de Troie face à l'armée grecque. Époux d'Andromaque, père d'Astyanax, il tombe sous le trait d'Achille désireux de venger la mort de son ami Patrocle.

Hélène – Fille de Zeus et de Léda à laquelle celui-là s'unit sous la forme d'un cygne, Hélène est sœur de Clytemnestre et des Dioscures. Mariée à Ménélas roi de Sparte, son enlèvement par Pâris signe le *casus belli* de la guerre de Troie.

Hélicon – Mont de Béotie, séjour des Muses.

Henna – Enna ou Castrogiovanni en Italie, ville située au centre de la Sicile sur les pentes du mont San Giuliano (*cf.* Éryx). Elle porte le surnom de « Nombril de la Sicile ».

Héra – Épouse de Zeus, déesse du mariage, l'animal qui lui est consacré est le paon.

Hermès – Dieu messager, patron des voyageurs, des commerçants et des voleurs. Il est également celui qui accompagne les âmes vers l'Au-delà.

Heures – gr. *Horai*, lat. *Horae*. Personnifications des Saisons.

Hyacinthe – Fils du roi de Thérapné, il est aimé d'Apollon et blessé mortellement par un disque lancé par ce dernier. De son sang naît une fleur sur les pétales de laquelle les Anciens lisaient des lettres rappelant sa plainte de deuil : AI ou I.

Hybla – Nom d'au moins trois endroits situés en Sicile.

Hydaspe – Fleuve de la province du Penjab au nord de l'Inde, moderne Jhelum.

Hypsipylè – Le roi Lycurgue de Némée a confié son fils Opheltès encore nourrisson à Hypsipylè, fille du roi de Thoas de Lemnos, captive dans sa maison. Au passage des Sept en route contre Thèbes, celle-ci, afin de leur indiquer la source la plus proche, dépose un instant le petit enfant sur le sol d'une prairie où il s'amuse à faire un bouquet ; mais surgit un serpent qui lui inflige une morsure mortelle.

Ida – Mont de Troade où Pâris rend son jugement ou mont de Crète où Zeus enfant est élevé.

Idalion – Ancienne cité de Chypre.

Ilissos – Rivière qui coule près d'Athènes.

Io – Aimée de Zeus, la jeune fille est changée en une génisse que tourmente un taon, envoyé par Héra.

Ionie – Région du monde grec de l'Antiquité, correspondant à l'ouest de l'Asie mineure.

Junon – *cf.* Héra.

Latmos – Mont de la région de Carie en Asie Mineure.

Latone – gr. Léto. Mère d'Artémis et d'Apollon.

Liban – Mont du Proche-Orient, séjour apprécié de Dionysos.

Liber – *cf.* Bacchus.

Liris – Fleuve du Latium.

Lucifer – La planète Vénus, ou étoile du Berger, ici considérée sous son aspect d'astre du matin (Lucifer est étymologiquement celui qui apporte la lumière, de *lux* « lumière » et *fero* « apporter »).

Lucine – gr. Ilithyie. Déesse de l'enfantement, associée à Junon.

Lucrin – Lac de Campanie, près de Naples.

Lyaios – *cf.* Dionysos. Épithète qui signifie « le délivreur ».

Mânes – Âmes des ancêtres auquel les Romains rendaient un culte.

Médée – Fille d'Éétès roi de Colchide, elle aide Jason à s'emparer de la Toison d'or et s'enfuit avec lui. Réputée pour ses dons de magicienne et d'empoisonneuse, elle se venge de son amant infidèle en tuant les enfants qu'ils ont eus ensemble, ainsi que sa jeune fiancée Créüse, avant de s'enfuir vers le Soleil dans un char tiré par des dragons. On la retrouve aussi mariée à Égée roi d'Athènes.

Ménélas – Fils d'Atrée, frère d'Agamemnon, époux trahi d'Hélène, il affronte Pâris en combat singulier sous les murailles de Troie.

Milax – *cf.* Crocus.

Minerve – gr. Athéna. Elle naît tout armée de la tête de Zeus/Jupiter sans qu'il lui soit besoin d'une mère.

Moires – lat. Parques. Les trois déesses qui filent les destinées des hommes.

Muses – lat. Camènes. Au nombre de neuf, les Muses sont les patronnes des arts. Elles ont pour chef Apollon.

Mycènes – Ville du Péloponnèse, patrie des Atrides.

Myrrha – Fille du roi de Chypre Cinyras, mère d'Adonis.

Naïade – Nymphe des cours d'eau.

Narcisse – Jeune chasseur farouche, il refuse les avances de nombreux prétendants et prétendantes, au rang desquels Écho. Se penchant un jour sur une nappe d'eau qui reflète son image, il tombe éperdument amoureux de celle-là, au point de se laisser dépérir. À sa place naît la fleur du même nom.

Naxos – Île de la mer Égée où Dionysos vient secourir Ariane, abandonnée par Thésée.

Néron – Empereur romain de 37 à 68 apr. J.-C.

Niobé – Fille de Tantale, épouse d'Amphion, elle se vante de la beauté et du nombre de sa progéniture qui surpasse celle de Léto. Apollon et Artémis tuent ses enfants. De douleur, Niobé se change en roc d'où s'écoule la source formée par ses larmes.

Œbalos – Roi mythique de Sparte.

Olène – Ville d'Achaïe.

Olympe – syn. de « ciel », séjour des dieux.

Olympie – Ville du Péloponnèse, célèbre pour ses Jeux.

Orchomène – Ville de Béotie où coule la source Hippocrène créée d'un coup de sabot du cheval ailé Pégase, séjour des Muses et des Grâces.

Oreste – Fils d'Agamemnon et de Clytemnestre, il vengea la mort de son père tué par sa mère en assassinant à son tour cette dernière.

Orion – Géant chasseur.

Orphée – Fils de la Muse Calliope, musicien de génie, époux d'Eurydice.

Ortygie – Île désormais reliée à la ville de Syracuse en Sicile, elle passait pour une nymphe ayant aidé Léto à accoucher d'Artémis et peut-être aussi d'Apollon. Ortygie est également le premier nom de l'île de Délos. Île à l'origine errante, elle est fixée au fond de la mer en récompense de son aide.

Paestum – Ville de la province romaine de Campanie située près de Salerne.

Palès – Déesse des bergers chez les Romains.

Panchaïe – Île séjour du dieu Pan.

Paphos – Île séjour d'Aphrodite, appelée « Paphienne » pour cette raison.

Pâris – Fils de Priam, il préside au jugement entre les trois déesses Aphrodite, Athéna et Héra ; ayant pour prix reçu Hélène, il va l'enlever à Sparte, ce qui constitue l'une des causes de la guerre de Troie.

Paros – Île de la mer Égée, célèbre pour la qualité de son marbre.

Parques – *cf.* Moires.

Parthe – Empire de la Perse ancienne qui s'étendait sur le territoire de l'Iran actuel.

Parthénius – Mont d'Arcadie.

Perséphone – lat. Proserpine. Fille de Déméter, elle est enlevée à sa mère par son propre oncle, Hadès le dieu des Enfers, qui en fait sa femme.

Phaéthon – Fils d'Hélios le dieu-Soleil, Phaéthon obtient un jour de conduire le char de son père. Monté trop haut, il est précipité dans la mer où il se noie. Le nom désigne aussi le Soleil lui-même, par exemple dans la poésie de Nonnos de Panopolis.

Phénéos – Ville d'Arcadie.

Phoibos, Phébus – *cf.* Apollon.

Piérides – Épithète des Muses, originaire de la région de Piérie.

Pléiades – Filles d'Atlas, les Pléiades au nombre de sept forment une constellation.

Pluton – *cf.* Hadès.

Poséidon – lat. Neptune. Dieu de la mer, il provoque aussi les tremblements de terre.

Priam – Roi de Troie, père d'Hector dont il vient réclamer le corps jusque dans le camp des Grecs.

Priape – Dieu de la fertilité, ithyphallique, protecteur des jardins et des troupeaux.

Propontide – La mer de Marmara, en Turquie actuelle.

Proserpine – *cf.* Perséphone.

Psyché – « Âme » en grec, jeune fille aimée d'Éros.

Pythô – Autre nom de Delphes, en souvenir du monstre premier occupant des lieux.

Rhadamanthe – Frère de Minos et peut-être de Sarpédon, l'un des trois juges des Enfers.

Rhéa – Épouse de Cronos, mère de Zeus.

Romulus – Fondateur de la ville de Rome, avec son frère Rémus.

Sabée – Ancien royaume de Saba ou de Shéba, localisé en Arabie du sud, au Yémen, au nord de l'Éthiopie et dans l'actuelle Érythrée.

Salamine – Île de l'Attique dans le golfe Saronique.

Saturne – *cf.* Cronos.

Scamandre – Fleuve coulant dans la plaine de Troie.

GLOSSAIRE DES NOMS PROPRES CITÉS

Scythie – Territoire habité par les Scythes, au nord de la mer Caspienne. C'est également là qu'on plaçait le séjour des Amazones.

Séléné – Déesse de la Lune.

Sidon – Capitale antique de la Phénicie, actuel Liban.

Silène – Chef des satyres, compagnon de Dionysos.

Smylax – Nymphe amoureuse de Crocus, elle meurt avec lui et est changée en salsepareille.

Sparte – Territoire du Péloponnèse, patrie de Ménélas.

Styx – Fleuve des Enfers sur lequel les dieux juraient leurs grands serments.

Télamon – Roi de Salamine, père d'Ajax.

Térée – Roi de Thrace, Térée mange ses propres enfants que lui a apprêtés sa femme Procné afin de venger sa sœur Philomèle, violée et rendue muette par celui-là, qui lui a coupé la langue afin qu'elle ne révèle rien.

Thèbes – Capitale de la Béotie.

Thérapné – Ville de Laconie, patrie d'Hyacinthe.

Thésée – Fils d'Égée roi d'Athènes, il part en Crète combattre le Minotaure. Au retour, il abandonne Ariane sur l'île de Naxos.

Thespies – Ville de Béotie, lieu principal du culte de Narcisse.

Thrinacie – Île du Soleil, plus tard identifiée à la Sicile aussi appelée Trinacrie (« aux trois promontoires ») en raison de sa forme triangulaire.

Tirynthe – Cité mycénienne du Péloponnèse.

Troie – ou Ilion. Ville d'Asie Mineure, théâtre de la célèbre guerre qui en porte le nom.

Tyr – Ville de Phénicie, actuel Liban.

Ulysse – Héros de la guerre de Troie, roi d'Ithaque, il met dix ans avant de pouvoir rentrer chez lui une fois la guerre finie. Ses aventures constituent la trame narrative de l'*Odyssée*.

Uranie – Muse de l'astronomie et de l'astrologie.

Vénus – *cf.* Aphrodite. Le terme peut aussi, métaphoriquement, désigner le sexe masculin.

Vesper – Étoile du Berger, la planète Vénus. *Cf.* Lucifer.

Vierge – Associée à l'âge d'or et à Saturne ; signe zodiacal qui annonce l'automne. Il peut arriver que le terme désigne Perséphone.

Vulcain – *cf.* Héphaïstos.

Zéphyr – lat. Favonius. Personnification du vent d'Ouest qui souffle au printemps. Il enlève la nymphe Chloris/Flora pour en faire son épouse.

Zeus – lat. Jupiter. Roi des dieux de l'Olympe.

LES AUTEURS DU « SIGNET »[1]

Achille Tatius (IIe siècle apr. J.-C.)

Il ne nous reste qu'une seule œuvre d'Achille Tatius, un roman d'amour et d'aventures, *Le Roman de Leucippé et Clitophon*. Follement épris l'un de l'autre, Clitophon et sa cousine Leucippé n'ont qu'une idée en tête : goûter au plus vite les douceurs de l'amour, mais tout se met en travers de leur chemin. Commence alors une suite trépidante d'aventures, toutes plus rocambolesques les unes que les autres : voyages, naufrages, rencontres louches ou dangereuses, esclavage, morts et fausses morts, emprisonnements, jugements, et même trahisons ; au terme de ces péripéties, les amants parviendront à se retrouver. Une œuvre baroque et foisonnante, à l'intrigue complexe, qui se joue avec bonheur des conventions du genre.

Agathias de Byzance (530-579 apr. J.-C.)

Né à Myrina, petite ville de la province d'Asie, Agathias fait des études de rhétorique à Alexandrie puis de droit à Constantinople. C'est dans cette ville qu'il exerce par la suite une profession juridique tout en s'adonnant à l'écriture de poèmes d'abord, dont une bonne partie est conservée dans l'*Anthologie palatine* et dans celle de Planude, avant de se tourner vers l'histoire. Souhaitant poursuivre l'œuvre de Procope, il

---

1. La plupart de ces notices sont librement inspirées du *Guide de poche des auteurs grecs et latins* ou sont issues des précédents « Signets ». Les auteurs de langue grecque sont signalés par la casse droite, les auteurs de langue latine par l'italique.

commence ses *Histoires* là où Procope avait interrompu ses *Guerres*, c'est-à-dire lors de la campagne d'Italie de 552. Le texte, en cinq livres, est inachevé et s'arrête avec le récit du tremblement de terre de Byzance (décembre 557) et l'invasion en Thrace des Huns Kotrigours (559).

Antipater de Sidon (*c.* 180/170-100 av. J.-C.)

D'origine phénicienne, ce poète est l'auteur d'épigrammes qui ont été conservées dans l'*Anthologie grecque*. Il fait partie des contributeurs rassemblés dans la *Couronne* de Méléagre. On lui doit également une épitaphe pour la poétesse Sappho. Son talent d'improvisateur le rend célèbre en Grèce et à Rome, où il est possible qu'il ait séjourné. Cicéron rend hommage à son talent d'épigrammatiste, tout en lui reprochant d'imiter parfois d'un peu trop près ses modèles. On lui attribue enfin une liste des sept merveilles du monde.

Apulée de Madaure (*c.* 125-170 apr. J.-C.)

Né à Madaure, non loin de l'actuelle Constantine, Apulée fait des études d'avocat et se rend à Rome, ainsi qu'à Athènes, où non seulement il apprend le grec, mais aussi où il se fait initier à la philosophie et aux mystères. De retour dans sa province, il mène une vie publique de rhéteur et de conférencier, et est choisi comme prêtre du culte impérial. Il a laissé un roman, *Les Métamorphoses ou l'Âne d'or*, qui relate les mémoires de Lucius de Corinthe, jeune homme métamorphosé en âne. Accusé de sorcellerie, Apulée écrit une *Apologie* dans laquelle il se défend contre les imputations dont il fait l'objet. On lui connaît aussi des traités philosophiques, notamment un opuscule sur le démon de Socrate.

Aristophane (445-386 av. J.-C.)

Aristophane fut le plus grand poète comique d'Athènes. Originaire du dème de Kydathénée, sa famille aurait possédé des terres à Égine. Sous un nom d'emprunt, il débuta au théâtre de Dionysos en 427 avec *Les Babyloniens*. Son talent fut très rapidement reconnu et il obtint un premier prix en 425 avec *Les Acharniens*, puis l'année suivante avec *Les Cavaliers*. Ayant vécu pendant la guerre du Péloponnèse, il évoque dans ses comédies la cité en proie aux vicissitudes de la guerre et à la recherche de la paix (*Les Acharniens*, *La Paix*, *Lysistrata*). Il attaque également la politique athénienne, dominée par des démagogues qu'il juge corrompus (*Les Cavaliers*, *Les Guêpes*). Il excelle à tourner en dérision la vie athénienne, du pouvoir politique (*L'Assemblée des femmes*, *Les Oiseaux*) à l'éducation (*Les Nuées*) en passant par la littérature elle-même (*Les Grenouilles*, *Les Thesmophories*). Enfin, sa dernière pièce, *Ploutos*, évoque la situation désastreuse d'Athènes ravagée et humiliée par la guerre. Son humour, caustique, acerbe et souvent trivial, n'est jamais vain : par ses caricatures et ses jeux de mots, Aristophane a invité ses concitoyens et ses lecteurs autant à la distraction qu'à la réflexion.

Callimaque (*c.* 305-*c.* 240 av. J.-C.)

Né à Cyrène (actuelle Libye), Callimaque s'installa à Alexandrie et devint, sous le règne de Ptolémée II Philadelphe, le bibliothécaire de la fameuse bibliothèque d'Alexandrie. Il est à l'origine des *Pinakes*, à la fois catalogue (par auteur, titre et genre) et histoire de la littérature des œuvres disponibles à Alexandrie. D'une prolixité étonnante, Callimaque aurait écrit plus de 800 œuvres, dans le style précieux et érudit qui était celui de son époque. Seule sa poésie nous est parvenue : les références mythologiques y abondent, comme dans les *Aitiai*, récits des origines mythiques de certains cultes, ou dans les *Hymnes*, influencés par les *Hymnes homériques*. Nous connaissons aussi de lui des *Iambes*, un éloge, *La Boucle de Bérénice* et un court poème épique, *Hécalé*. Callimaque est sans nul doute l'un des plus grands poètes de l'époque hellénistique.

Catulle (84 ?-54 ? av. J.-C.)

Héritier des poètes alexandrins, Catulle fait partie du cénacle des *poetae novi*, « les poètes nouveaux », dont Cicéron se moquait. Né à Vérone dans une famille aisée, il s'empresse de rejoindre Rome et ses plaisirs, intellectuels et sensuels. C'est là qu'il fait la connaissance de la vénéneuse Lesbia, cause de tous ses ravissements, ses déconvenues, ses espoirs, ses désespoirs mais aussi de ses plus beaux poèmes. Les 116 pièces qu'on lui connaît ont été recueillies après sa mort, à trente ans. Elles empruntent à la veine alexandrine pour explorer des sujets et des tonalités variées, de la poésie satirique et grossière aux vers érotiques et précieux en passant par les inflexions pathétiques que lui arrache la mort de son frère, dans la lointaine Troade.

Chariton (Ier ou IIe siècle apr. J.-C.)

Né à Aphrodisias (en Carie), Chariton est connu seulement par la première phrase de son ouvrage, où il se dit « secrétaire de l'avocat Athénagoras » : à part ce maigre indice, on ne sait rien de lui. Son œuvre est un roman d'aventure et d'amour, le plus ancien qui nous soit parvenu écrit en grec, *Le Roman de Chairéas et Callirhoé*. L'ouvrage se compose de huit livres au style soigné, à l'intrigue dense mais relativement simple par rapport aux œuvres du même genre qui suivront. Les deux héros, d'une beauté quasi divine, se marient à Syracuse au début du roman lorsqu'un groupe de prétendants déçus complote pour les séparer. Après bien des péripéties (fausse mort, enlèvements, esclavage, remariages…) qui les amènent de Sicile à Milet, de la cour du roi de Perse Artaxerxès à l'Égypte, les jeunes gens finissent par triompher de tout et peuvent revenir à Syracuse couler des jours heureux.

Claudien (Ve siècle apr. J.-C.)

Grec d'Alexandrie venu à Rome, Claudien est le dernier grand poète païen de la Rome antique. Dans la Rome théodosienne, décadente et harcelée par la menace barbare, il connut un succès immédiat. De lui nous avons conservé de nombreux poèmes de circonstance, où il fait l'éloge des puissants de son époque, notamment d'Honorius, l'empereur d'Occident. C'est à lui aussi que nous devons la dernière épopée mythologique latine, *Le Rapt de Proserpine*, dont 1 100 vers ont été conservés. L'enlèvement de Proserpine (appelée aussi Koré et Perséphone par les Grecs) par Pluton (Hadès) et sa recherche éperdue par sa mère Cérès (Déméter) est un des plus grands mythes de l'Antiquité. Claudien relate dans des vers magnifiques la belle histoire de cette pure jeune fille qui, séduite par la beauté des fleurs, devient la reine des Enfers.

Diodore de Sicile (Ier siècle av. J.-C.)

Né à Agyrion en Sicile, Diodore voyagea beaucoup et vécut à Rome, sans doute sous César et Auguste. Grand érudit, il est l'auteur de la *Bibliothèque historique*, ensemble de quarante livres visant à relater l'histoire universelle, depuis les temps mythiques jusqu'à la guerre des Gaules (54 av. J.-C.). Les livres I à V et XI à XXII, ainsi que des extraits et des résumés, ont été conservés. L'œuvre de Diodore est précieuse par son information, sa méthode et sa largeur de vue, qui embrasse la mythologie, le monde grec, Rome et les barbares.

Eschyle (525-456 av. J.-C.)

Né à Éleusis dans une famille d'Eupatrides, Eschyle a vu la chute de la tyrannie et la mise en place des réformes de Clisthène qui devaient conduire Athènes à la démocratie. Il aurait en outre participé, contre les Perses, aux batailles de Marathon et de Salamine. Il est pour nous le premier des grands tragiques. Reconnu de son vivant, il bouleverse les règles du théâtre en introduisant un deuxième acteur sur scène. Ses pièces ont une forte valeur morale, dans un style grandiose et imagé. Sur les soixante-treize œuvres qu'il aurait écrites, sept nous sont parvenues. Parmi elles se trouve la seule trilogie dont nous disposons, l'*Orestie*, qui relate l'assassinat d'Agamemnon à son retour de Troie, puis celui de Clytemnestre par son fils, et, enfin, le procès d'Oreste. De lui nous possédons encore *Prométhée enchaîné*, *Les Sept contre Thèbes*, *Les Suppliantes* et *Les Perses*.

Euripide (485-406 av. J.-C.)

« Le plus tragique des poètes » selon Aristote, serait né en 485 av. J.-C. à Salamine. Contrairement à Eschyle et à Sophocle, il semble n'avoir guère participé à la vie de la cité. Celle-ci le lui rend bien puisque, contrairement à ses deux glorieux prédécesseurs, il n'obtient pas le succès que son talent mérite et le premier prix lui est souvent refusé. Fort heureusement la postérité a tôt fait de réparer cette injustice. Euripide devient le plus célébré des tragiques. Nourries de philosophie, de sophistique et de rhétorique, sa pensée et sa langue sont bien souvent iconoclastes, ce qui lui vaut sans doute de devoir quitter Athènes : en réponse à l'invitation du tyran Archélaos, Euripide part pour Pella où il meurt vers 406. Il excelle dans les débats vifs, rendus grâce à l'emploi de la stichomythie, ainsi que dans l'usage du *deus ex machina*, l'intervention impromptue d'un dieu pour conclure une intrigue. Des quatre-vingt-douze pièces qu'il aurait écrites, dix-huit nous sont parvenues, qui retracent des épisodes mythiques, souvent centrés sur de grands personnages féminins, *Alceste*, *Médée*, *Hippolyte*, *Les Troyennes*, *Hélène*, *Oreste*, *Andromaque*, *Les Bacchantes*, *Hécube*, *Iphigénie en Aulide*, *Iphigénie en Tauride*, *Ion*, *Les Suppliantes*, *Électre*, *Héraclès*, *Les Héraclides* et *Les Phéniciennes*. De lui nous avons encore *Le Cyclope*, seul drame satyrique conservé.

Hérodote (480-420 av. J.-C.)

Né à Halicarnasse, ville dorienne du territoire d'Ionie, en Asie Mineure, celui que Cicéron tenait pour « le père de l'histoire » voyagea beaucoup, d'Athènes, où il séjourna, en Égypte, à Tyr et en Scythie. Il ne vit pourtant pas toutes les contrées qui sont décrites dans ses *Histoires*, vaste « enquête » (c'est le sens de *historiè* en grec), dont le premier but est de rapporter les tenants et aboutissants des guerres médiques. Friand d'anecdotes, Hérodote est célèbre pour ses digressions, si bien que les *Histoires* débordent largement le projet annoncé : la Lydie, l'Égypte, la Scythie et la Libye, autant de contrées visitées, pour le plus grand plaisir du lecteur. L'œuvre fut, à la période alexandrine, divisée en neuf livres, nommés selon les Muses. Les quatre premiers rapportent la formation de l'Empire perse et les cinq derniers les guerres médiques. « Roi des menteurs » pour certains, « père de l'histoire » pour d'autres, Hérodote nous éclaire cependant sur les rapports entre les Grecs et les barbares et fournit nombre de renseignements ethnologiques, géographiques et anthropologiques, aussi précieux qu'amusants.

Homère (VIIIe siècle av. J.-C. ?)

Ce n'est pas le moindre des paradoxes que le plus célèbre poète de l'Antiquité est peut-être aussi l'un des moins connus. Homère a-t-il seulement existé ? Étaient-ils plusieurs ? Le nom désigne-t-il une école d'aèdes ? Nul ne sait. « L'affaire Homère » a fait couler beaucoup d'encre, et aujourd'hui encore les érudits multiplient les hypothèses. L'obscurité s'est faite dès l'Antiquité, en partie à cause de la célébrité de l'auteur : nombre de « vies », fictives, ont circulé, tant et si bien que, s'il y a un Homère, c'est celui que la tradition a forgé. Celui-ci vécut en Ionie et a composé l'*Iliade* et l'*Odyssée*, immenses épopées comptant respectivement près de 16 000 et plus de 12 000 vers. Louées dès l'Antiquité, ces deux œuvres sont fondatrices de la culture occidentale. Chantées par les aèdes dans les cours aristocratiques, elles sont les premières œuvres de notre patrimoine qui nous sont parvenues intactes. L'*Iliade*, poème de la gloire et de la guerre, relate la colère d'Achille qui, pour ne pas manquer à l'idéal héroïque, fait le sacrifice de sa vie. Récit de voyage et conte merveilleux, l'*Odyssée* chante les errances d'Ulysse jusqu'à son retour à Ithaque.

Horace (65-8 av. J.-C.)

Né à Venouse, dans le sud de l'Italie, Horace est probablement le fils d'un ancien esclave public affranchi. Il commence par séjourner à Rome, avant de poursuivre sa formation à Athènes. Après la période troublée des guerres civiles, où il a le malheur de prendre sans gloire le parti des assassins de César, il rentre en Italie, et c'est son talent qui le sauve. Remarqué par Mécène, le ministre d'Auguste, il est admis parmi ses amis. Peu attiré par l'agitation citadine, il préfère partager son temps entre Rome et la villa de Sabine, en Italie centrale, que lui a offerte son protecteur. Le chantre épicurien du *Carpe diem* (« Mets à profit le jour présent », car la vie est courte) est fameux pour ses *Satires*, poèmes variés et enjoués, dans lesquels il critique les travers de ses contemporains. Nous possédons également de lui des œuvres lyriques, les *Odes* et *Épodes*, qui explorent ses thématiques favorites, comme l'amour, l'amitié, l'exigence morale aussi, et l'attention au destin de la cité. Enfin, ses *Épîtres* se concluent par la célèbre *Épître aux Pisons*, où Horace définit un art poétique qui a longtemps servi de référence aux théoriciens de la littérature (par exemple à Boileau).

Hymnes homériques

Si ce recueil de trente-trois poèmes s'adressant à des dieux a été attribué à Homère dans l'Antiquité, les érudits n'ont guère tardé à contester son authenticité, si bien qu'aujourd'hui c'est en référence à leur forme que le titre est conservé : tous ces poèmes sont du genre épique, s'opposant en cela à d'autres types d'hymnes. Rien de plus divers cependant, tant du point de vue du style que de celui de la date, que ces poèmes. Si l'*Hymne à Apollon* remonte à la fin du VIIIe siècle avant J.-C., l'*Hymne à Arès* pourrait dater du IVe siècle après J.-C. Nombre de ces poèmes ont été récités lors des fêtes en l'honneur des dieux qu'ils célébraient.

Jean de Gaza (V-VIᵉ siècle apr. J.-C.)

Le seul élément biographique connu avec certitude concernant cet auteur de l'École de Gaza est son statut de *grammatikos*. À la fois enseignant les belles-lettres et se produisant comme poète, sur commande, devant un public constitué en particulier des notables locaux, Jean de Gaza nous a laissé deux œuvres. Sa grande *Description du Tableau cosmique* rend compte en 732 vers d'une cosmographie comportant quelque soixante figures allégoriques localisée dans le bain d'hiver de la ville. Jean est aussi donné comme l'auteur d'*Anacréontiques,* dont seuls six poèmes sont parvenus jusqu'à nous (plus le titre d'un septième).

Lactance (*c.* 250-*c.* 325 apr. J.-C.)

Lactance naît en Afrique romaine dans une famille païenne. Élève d'Arnobe, un rhéteur chrétien, il se convertit et souffre des persécutions menées par Galère au début du IVᵉ siècle. Considéré comme le « Cicéron chrétien », il met sa maîtrise de l'éloquence au service de la propagation de la foi. Son œuvre principale, les *Institutions divines* en sept livres, est à visée protreptique et propédeutique : il y explique pourquoi les païens faisant usage de leur raison n'ont d'autre choix que de se convertir. La notion de Providence occupe un rôle essentiel dans sa conception de la marche du monde. On lui prête également une œuvre polémique intitulée « Sur la mort des persécuteurs », ainsi qu'un poème sur l'oiseau-Phénix qui est l'une des sources essentielles parvenues jusqu'à nous concernant l'interprétation symbolique de cette figure.

Longus (IIᵉ ou IIIᵉ siècle apr. J.-C.)

On ne sait rien sur l'auteur du plus célèbre des romans grecs, *Daphnis et Chloé*. L'action se déroule sur l'île de Lesbos, dans une atmosphère pastorale et

idyllique qui doit beaucoup à la tradition de la poésie
bucolique. Le héros et l'héroïne sont deux adolescents
qui font ensemble leur éducation sentimentale, dans la
nature, en suivant le rythme des saisons ; on découvre à
la fin qu'ils ne sont pas fils de bergers, mais qu'ils ont été
abandonnés à la naissance et que leurs parents sont en
réalité des aristocrates de la ville. À la fois frais et leste, ce
roman a toujours beaucoup plu ; en France, il a été servi
par la traduction qu'en a donnée Amyot (traducteur
également, dans un autre genre, de Plutarque).

Lucrèce (99/94-55/50 av. J.-C.)

La légende, propagée par Jérôme, veut que Lucrèce,
égaré par un philtre d'amour, ait composé ses vers dans
les moments de lucidité que lui laissait sa folie. Le *De
natura rerum* serait donc la dissertation d'une tête folle.
S'il n'y a guère de crédit à porter à cette histoire, force est
de constater toutefois le manque navrant d'informations
relatives au poète. La seule certitude est que Cicéron fut
si admiratif de l'œuvre qu'il entreprit de l'éditer. Les six
magnifiques livres qui la composent relatent en vers les
préceptes du matérialisme inspiré de Démocrite et de
l'épicurisme. Aucun préjugé ne résiste à la vigueur de
la pensée de Lucrèce : le poète attaque tour à tour les
croyances, la religion, les peurs, les superstitions et les
mythes amoureux. L'ouvrage, dans une langue imagée
et harmonieuse, développe une physique atomiste, dont
est issue la théorie du *clinamen*, et une morale dans
laquelle le poète fait l'éloge de son maître, le penseur
grec Épicure.

Luxorius (VIᵉ siècle apr. J.-C.)

Auteur d'un recueil de quelque quatre-vingt-dix
épigrammes en latin conservées dans l'*Anthologie latine*
et d'un épithalame (chant de mariage) en centon, ce
poète africain est actif à la cour des rois vandales Hildiric
(523-530) et Geilimer (530-534). Possédant le titre de
vir clarissimus et spectabilis, il est probable qu'il ait été un

grammaticus, comme plusieurs de ses amis, notamment Coronatus. Le ton satirique prédomine dans sa production épigrammatique, avec une maîtrise de la pointe qui n'est pas sans rappeler Martial. Une autre caractéristique est également la recherche de la virtuosité dans le mètre.

Méléagre (IIᵉ siècle av. J.-C.)

Philosophe de l'école cynique né à Gadara, en Syrie. Il a écrit des *Satires ménippées* (que nous n'avons pas conservées) et des épigrammes, dont 130 subsistent et qui sont pour la plupart érotiques. Méléagre est l'auteur du plus ancien recueil connu d'épigrammes grecques (*La Couronne de Méléagre*), une anthologie de quarante-sept poètes. Méléagre figure dans l'*Anthologie grecque*.

Moschos (IIᵉ siècle av. J.-C.)

Ce poète hellénistique a exercé son art à Syracuse, en Sicile. Il a été l'élève d'Aristarque de Samothrace, l'un des plus importants exégètes des textes homériques à Alexandrie. Son poème le plus fameux s'intitule *Europè*. Il a pour sujet l'enlèvement de la jeune Europe, fille de Cadmos, par Zeus ayant pris la forme d'un taureau marin. On attribue d'autre part à un Pseudo-Moschos le *Chant funèbre en l'honneur de Bion (de Smyrne)*.

Nonnos de Panopolis (Vᵉ siècle apr. J.-C.)

Né à Panopolis en Égypte, Nonnos est un des derniers auteurs de l'Antiquité, en même temps que l'un des plus fascinants. Était-il chrétien ? Païen ? L'un puis l'autre ? Les critiques hésitent encore. Toujours est-il que deux œuvres de lui nous sont parvenues, quoique de manière bien inégale : *Les Dionysiaques,* vaste épopée de quarante-huit chants dédiée à Dionysos, et une *Paraphrase à l'Évangile selon saint Jean* en vingt et un chants. Ces œuvres témoignent de l'éclectisme et de la richesse de la littérature tardive. « Grandes », *Les Dionysiaques* le sont à plus d'un titre tant le style et le sujet sont amples, voire démesurés. Le poète y traite des grands épisodes de la geste de Dionysos, notamment de son expédition aux Indes. Érudit et baroque, ce poème constitue une source exceptionnelle pour la mythologie.

Ovide (43 av. J.-C.- *c.* 18 apr. J.-C.)

Le « clerc de Vénus », le « précepteur d'Amour » est le plus jeune des poètes augustéens et n'a connu que la paix. Pour cette raison, il sera moins reconnaissant à Auguste de l'avoir ramenée et plus insolent envers le nouveau maître de Rome. Un premier poste de *triumvir* le détourne vite de la vie politique au profit d'une vie mondaine vouée à l'érotisme et à la poésie. Les joutes du forum l'ennuient, le cénacle de Messala l'exalte, même s'il n'entend pas limiter la diffusion de ses œuvres à ce cercle restreint. Il est l'un des premiers auteurs à se soucier de son public anonyme mais nombreux et fidèle. Pour des raisons qui nous sont obscures – Auguste invoquera l'immoralité de *L'Art d'aimer*, mais ce prétexte paraît peu convaincant –, Ovide est exilé à Tomes dans l'actuelle Roumanie, au bord de la mer Noire, où il meurt dans la désolation, abandonné de tous et de tout, sauf de ses livres. Son œuvre de virtuose, étourdissante de facilité et de beauté, s'étend dans trois directions. Un premier ensemble regroupe les *Héroïdes* (les lettres d'amour écrites par les héroïnes de la mythologie à leurs amants), commencées à l'âge de dix-huit ans, *Les Amours, L'Art d'aimer* et *Les Remèdes à l'amour. Les Fastes* et *Les Métamorphoses* appartiennent à une veine plus purement mythologique et savante : *Les Fastes* relatent l'origine des fêtes du calendrier tandis que *Les Métamorphoses* narrent les transformations des hommes en animaux et en plantes. La troisième période s'ouvre avec l'exil où Ovide, dans les *Tristes* et les *Pontiques*, revient au vers élégiaque qui lui est cher et se consacre à une poésie de la vieillesse et de la nostalgie. Tendre, enjoué et incisif, Ovide est l'un des plus célèbres poètes latins, le rival de Virgile dans les cœurs effrontés, et l'une de nos meilleures sources pour la mythologie.

Pausanias (*c.* 150 apr. J.-C.)

On ne sait pratiquement rien de la vie de Pausanias, si ce n'est qu'il était originaire d'Asie Mineure. Après avoir beaucoup voyagé, il se fixe à Rome, où il écrit une *Description de la Grèce* ou *Périégèse*, en dix livres. Précurseur de la littérature des guides de voyage, mais écrivant dans une langue volontairement archaïsante, il donne à la fois des descriptions très précises de sites ou de monuments et une image d'ensemble de la Grèce à son époque. Son œuvre se décompose comme suit : livre I : l'Attique et Mégare ; livre II : Corinthe, l'Argolide, ainsi qu'Égine et les îles alentour ; livre III : la Laconie ; livre IV : la Messénie ; livre V : l'Élide et Olympie ; livre VI : l'Élide (2ᵉ partie) ; livre VII : l'Achaïe ; livre VIII : l'Arcadie ; livre IX : la Béotie ; livre X : la Phocide et la Locride. Les fouilles archéologiques confirment régulièrement la précision de ses affirmations, mais son œuvre est aussi un hommage permanent rendu à l'identité et à la culture grecques sous toutes leurs formes. Grand visiteur de temples, s'attachant à transmettre avec rigueur les mythes, Pausanias a contribué à fixer les traits de la Grèce antique, telle qu'elle fascinera après lui des générations de voyageurs.

Pétrone (mort en 66 apr. J.-C. ?)

L'homme demeure un inconnu, bien qu'on l'identifie au Pétrone dont parle Tacite, un sybarite insouciant et raffiné. Surnommé « l'arbitre des élégances », il sut entrer à la cour de Néron, avant d'en être évincé et d'être contraint au suicide, comme beaucoup de proches de l'empereur, non sans avoir pris le temps de composer un récit des débauches du prince, qu'il lui fit parvenir. Mais d'autres le font vivre au début du IIIᵉ siècle ou bien encore à la cour des Flaviens. Reste l'œuvre, insolite et éclectique, le *Satiricon*, « histoires satiriques » ou « histoires de satyres », le premier « roman réaliste ». Il se distingue des romans grecs contemporains centrés sur une intrigue mièvre. Nous en possédons de larges extraits qui paraissent se situer sous les règnes de Claude ou Néron. Exploration de la « comédie humaine », le livre donne l'occasion de savoureuses descriptions de la société romaine et de parodies, pleines d'humour et de grivoiserie.

Philippe de Thessalonique (Ier siècle apr. J.-C.)

Cet auteur a composé environ soixante-dix épigrammes qui nous sont parvenues dans l'*Anthologie grecque*. Il est surtout connu pour avoir rassemblé une anthologie de textes poétiques, principalement d'époque romaine, sur le modèle de celle de Méléagre. En contrepoint à la *Couronne* de ce dernier, son recueil est appelé *Guirlande*. L'anthologie de Philippe sert de base pour celles postérieures des IVe, VIe et IXe siècles. On en retrouve la trace plus tardivement dans la composition de l'*Anthologie palatine.*

Pindare (518-438 av. J.-C.)

Né en Béotie dans une famille aristocratique, Pindare est le plus important représentant de la lyrique chorale grecque. Des dix-sept livres dans lesquels les Anciens avaient recueilli ses poèmes, nous avons encore quatre livres d'odes triomphales, les *Olympiques*, les *Pythiques*, les *Isthmiques* et les *Néméennes.* Pindare excelle dans l'art de l'épinicie, ode en l'honneur des athlètes victorieux aux concours sportifs. Dans ces poèmes où les vainqueurs sont identifiés aux héros de la mythologie, Pindare vante la gloire des cités dont ils sont issus. D'abord protégé par le tyran Hiéron de Syracuse, on le retrouve à la cour du roi de Cyrène dès 462. Si Pindare eut un rival, Bacchylide, il n'eut guère d'imitateurs : ses odes sont le dernier écho d'une manière aristocratique de vivre où les exploits étaient ceux des jeux et non ceux de la vie politique.

Platon (427-347 av. J.-C.)

Le célèbre philosophe grec était citoyen athénien, issu d'une des grandes familles de la cité. Alors que sa noble origine, sa richesse et son éducation pouvaient le destiner à devenir un dirigeant politique, il se mit en retrait de la vie publique athénienne et choisit la philosophie. La fréquentation de Socrate, dans sa jeunesse, exerça sur lui une influence déterminante, et tout au long de sa vie il continua d'entretenir le souvenir de ce maître. Vers l'âge de quarante ans, il fonda à Athènes une école de philosophie, l'Académie, où les élèves (au nombre desquels Aristote) venaient suivre ses leçons aussi bien que celles de prestigieux savants invités. Son œuvre comprend près de trente dialogues authentiques, dont certains sont très longs, comme *La République* et *Les Lois*, et quelques lettres. Pour le contenu comme pour la forme, l'œuvre platonicienne est d'une richesse éblouissante et son importance est capitale non seulement pour l'histoire de la philosophie, mais pour toute la culture occidentale.

Pline l'Ancien (23-79 apr. J.-C.)

Polymathe, père de l'esprit encyclopédiste et surnommé à juste titre « le plus illustre apôtre de la science romaine », Pline l'Ancien sut allier le goût du savoir à celui du pouvoir. Sous le règne de l'empereur Vespasien, il exerça quatre procuratèles avant de commander, de 77 à 70, la flotte impériale de Misène. En même temps, il se consacra à des recherches tantôt érudites, tantôt généralistes, allant de l'étude des phénomènes célestes, à la sculpture et à la peinture, en passant par l'agriculture et la philosophie. Sa curiosité et son insatiable désir de connaissance lui coûtèrent la vie : Pline périt dans les laves du Vésuve dont il s'était approché pour en observer l'éruption. Il aurait écrit plus de 500 volumes, dont seuls nous sont parvenus les trente-sept livres de l'*Histoire naturelle*, achevée et publiée en 77. Son neveu et fils adoptif, Pline le Jeune, nous apprend que Pline fut en outre historien (il aurait consacré vingt livres aux guerres de Germanie et trente et un à l'histoire romaine), rhéteur et grammairien.

Plutarque (*c.* 45-125 apr. J.-C.)

Né à Chéronée, en Béotie, Plutarque est issu d'une famille de notables. Après avoir visité Athènes, où il étudie, l'Égypte et l'Asie Mineure, il s'installe à Rome et acquiert la citoyenneté. Plutarque a laissé une œuvre importante, dans laquelle la philosophie et la biographie occupent une place de choix. Sous le titre de *Moralia* sont regroupés ses nombreux traités de philosophie morale qui offrent une synthèse érudite et passionnante des différentes écoles, de Platon, d'Aristote, des stoïciens et des épicuriens. En sa qualité de moraliste, Plutarque s'est intéressé à la vie des hommes illustres, en rédigeant des biographies dans lesquelles il établit et analyse les vices et les vertus de chacun. Nous disposons ainsi de vingt-trois paires de ses *Vies parallèles*, où sont à chaque fois rapprochés un Grec et un Latin. À noter, pour compléter une vie et une œuvre riches et éclectiques, les *Dialogues pythiques*, écrits durant les années que Plutarque a passées à Delphes comme prêtre du sanctuaire d'Apollon. Dès l'Antiquité, l'influence de Plutarque a été considérable. Au-delà de leur portée philosophique, ses œuvres sont une mine de renseignements pour tous ceux qui s'intéressent à la civilisation gréco-romaine.

Proclus (8 février 412-17 avril 485)

Les dates de Proclus sont connues au jour près grâce à un horoscope que nous a laissé son disciple Marinos, dans la *Vie* qu'il composa à son propos. Philosophe néoplatonicien, Proclus devint le chef de file de l'École d'Athènes à la mort de son maître Syrianus, ce qui lui valut le nom de Diadoque (« Successeur »). Il naquit à Byzance mais fut éduqué en Lycie, patrie d'origine de sa famille. Il alla ensuite étudier à Alexandrie d'Égypte, puis à Athènes, où il se fixa. Proclus avait une dévotion particulière pour la déesse Athéna, qui vint même « habiter chez lui » lorsqu'elle fut chassée des lieux publics de la ville. Son œuvre est immense et témoigne de la puissance de travail qui était la sienne. Il nous reste en particulier ses *Commentaires sur le Timée, sur la République* et *sur le Parménide* de Platon. Il est également l'auteur d'une monumentale *Théologie platonicienne,* d'*Éléments de théologie,* ainsi que d'un recueil d'hymnes en vers.

Procope de Gaza (*c.* 465-528 apr. J.-C.)

Sophiste de l'École de rhétorique chrétienne qui fleurit à Gaza au tournant des Vᵉ-VIᵉ siècles de notre ère, Procope de Gaza est considéré comme le chef de file ou tout du moins comme le représentant le plus éminent de ce mouvement littéraire. Les œuvres qui lui sont attribuées témoignent de deux inspirations diverses : d'un côté on trouve des écrits littéraires, discours ou exercices rhétoriques (*progymnasmata*) variés (*ekphrasis,* éthopée) ; de l'autre il passe pour être l'inventeur des chaînes exégétiques (il en compose sur l'*Octateuque,* Isaïe, les Proverbes, etc). Il eut pour disciple Chorikios, qui lui succéda comme sophiste de l'École de Gaza.

Rufin (1ᵉʳᵉ moitié du IIᵉ siècle apr. J.-C. ?)

Ce poète qui possède un nom latin a écrit en grec. Il est sans doute originaire d'Ionie. Plus d'une quarantaine de ses épigrammes ont été conservées dans l'*Anthologie grecque.* La plupart d'entre elles sont d'inspiration amoureuse et érotique, aussi a-t-on supposé l'existence d'un recueil particulier de ces poèmes, auxquels auraient été mêlées à un certain point des pièces provenant d'autres auteurs.

Sappho (*c.* 630 av. J.-C.)

La plus célèbre habitante de Lesbos, Sappho, dut toutefois s'exiler en Sicile avant de s'adonner à la poésie. Elle aurait également dirigé un thiase en l'honneur d'Aphrodite et des Muses, où les jeunes filles de bonnes familles venaient parfaire leur éducation avant de se marier. Si elle est à l'origine des amours lesbiennes, qu'elle célèbre dans nombre de ses poèmes, Sappho fut mariée à un dénommé Cercylas, dont elle eut une fille, Cleïs. Ses vers, rassemblés en neuf livres, furent loués dès l'Antiquité, notamment par Catulle. Chantre des amours, première femme poète de l'Antiquité, Sappho, selon la tradition littéraire, serait morte d'amour : désespérant de séduire Phaon, un jeune batelier, elle se serait donné la mort en se jetant à la mer, depuis la roche de Leucade qui passait pour guérir les maux d'amour.

Sophocle (*c.* 497-405 av. J.-C.)

Dès l'Antiquité, Sophocle fut considéré comme le modèle de l'homme heureux. Il s'imposa vite sur la scène tragique et connut un succès qui ne se démentit pas par la suite. Sa carrière dura plus d'un demi-siècle et fut jalonnée par vingt-quatre victoires lors des concours dramatiques. Il joua également un rôle politique de premier plan à Athènes, exerçant plusieurs magistratures et participant à l'introduction du culte d'Asclépios (le dieu de la médecine). Poète de génie, Sophocle apporta nombre d'innovations décisives au théâtre, comme l'introduction du troisième acteur ou le rôle accru des décors. Sept de ses tragédies (sur un nombre total de 130 ou 123) sont conservées : *Ajax*, *Antigone*, *Électre*, *Œdipe roi*, *Œdipe à Colone*, *Philoctète* et *Les Trachiniennes*, chefs-d'œuvre inépuisables, aujourd'hui encore régulièrement portés à la scène.

Strabon (*c.* 63 av. J.-C.- *c.* 25 apr. J.-C.)

Strabon d'Amasée était un Grec originaire du Pont-Euxin. D'abord historien (mais nous ne possédons que des fragments de ses *Commentaires historiques*), il décida ensuite d'écrire une *Géographie* en dix-sept livres, qui nous sont parvenus dans leur intégralité. L'espace décrit est immense, il va des Colonnes d'Hercule à la Perse et à l'Inde, de la Bretagne à l'Éthiopie. Strabon se considère, sans doute à juste titre, comme le véritable fondateur d'une science géographique qu'il a construite tant en mettant à profit ses voyages que par l'exploitation des textes écrits par les savants antérieurs. Il s'affirme

LES AUTEURS DU « SIGNET »

« philosophe », précisément parce que la géographie telle qu'il l'entend suppose un savoir global. Avec lui cependant elle n'est pas une pure démarche intellectuelle, car elle a, entre autres finalités, celle de permettre au gouvernant, en l'occurrence la puissance romaine, une conquête et une domination rendues plus faciles par la connaissance du territoire. La présence de récits mythiques, destinés à distraire le lecteur, ne contrarie nullement la vocation éminemment scientifique et technique de cet impressionnant corpus.

Straton de Sardes (IIe siècle apr. J.-C.)

Originaire de Lydie, ce poète dont il est possible qu'il ait vécu sous le règne de l'empereur Hadrien est surtout connu pour être le compilateur et l'un des contributeurs d'un recueil d'épigrammes pédérastiques intitulé « La muse garçonne » (*Mousa paidikè*). Ce dernier comprenait, outre la production de Straton lui-même sur le sujet, des poèmes d'Alcée, de Callimaque, de Méléagre ou encore de Dioscoride. Le livre XII de l'*Anthologie grecque* en a conservé 258 pièces.

Suétone (*c.* 70-122 apr. J.-C.)

Des très nombreux ouvrages que composa Suétone, deux seulement sont parvenus jusqu'à nous, les fameuses *Vies des douze Césars* et le traité *Grammairiens et rhéteurs*, et encore de manière fragmentaire : le recueil des *Vies des douze Césars* est amputé de son début et le *De grammaticis et rhetoribus* de sa fin. Nous n'avons donc qu'un témoignage partiel de l'œuvre de Suétone, biographe aussi prolixe qu'éclectique : il s'intéresse tout autant aux courtisanes célèbres qu'à l'histoire naturelle, aux empereurs romains qu'aux injures grecques. Si la vie de Suétone est tristement banale, ses *Vies*, tant par les empereurs qu'elles évoquent que par le talent de l'auteur, qui aspire à un récit objectif des faits et gestes de ses modèles, sont un chef-d'œuvre de la littérature latine. Il est toutefois possible de leur

Straton

I

reprocher une trop grande attention aux rumeurs et légendes malintentionnées dont chaque dynastie accablait la précédente.

Théocrite (315 av. J.-C.)

Originaire de Syracuse, Théocrite se rend à Alexandrie où les Ptolémées ont la cour la plus fameuse de l'époque hellénistique. Avec Aratos, Callimaque et Nicandre, il est un des protégés de Ptolémée Philadelphe. Son nom est aussi attaché à l'île de Cos, où il aurait séjourné. La poésie de Théocrite appartient à la tradition pastorale ou bucolique : la vie aux champs, celle des pâtres, des bouviers, des moissonneurs, devient l'objet d'un poème évoquant la joie et la douceur de vivre. Les *Idylles*, d'une grande liberté stylistique, prennent pour modèles tour à tour les hymnes, les monologues, les éloges, les dialogues, les descriptions ou les joutes poétiques. Sa poésie n'est pas uniquement pastorale : la vie citadine, comme dans *Les Syracusaines ou les femmes à la fête d'Adonis*, les peines d'amour, dans *Les Magiciennes*, ou la mythologie, par exemple dans *Héraclès enfant*, y sont aussi évoquées. Quels que soient les sujets, la poésie de Théocrite est pleine d'esprit et de vie.

Théophraste (*c.* 371-*c.* 287 av. J.-C.)

Philosophe grec, « le Divin Parleur » est le plus connu des élèves d'Aristote, à qui il succéda à la tête du Lycée, à Athènes. Son œuvre gigantesque (plus de 240 titres selon les Anciens !) embrassait tous les domaines du savoir, mais il n'en subsiste plus que quatre titres, dont les *Caractères*. Il s'agit d'un petit recueil de trente et un portraits, où l'auteur passe en revue avec esprit et finesse les défauts humains les plus universels. Peut-être conçus comme des monologues divertissants destinés à la scène ou au barreau, plutôt que comme des études morales à la manière d'Aristote, ils furent très populaires aux XVIIe et XVIIIe siècles et ont notamment inspiré La Fontaine et La Bruyère dans l'œuvre du même nom.

Thucydide (*c.* 460-400 av. J.-C.)

Athénien, fils d'Oloros, Thucydide avait, par sa famille, des attaches avec la Thrace et comptait probablement Miltiade et Cimon, deux grands hommes d'État, parmi ses ascendants. En 430, il fut atteint par l'épidémie qui sévissait à Athènes. En 424, il exerça les fonctions de stratège et fut chargé d'un commandement, aux abords de la Thrace précisément : ayant essuyé un échec, il fut exilé d'Athènes, où il ne revint qu'en 404. Dès le début de la guerre du Péloponnèse, qui opposa Athènes et Sparte (431-404 av. J.-C.), il avait conçu le projet d'écrire l'histoire des événements qui étaient en train de se produire et il s'était mis au travail, travail qu'il continua jusqu'à la fin de sa vie. Son ouvrage monumental, *La Guerre du Péloponnèse*, analyse les causes du conflit, puis relate la période des années 431 à 411 ; il est inachevé, sans doute parce que l'auteur mourut avant d'avoir pu le terminer. En une formule célèbre, Thucydide a défini l'histoire comme « une acquisition pour toujours ».

Virgile (70-19 av. J.-C.)

Si Homère devait avoir un double latin, ce serait Virgile, tant son œuvre a été célébrée, autant par les Anciens que par les générations suivantes. Issu d'une famille modeste, spoliée d'une partie de ses biens par la guerre civile, Virgile naît à Mantoue et ne tarde guère à se consacrer à la poésie, après avoir étudié la rhétorique et la philosophie épicurienne à Crémone, Milan et Rome. À trente ans à peine il a déjà composé les *Bucoliques*, pièces champêtres à la manière du poète grec Théocrite, qui comportent plusieurs allusions à la triste réalité contemporaine des propriétaires spoliés. Il poursuit avec les *Géorgiques*, imitées de la poésie didactique d'Hésiode. Mécène puis l'empereur Auguste le remarquent, l'encouragent et lui redonnent un petit domaine rural en Campanie. Virgile devient ainsi le chantre officiel de l'Empire. Toutefois, ce poète de cour est un poète de génie. Désireux de chanter la gloire d'Auguste, il a cependant l'idée de ne pas célébrer directement ses exploits mais d'entreprendre une épopée propre à flatter tant le prince que l'orgueil national : *L'Énéide* relate les exploits d'Énée, chef troyen, fils de Vénus et ancêtre mythique de la famille d'Auguste et du peuple romain. Un réseau complexe d'allusions à la destinée future du peuple romain assure le lien entre le récit fabuleux des origines et l'histoire contemporaine. Insatisfait de son œuvre, Virgile demande à Varron de la jeter dans les flammes s'il vient à mourir. Bravant la volonté du poète mort brusquement d'une insolation, Auguste en ordonne la publication. Dès lors l'épopée nationale a été considérée comme un véritable abrégé du savoir humain et le modèle de la grande poésie.

Xénophon (426-354 av. J.-C.)

Né près d'Athènes, Xénophon est issu d'une famille aristocratique très aisée. Il prend part à la défense d'Athènes dans la guerre du Péloponnèse. En 401, il rejoint les Spartiates combattant en Asie Mineure aux côtés de Cyrus, qui cherchait alors à renverser son frère. Après l'échec de la campagne des Dix Mille, où Cyrus perdit la vie, il est élu général et, traversant l'Asie, conduit les Grecs jusqu'à Trébizonte, exploit qu'il raconte dans l'*Anabase.* Surnommé « l'abeille grecque », Xénophon nous a laissé une œuvre aussi variée qu'abondante. De l'enseignement de Socrate dont il fut le disciple, il a tiré des ouvrages dits socratiques, les *Mémorables*, *Le Banquet*, l'*Apologie* et, d'une certaine manière, l'*Économique* (dialogue socratique évoquant les problèmes de gestion d'un domaine). Son travail d'historien se compose de l'*Anabase* et surtout des *Helléniques*, où il poursuit le récit de la guerre du Péloponnèse là où Thucydide avait interrompu son enquête. Outre des traités sur la cavalerie, la chasse et une histoire romancée de la vie de Cyrus, la *Cyropédie*, nous lui devons des ouvrages politiques, témoignant de son admiration pour Sparte, la cité rivale d'Athènes.

POUR ALLER PLUS LOIN

SOURCES

ACHILLE TATIUS
Le Roman de Leucippé et Clitophon, texte établi et traduit par J.-Ph. Garnaud, trad. revue par F. Frazier, introduction, notes et annexes par F. Frazier, Paris, Les Belles Lettres, « Classiques en poche », 2ᵉ édition 2013.

AGATHIAS
Anthologie grecque, I, *Anthologie palatine. Livres I-IV*, texte établi et traduit par P. Waltz, Paris, Les Belles Lettres, « CUF », 3ᵉ tirage (1929 ; 2ᵉ édition 1960) 2002.

ANTIPATER DE SIDON
Anthologie grecque, IV, *Anthologie palatine. Livre VII, épigrammes 1-363*, texte établi par P. Waltz, traduit par A.-M. Desrousseaux, A. Dain, P. Camelot et E. des Places, Paris, Les Belles Lettres, « CUF », 3ᵉ tirage (1938) 2002.

APULÉE
Les Métamorphoses ou l'Âne d'or, texte établi par D. S. Robertson, émendé, présenté et traduit par O. Sers, Paris, Les Belles Lettres, « Classiques en poche », 2007.

ARISTOPHANE
Texte établi par V. Coulon, traduit par H. Van Daele, Paris, Les Belles Lettres, « CUF » : I, *Introduction. Les Acharniens. Les Cavaliers. Les Nuées*, 14ᵉ tirage revu et corrigé par J. Irigoin (2ᵉ édition 1934) 2002 ; II, *Les Guêpes. La Paix*, 1925, 10ᵉ tirage (1925) 2013 ; III, *Les*

Oiseaux. Lysistrata, 13ᵉ tirage revu et corrigé par J. Irigoin (1928, 2ᵉ édition 1940) 2009 ; IV, *Les Thesmophories. Les Grenouilles*, 11ᵉ tirage (1928) 2012.

CALLIMAQUE
Les Origines. Réponses aux Telchines. Élégies. Épigrammes. Iambes et pièces lyriques. Hécalé. Hymnes, texte établi et traduit par E. Cahen, Paris, Les Belles Lettres, « CUF », 8ᵉ tirage (1922) 2015.

CATULLE
Poésies, texte établi et traduit par G. Lafaye, revu par S. Viarre et J.-P. Néraudau, introduction et notes par J.-P. Néraudau, Paris, Les Belles Lettres, « Classiques en poche », (1998) 2015.

CHARITON
Le Roman de Chairéas et Callirhoé, texte établi et traduit par G. Molinié, Paris, Les Belles Lettres, « CUF », 3ᵉ tirage (1979, 2ᵉ tirage révisé par A. Billault 1989) 2003.

CLAUDIEN
Œuvres, I, *Le Rapt de Proserpine*, texte établi et traduit par J.-L. Charlet, Paris, Les Belles Lettres, « CUF », 2ᵉ tirage (1991) 2002.

DIODORE DE SICILE
Bibliothèque historique, II, *Livre II (Babylonie, Inde, Scythie)*, texte établi et traduit par B. Eck, Paris, Les Belles Lettres, « CUF », 2003.

ESCHYLE
Tragédies, I, *Les Suppliantes. Les Perses. Les Sept contre Thèbes. Prométhée enchaîné*, texte établi et traduit par P. Mazon, Paris, Les Belles Lettres, « CUF », 15ᵉ tirage (1920, 14ᵉ tirage revu et corrigé de la 2ᵉ édition 1931) 2010.

EURIPIDE

Texte établi et traduit par L. Méridier, Paris, Les Belles Lettres, « CUF » : *Tragédies*, I, *Le Cyclope. Alceste. Médée. Les Héraclides*, 11ᵉ tirage (1926) 2009 ; II, *Hippolyte. Andromaque. Hécube*, 4ᵉ tirage (1927, 2ᵉ tirage revu et corrigé par F. Jouan 1997) 2012.

HÉRODOTE

Texte établi et traduit par Ph.-E. Legrand, Paris, Les Belles Lettres, « CUF » : *Histoires*, I, *Livre I, Clio*, 5ᵉ tirage (1932) 1970 ; II, *Livre II, Euterpe*, 5ᵉ tirage (1930) 1972.

HOMÈRE

Hymnes, texte établi et traduit par J. Humbert, Paris, Les Belles Lettres, « CUF », 10ᵉ tirage (1936) 2014 ; *Iliade*, texte traduit et édité par P. Mazon, préface de J.-P. Vernant, annotations de H. Monsacré, Paris, Les Belles Lettres, « Classiques en poche », 4ᵉ tirage (1998) 2015 ; *Odyssée*, texte traduit et édité par V. Bérard, introduction de E. Cantarella, annotations de S. Milanezi, Paris, Les Belles Lettres, « Classiques en poche », 4ᵉ tirage (2001) 2015.

HORACE

Odes, texte établi et traduit par F. Villeneuve, introduction d'O. Ricoux, Paris, Les Belles Lettres, « Classiques en poche », 3ᵉ tirage (1997) 2012.

JEAN DE GAZA

Anacréontiques : *Cinque poeti bizantini*, texte établi par F. Ciccolella, Alessandria, Edizioni dell'Orso, « Hellenica », 2000 ; traduction française inédite de D. Lauritzen ; *Description du Tableau cosmique*, texte établi et traduit par D. Lauritzen, Paris, Les Belles Lettres, « CUF », 2015.

LACTANCE

Institutions divines, introduction, texte critique, traduction, notes et index par P. Monat, Paris, Éditions du

FLORA

Cerf, « Sources chrétiennes », 1986 ; *Sur l'oiseau-Phénix* : *De Ave Phoenice*, texte latin en ligne (George Mason Univ., USA) ; traduction française tirée de J. Hubaux et M. Leroy, *Le Mythe du Phénix dans les littératures grecque et latine*, Bibliothèque de la faculté de philosophie et lettres de l'université de Liège, fasc. 82, 1939.

LONGUS
Pastorales. Daphnis et Chloé, texte établi et traduit par J.-R. Vieillefond, Paris, Les Belles Lettres, « CUF », 3ᵉ tirage (1987) 2010.

LUCRÈCE
De la nature, texte établi, traduit et annoté par A. Ernout, introduction et notes par E. de Fontenay, Paris, Les Belles Lettres, « Classiques en poche », 2009.

LUXORIUS
Épigrammes latines de l'Afrique vandale (Anthologie latine), éditées, traduites et annotées par I. Bergasa, avec la collaboration d'É. Wolff, Paris, Les Belles Lettres, « Fragments », 2016.

MÉLÉAGRE
Anthologie grecque, I, *Anthologie palatine. Livres I-IV*, texte établi et traduit par P. Waltz, Paris, Les Belles Lettres, « CUF », 3ᵉ tirage (1929 ; 2ᵉ édition 1960) 2002 ; II, *Livre V*, texte établi et traduit par P. Waltz en collaboration avec J. Guillon, Paris, Les Belles Lettres, « CUF », 4ᵉ tirage (1928, 3ᵉ tirage revu et corrigé par J. Irigoin 1990) 2003 ; XI, *Livre XII*, texte établi et traduit par R. Aubreton, Paris, Les Belles Lettres, « CUF », 2ᵉ tirage (1994) 2002.

MOSCHOS ET PS-MOSCHOS
Bucoliques grecs, II, *Pseudo-Théocrite, Moschos, Bion, divers*, texte établi et traduit par Ph.-E. Legrand, Paris, Les Belles Lettres, « CUF », 4ᵉ tirage (1927) 2002.

NONNOS DE PANOPOLIS

Les Dionysiaques, sous la direction de F. Vian, 18 vol. + 1 vol. d'index, Paris, Les Belles Lettres, « CUF », 1976-2006 : I, *Chants I et II,* texte établi et traduit par F. Vian, 2ᵉ tirage (1976) 2003 ; II, *Chants III-V,* texte établi et traduit par P. Chuvin, 2ᵉ tirage (1976) 2003 ; III, *Chants VI-VIII,* texte établi et traduit par P. Chuvin, 2ᵉ tirage (1992) 2003 ; IV, *Chants IX-X,* texte établi et traduit par G. Chrétien, 2ᵉ tirage (1985) 2003 ; VI, *Chants XIV-XVII,* texte établi et traduit par B. Gerlaud, 2ᵉ tirage (1994) 2003 ; IX, *Chants XXV-XXIX,* texte établi et traduit par F. Vian, 2ᵉ tirage (1990) 2003 ; XIV, *Chants XXXVIII-XL,* texte établi et traduit par B. Simon, 2ᵉ tirage (1999) 2003 ; XV, *Chants XLI-XLIII,* texte établi et traduit par P. Chuvin et M.-C. Fayant, 2006 ; XVI, *Chants XLIV-XLVI,* texte établi et traduit par B. Simon, 2004 ; XVII, *Chant XLVII,* texte établi et traduit par M.-C. Fayant, 2ᵉ tirage (2000) 2003 ; XVIII, *Chant XLVIII,* texte établi et traduit par F. Vian, 2003.

OVIDE

L'Art d'aimer, texte établi et traduit par H. Bornecque, Paris, Les Belles Lettres, « CUF », 8ᵉ édition revue et corrigée par Ph. Heuzé, 6ᵉ tirage (1924) 2011 ; *Les Fastes,* traduit et annoté par H. Le Bonniec, préface d'A. Fraschetti, Paris, Les Belles Lettres, « La roue à livres », 1990 ; *Les Métamorphoses,* texte établi par G. Lafaye, émendé, présenté et traduit par O. Sers, Paris, Les Belles Lettres, « Classiques en poche », 2009.

PAUSANIAS

Paris, Les Belles Lettres, « CUF » : *Description de la Grèce,* I, *Introduction générale. Livre I. L'Attique,* texte établi par M. Casevitz, traduit par J. Pouilloux, commentaires de F. Chamoux, 4ᵉ tirage (1992) 2009 ; IV, *Livre IV. La Messénie,* texte établi par M. Casevitz, traduit et commenté par J. Auberger, 2005 ; V, *Livre V. L'Élide,* texte établi par M. Casevitz, traduit par J. Pouilloux, commentaires de A. Jacquemin », 2ᵉ tirage (1999) 2002.

PÉTRONE
Satiricon, texte établi, traduit et commenté par O. Sers, Paris, Les Belles Lettres, « Classiques en poche », 2001.

PHILIPPE DE THESSALONIQUE
Anthologie grecque, I, *Anthologie palatine. Livres I-IV*, texte établi et traduit par P. Waltz, Paris, Les Belles Lettres, « CUF », 3e tirage (1929 ; 2e édition 1960) 2002.

PINDARE
Texte établi et traduit par A. Puech, Paris, Les Belles Lettres, « CUF » : I, *Olympiques*, 2e tirage revu et corrigé (1930), 9e tirage 2014 ; II, *Pythiques*, 9e tirage (1922) 2014 ; III, *Néméennes*, 5e tirage (4e tirage revu et corrigé 1967) 2003 ; IV, *Isthmiques. Fragments*, 4e tirage (1923) 2003.

PLATON
Paris, Les Belles Lettres, « CUF » : *Œuvres complètes*, IV, 2e partie : *Le Banquet*, texte établi et traduit par P. Vicaire avec le concours de J. Laborderie, 4e tirage (1989), 2008 ; IV, 3e partie : *Phèdre*, texte établi par C. Moreschini et traduit par P. Vicaire, 4e tirage (1985), 2002.

PLINE L'ANCIEN
Histoire naturelle. Livre XXX. Magie et pharmacopée, texte établi et traduit par A. Ernout, introduction et notes de S. Crippa, Paris, Les Belles Lettres, « Classiques en poche », 2003.

PLUTARQUE
Paris, Les Belles Lettres, « CUF » : *Œuvres morales*, IX, *1re partie : Traité 46. Propos de table. Livres I-III*, texte établi et traduit par F. Fuhrmann, 2e tirage (1972) 2003 ; *2e partie : Traité 46. Propos de table. Livres IV-VI*, texte établi et traduit par F. Fuhrmann, 2e tirage (1978) 2003 ; *3e partie : Traité 46. Propos de table. Livres VII-IX*, texte établi et traduit par F. Frazier et J. Sirinelli, 2e tirage (1996) 2003.

PROCLUS

Commentaire au Timée de Platon : *Procli Diadochi in Platonis Timaeum Commentaria*, texte établi par E. Diehl, 3 vol., Leipzig, Teubner, 1903-1906 ; *Proclus. Commentaire sur le Timée*, traduction française et notes par A. J. Festugière, 5 vol., Paris, Vrin, 1966-1968.

PROCOPE DE GAZA

Discours et fragments, texte établi, introduit et commenté par E. Amato, avec la collaboration d'A. Corcella et G. Ventrella, traduit par P. Maréchaux, Paris, Les Belles Lettres, « CUF », 2014.

RUFIN

Anthologie grecque, II, *Anthologie palatine. Livre V*, texte établi et traduit par P. Waltz en collaboration avec J. Guillon, Paris, Les Belles Lettres, « CUF », 3e tirage revu et corrigé par J. Irigoin 1990 (1928) 4e tirage 2003.

SAPPHO

Sapho. Alcée, Fragments, texte établi et traduit par Th. Reinach avec la collaboration de A. Puech, Paris, Les Belles Lettres, « CUF », 8e tirage (1937) 2014.

SOPHOCLE

Texte établi par A. Dain et traduit par P. Mazon, Paris, Les Belles Lettres, « CUF » : *Tragédies*, II, *Ajax. Œdipe roi. Électre*, 13e tirage (8e tirage revu et corrigé par J. Irigoin 1994) 2016 ; III, *Philoctète. Œdipe à Colone*, 1960 (5e tirage revu et corrigé par J. Irigoin 1999), 8e tirage 2013.

STRABON

Géographie, V, *Livre VIII. Grèce*, texte établi et traduit par R. Baladié, Paris, Les Belles Lettres, « CUF », 2e tirage (1978) 2003.

STRATON DE SARDES

Anthologie grecque, XI, *Anthologie palatine, Livre XII*, texte établi et traduit par R. Aubreton, avec le concours de J. Irigoin et F. Buffière, Paris, Les Belles Lettres, « CUF », 2e tirage (1994) 2002.

SUÉTONE

Texte établi et traduit par H. Ailloud, Paris, Les Belles Lettres, « CUF », 10e tirage (1931) 2002 : *Vie des douze Césars*, I, *César. Auguste* ; II, *Tibère. Caligula. Claude. Néron*.

THÉOCRITE

Anthologie grecque, III, *Anthologie palatine. Livre VI*, texte établi et traduit par P. Waltz, Paris, Les Belles Lettres, « CUF », 3e tirage (1931) 2002 ; XII, *Livres XIII-XV*, texte établi et traduit par F. Buffière, 2e tirage (1970) 2002 ; *Idylles*, texte établi et traduit par Ph.-E. Legrand, introduit et annoté par F. Frazier, Paris, Les Belles Lettres, « Classiques en poche », 2009.

THÉOPHRASTE

Texte établi et traduit par S. Amigues, Paris, Les Belles Lettres, « CUF » : *Recherches sur les plantes*, I, *Livres I-II*, 2e tirage (1988) 2003 ; II, *Livres III-IV*, 2e tirage (1989) 2003 ; V, *Livre IX*, 2006.

THUCYDIDE

La Guerre du Péloponnèse, III, *Livres IV-V*, sous la direction de J. de Romilly, texte établi et traduit par L. Bodin et J. de Romilly, Paris, Les Belles Lettres, « CUF », 3e tirage (1968) 2003.

VIRGILE

Paris, Les Belles Lettres, « Classiques en poche » : *Bucoliques*, texte établi et traduit par E. de Saint-Denis, introduction et notes de J.-P. Néraudau, 5e tirage (1997) 2012 ; *Géorgiques*, texte établi et traduit par E. de Saint-Denis, introduction, notes et postface de J. Pigeaud,

3ᵉ tirage (1998) 2009 ; *L'Énéide*, introduction, traduction nouvelle et notes par P. Veyne, texte établi par J. Perret, 2013.

XÉNOPHON
Économique, texte établi et traduit par P. Chantraine, Paris, Les Belles Lettres, « CUF », 1949, 4ᵉ tirage 2003.

Les œuvres suivantes disposent désormais d'une traduction nouvelle dans le volume *Romans grecs et latins*, sous la direction de R. Brethes et J.-Ph. Guez, avec la collaboration de L. Méry, D. Kasprzyk et D. van Mal-Maeder, Paris, Les Belles Lettres, « Editio Minor », 2016 : Chariton, *Callirhoé* – Pétrone, *Satiricon* – Achille Tatius, *Leucippé et Clitophon* – Apulée, *Les Métamorphoses* – Longus, *Daphnis et Chloé*.

SUGGESTIONS BIBLIOGRAPHIQUES

ANDRÉ J., *Les Noms des plantes dans la Rome antique*, Paris, Les Belles Lettres, « Études anciennes Série latine », 2ᵉ tirage (1985) 2010.

BARATON A., *Dictionnaire amoureux des Jardins*, Paris, Plon, 2012.

BAUMANN H., *Le Bouquet d'Athéna. Les plantes dans la mythologie et l'art grecs*, traduit de l'allemand par R. Barbier, La maison rustique/Flammarion, 1984 (éd. all. originale, Munich, 1982).

DE CHANTAL L., sous la direction d'A. BARATON, *Le jardin des dieux. Une histoire des plantes à travers la mythologie*, Paris, Flammarion, 2015.

DE GUBERNATIS A., *La Mythologie des plantes ou les légendes du règne végétal*, Paris, C. Reinwald, 1879-1882.

Détienne M., *Les Jardins d'Adonis. La mythologie des aromates en Grèce*, préface de J.-P. Vernant, Paris, Gallimard, « Bibliothèque des Histoires », 1972.

Garambois F., Vallat D., *Le lierre et la statue. La nature et son espace littéraire dans l'épigramme gréco-latine tardive*, Saint-Étienne, Presses Universitaires, 2013.

Gros de Beler A., Marmiroli B., Renouf A., *Jardins et paysages dans l'Antiquité*, Paris, Actes Sud, « Histoire », 2009.

Lacarrière J., *Méditerranées*, Paris, R. Laffont, « Bouquins », 2013 ; réunit *En cheminant avec Hérodote, Promenades dans la Grèce antique, L'Été grec* et *Le Buveur d'horizon* (inédit).

Mundle I., « Flora, Floralia », dans *Reallexikon für Antike und Christentum*, VII, Stuttgart, 1969, col. 1124-1131.

Repici L., *Nature silenziose : le piante nel pensiero ellenistico e romano*, Bologna, Il Mulino, 2015.

Van Ossel P., Guimier-Sorbets A.-M. (dir.), *Archéologie des jardins. Analyse des espaces et méthodes d'approche*, Montagnac, M. Mergoil, « Archéologie et histoire romaine », 2014.

Verbanck-Piérard A., Massar N., Frère D. (éd.), *Parfums de l'Antiquité. La rose et l'encens en Méditerranée*, catalogue de l'exposition organisée du 7 juin au 30 novembre 2008 par le Musée royal de Mariemont, Belgique, 2008.

Voisin P., *Ɛ́coɭΩ. Écologie et environnement en Grèce et à Rome*, précédé d'un entretien avec B. Lalonde, Paris, Les Belles Lettres, « Signets », 2014.

INDEX

DES AUTEURS ET DES ŒUVRES

Les numéros cités renvoient aux pages de l'ouvrage.

TABLE DES MATIÈRES

Ce volume,
le vingt-huitième
de la collection « Signets »,
publié aux Éditions Les Belles Lettres,
a été achevé d'imprimer
en mars 2017
par La Manufacture imprimeur
52200 Langres, France

N° d'éditeur : 8524
N° d'imprimeur : 170270
Dépôt légal : avril 2017
Imprimé en France